复杂地质条件隧洞超前地质预报技术

FUZA DIZHI TIAOJIAN SUIDONG CHAOQIAN DIZHI YUBAO JISHU

主　编　谭天元

副主编　王　波　楼加丁　叶　勇

中国水利水电出版社
www.waterpub.com.cn
· 北京 ·

内 容 提 要

本书共6章，第1章为绪论，介绍超前地质预报方法的必要性和发展历程；第2章为超前地质预报理论基础，侧重介绍与超前地质预报有关的地质学基础理论和应用地球物理学理论；第3章为预报方法与技术，重点介绍地质综合分析技术、地质雷达探测技术、TSP探测技术、BEAM探测技术、红外线探测技术、超前探孔等技术；第4章为复杂地质条件预报体系的建立，讲述从水文地质条件、地质作用等地质因素出发，结合预报目的、预报方法，详细阐述复杂地质条件下预报体系的建立；第5章为复杂地质条件预报现场技术，重点介绍复杂地质条件隧洞超前地质预报现场技术；第6章为技术成果运用，通过实例证实综合方法在复杂地质条件隧洞超前地质预报工作中取得的良好应用效果。

本书主要供从事隧洞工程建设、勘察、设计、施工和管理的技术人员阅读，也可作隧洞超前地质预报技术人员的培训教材和大专院校相关专业的师生学习参考。

图书在版编目（CIP）数据

复杂地质条件隧洞超前地质预报技术 / 谭天元主编
. -- 北京 : 中国水利水电出版社, 2018.2 (2018.7重印)
ISBN 978-7-5170-6331-5

Ⅰ. ①复… Ⅱ. ①谭… Ⅲ. ①隧道工程－工程地质－预报 Ⅳ. ①U451.2

中国版本图书馆CIP数据核字(2018)第035233号

书　名	**复杂地质条件隧洞超前地质预报技术** FUZA DIZHI TIAOJIAN SUIDONG CHAOQIAN DIZHI YUBAO JISHU
作　者	主编　谭天元　　副主编　王波　楼加丁　叶勇
出版发行	中国水利水电出版社 （北京市海淀区玉渊潭南路1号D座　100038） 网址：www.waterpub.com.cn E-mail：sales@waterpub.com.cn 电话：(010) 68367658（营销中心）
经　售	北京科水图书销售中心（零售） 电话：(010) 88383994、63202643、68545874 全国各地新华书店和相关出版物销售网点
排　版	中国水利水电出版社微机排版中心
印　刷	北京博图彩色印刷有限公司
规　格	184mm×260mm　16开本　10.75印张　264千字　5插页
版　次	2018年2月第1版　2018年7月第2次印刷
印　数	1001—2000册
定　价	**65.00元**

喀斯特峰丛、峰林及孤峰

喀斯特陡峭山峰

隧洞超前预报地表调查

隧洞超前预报掌子面地质编录

隧洞超前预报掌子面地质钻探

隧洞超前预报预测的岩溶管道开挖揭露情况

隧洞超前预报地表调查（落水洞）

隧洞超前预报地表调查（地表塌陷）

输水隧洞超前地质预报

输水隧洞超前地质预报地表岩溶调查

输水隧洞超前预报 TSP 现场测试

输水隧洞超前预报地质雷达现场测试

输水隧洞涌水洞段地质雷达现场测试

超前预报预测的地下暗河开挖揭露情况

隧洞洞顶塌方现场工作会

引水隧洞岩溶探测

隧洞超前预报 TSP 现场交流

隧洞超前预报 TSP203 与 TSP303 对比现场试验

《复杂地质条件隧洞超前地质预报技术》
编 写 人 员 名 单

主　编　谭天元

副主编　王　波　楼加丁　叶　勇

参　编　文豪军　张　伟　李永铭　杨震中　韩道林

　　　　皮开荣　杜　松　孙永清　杜兴忠　杨彰才

　　　　刘骅标　黄　易　欧　琦　庄志凯

序　一

时值中国电建集团贵阳勘测设计研究院有限公司（下称贵阳院）即将迎来建院60周年之际，看到贵阳院送审的《复杂地质条件隧洞超前地质预报技术》这本专著，并邀请为之作序，我非常高兴。60年风雨兼程，贵阳院从当年的贵州省猫跳河水电工程筹建处下属的一支设计队，一路艰辛走来，上下求索，几经磨炼，现已成为当今国内多元经营、国际知名的百强水电工程的设计企业，这是贵阳院几代人为之奋斗、辛勤耕耘的硕果，在此衷心为之祝贺！

我国岩溶地区分布广泛，贵州省不仅是岩溶分布面积最广的地域，且岩溶类型众多，结构与形态均十分复杂，为国内外所瞩目。岩溶与各项水电建设，与民众日常生活密切相关。在岩溶给人们带来绚丽多姿的自然风光与山清水秀景观的同时，也给水电隧洞工程建设带来了很多难点。纵观水利水电工程、公路及铁路工程中因岩溶造成的地质灾害事件屡见不鲜，特别是在地下洞室工程实施中，一旦遇到岩溶地下暗河或“岩溶管道”，发生涌水突泥事件，可能会给工程造成一定的危害，乃至会付出灾难性代价。为此，在洞室工程，特别是又长又大的隧洞工程施工中，如何提前预知开挖掌子面前方的工程地质境域，特别是不良地质体的展布、规模及可能构成灾害事件等情况，就显得更加重要。为此，为避免地质灾害事件的发生，采用当代多元先进技术和方法对隧洞施工区（块）进行超前预报就日显重要。

贵阳院自建院以来，一直在岩溶地质环境中从事水电水利工程勘测与设计工作。在猫跳河梯级、南盘江天生桥、北盘江光照、乌江洪家渡、思林等大中型水电工程中，为解决复杂的岩溶地质问题，伴随着贵阳院一起成长的物探队伍，在技术上、理论上不断提高，实践经验日益丰富。在隧洞施工超前地质预报方面，通过四川锦屏水电站、贵广高铁、黔中水利枢纽等大型工程深埋、长、大隧洞的预报实践，积淀了丰富的经验，形成了自己的技术体系。

本书参编人员都是在生产一线多年从事物探工作，并参与过多座大中型隧洞工程的超前地质预报工作，积累了丰富经验。该专著从超前地质预报基础理论、超前地质预报方法与技术、复杂地质条件下隧洞超前地质预报实施技术、隧洞前方超前地质预报技术运用和复杂地质条件下隧洞施工超前预报技术体系的形成等方面进行了系统总结，取得了重要成果。应当指出的是，在预报方法与技术章节中，在传统方法应用基础上着重突出了新技术、新方法的应用与创新；在现场预报技术方面，从数据采集、数据处理、结构刻画、结果解译，以及数据成果的表现形式等诸多方面，详细地阐述了预报的主要方法技术及要点；在技术成果应用方面紧密结合国内有代表性的工程实际，通过对断层、溶洞、涌水突泥等不良地质体的实例分析，从预报方法的选择，预报工作的实施，多种方法所得成果的综合分析、解释，以及开挖后的验证对比等方面进行了详细介绍。

本书在成书过程中特别注意从工程实际出发，突出对现场预报工作的指导性和可操作性，从理论和实践方面，对一线从事施工中预报工作的专业技术人员具有较高的参考价值和指导作用。在此，我诚希贵阳院的工程技术人员在国家战略需求和创新方针的指导下，在该技术领域不断深化、创新，不断引入当代高新科技，且在应用中不断提升，不断取得新的成绩。

是为序。

中国科学院院士 滕吉文

2017年10月于北京

序　二

六十年甲子弹指一挥间，在中国电建集团贵阳勘测设计研究所（下称贵阳院）即将迎来60年华诞之际，喜闻《复杂地质条件隧洞超前地质预报技术》一书即将出版，作为在贵阳院工作了一生的老同志，倍感欣慰。这是贵阳院的一项重要成果，也是参编人员不懈努力、辛勤耕耘的结果，谨在此表示衷心的祝贺！

广布祖国西南地区的碳酸盐岩地层，在温湿多雨降水充沛的自然气候长期影响下，岩溶强烈发育，造就了地表地下多姿多彩的岩溶地貌——路南石林、兴义万峰湖、荔波小七孔、织金洞、龙宫、桂林山水等绚丽景观。然而，自然风光的绚丽多姿与山清水秀难以掩饰地下的岩溶构造和暗流涌动，尤其对于建设大型水利水电工程，更是面临着巨大挑战。

由于岩溶发育的复杂性，地质测绘调查分析难以查明发育规模，更难精确定位；钻探、洞探等重型勘探施工工期长、成本高，且只能解决点的问题。对于地下洞室施工中可能遇到的岩溶、地质断裂带来的失稳、涌水突泥预测预报，传统手段更加困难。纵观水利水电、公路、铁路等地下洞室工程施工中发生的地质灾害，多数均为没预报、或预报不准确及不重视预报造成，给工程带来巨大损失和人员伤亡，教训十分惨痛。为此，为规避可能造成的地质灾害，利用先进手段，开展隧洞施工超前地质预报工作就显得更加重要和必要。

贵阳院成立伊始，就在岩溶强烈发育的地质环境中从事水电水利勘测设计工作，为解决复杂的岩溶地质问题，物探技术得到了足够的重视，一直跟踪最新技术，持续的经费投入，鼓励技术创新、重视人才培养，在针对复杂地质问题的工程物探技术方面，积累了丰富的工程经验，一直执业界之牛耳；特别在隧洞施工超前地质预报方面，积淀了丰富的经验，在国内同行中一直处于领先地位。

本书编者长期从事水电水利工程物探工作，经历了我国水电发展的黄金时期，主导了贵阳院新设备、新技术的引进、应用和消化吸收，成功进行了应用软件编制、仪器设备研发制造等工作，主编了《水电水利物探规程》等多部标准和规程规范，具有丰富的工程经历，优秀的业务素质和科学严谨的治学精神。

本书分别以绪论、超前地质预报理论基础、预报方法与技术、复杂地质条件预报体系的建立、复杂地质条件预报现场技术、技术成果运用6个篇章进行论述，系统地总结了复杂地质条件下隧洞超前地质预报方法技术和运用成果，是一部较全面、系统的隧洞工程施工超前地质预报技术的专著，对从事一线工作的专业技术人员和有关院校相关专业的师生有参考和指导作用。希望本书的出版能起到抛砖引玉的作用，促进隧洞施工超前地质预报技术的不断创新和发展。

是为序。

2017年9月于贵阳

前　言

中国岩溶地区分布广泛，特别是西南部的 云、桂、渝、黔地区，岩溶分布面积达 50 多万 km^2，岩溶类型众多。由于碳酸盐岩裸露于地表，受地面水和地下水的溶蚀作用，发育着各种类型的岩溶地貌和岩溶形态，给工程建设带来一定的复杂性。

为总结、提炼贵阳院最近十多年来在复杂地质条件下的岩溶地区超前地质预报工作的经验，特编写本专著。全书共分 6 章，第 1 章为绪论；第 2、第 3 章以介绍超前地质预报基础理论和预报方法为主；第 4～6 章介绍超前地质预报问题分析、实施和工程实例。根据作者专长，统一分工，负责编写和校审，会议集体讨论修改，最后由主编统稿。资料收集力求全面，以贵阳院承担的项目为主，并尽可能利用各兄弟单位的成功经验。

第 1 章“绪论”，介绍了隧洞工程建设中存在的主要工程地质问题，隧洞超前地质预报发展历史和现状以及本书的主要内容。

第 2 章“超前地质预报理论基础”，从超前地质预报的必要性和特点出发，叙述其依托的地质学和地球物理学基本理论，对地质学的基础理论和地球物理学中的电磁学和弹性波基础理论进行简要介绍。

第 3 章“预报方法与技术”，系统总结超前地质预报方法，从探测方法原理、观测系统、图像特征、数据采集技术、资料分析与判释等方面作了详细叙述。

第 4 章“复杂地质条件预报体系的建立”，叙述在实施隧洞超前预报之前，应根据已有隧洞水文及工程地质资料并结合隧洞施工可能存在的风险因素，将该隧洞复杂程度分为“复杂”“较复杂”“中等复杂”“简单”四个等级，再根据划分的四个等级，将隧洞的预报重视程度分为“重点预报”“加强预报”“常规预报”三级预报等级，最后针对不同预报对象从预报要达到的目的、预报方法的选择和预报体系的建立三个方面进行了详细阐述。

第 5 章“复杂地质条件预报现场技术”，从超前地质预报现场采集准备、数据采集、数据处理、数据解译、数据成果的表现形式等方面详细的叙述了预报的一些主要方法、现场技术及注意事项，保证现场数据采集的可靠性，保障解释成果的准确性。

第 6 章“技术成果运用”，主要依托贵广铁路工程和锦屏水电枢纽辅助洞工程两个项目，通过对断层及涌水突泥预报、涌水预报、岩性分界面预报、空腔型岩溶预报等实例预报，从预报方法的选择，预报工作的实施，多种方法的成果综合分析解释以及开挖后的验证对比等方面进行了详细介绍。

本书前言和绪论由谭天元编写；第 2 章由叶勇、李永铭编写；第 3 章由叶勇、杨震中编写；第 4 章由文豪军编写；第 5 章、第 6 章由张伟编写。

本书校审责任人：第 1 章：楼加丁；第 2—3 章：杨彰才、杜兴忠、皮开荣；第 4 章：杜松、韩道林；第 5 章：孙永清；第 6 章韩道林、庄志凯。编写过程中多次相互校对，以尽量减少谬误，最后由谭天元主持定稿。

本书在编写过程中得到了主编单位贵阳院现任院长潘继录、总工程师范福平等领导的关心支持和指导；院科技信息部杨桃萍副主任等为本书的编著给予了悉心指导，并力促本书立项；院物探中心黄易承担了大量事务管理；武汉大学教育科学学院欧琦老师对本书在编排、语言修辞上悉心指导；昆明西普瑞格公司总工程师吴世林为本书提供了大量的参考资料；本书的插图由叶勇、杨震中、刘骅标完成。在此对为本书提供指导和帮助的领导、专家，表示衷心的感谢！

由于资料收集未能全面，加之作者水平所限，错漏难免，敬请读者指正！

编者

2017 年 10 月

目　　录

第 1 章　绪　论

1.1　隧洞工程建设中存在的主要工程地质问题

我国岩溶地层分布广泛，特别是西南地区，在贵州、云南、重庆、四川、湖北西部、湖南西部、广东北部这一连片的地区，岩溶分布面积达 50 多万 km^2，岩溶类型众多，为国内外所瞩目。而且，贵州省处在这片岩溶地区的核心部位，岩溶分布面积占全省面积的 74%。由于碳酸盐岩裸露于地表，受地面水和地下水的溶蚀作用，发育着各种类型的岩溶地貌和岩溶形态，给工程建设带来一定的复杂性。

我国 20 世纪 60—70 年代，在西南修建的贵昆、成昆、襄渝铁路等均遇到大量岩溶问题。贵昆铁路梅花山隧洞施工中遇到地下河及大型溶洞，最后的解决措施是在隧洞中修隔水墙，阻截暗河；襄渝铁路大巴山隧洞在通过寒武统石龙洞灰岩含水层时，突然揭露一溶洞引起突泥、突水事故，最大涌水量为 150000m^3/d，中断施工 3 个月；京广铁路大瑶山隧洞的岩溶突水形成泥石流，给营运造成长期的危害；京珠高速公路石门坳隧洞右线在施工过程中，因对前方地质资料掌握不足，开挖遇到溶洞灾害，引发大涌水造成停工等一系列损失。

近年来在西部修建的水工隧洞、铁路隧洞、公路隧洞中也都发生过因岩溶造成的不同程度的地质灾害，有的甚至造成重大事故。如广安—重庆高速公路华蓥山隧洞施工中多处发生岩溶突水突泥，引起两条地下河的灌入隧洞。渝怀铁路园梁山隧洞发生特大岩溶涌水，对施工造成极大的影响。

几乎所有隧洞施工都会受到地质灾害的侵扰，只是不同隧洞所处的地质环境不同，所遇到的灾害类型不同而已。隧洞设计与施工之前，要对拟建隧洞工程地段的工程地质条件进行详细勘察，但由于岩溶地质条件的复杂性和勘查资源投入有限，勘查手段少，使得勘察所获得的资料与隧洞开挖后实际揭露出来的情况有较大出入。由于对掌子面前方地质条件了解不清，给隧洞施工就带来很大的盲目性，施工中经常出现预料不到的塌方、冒顶、涌水等事故。这些事故一旦发生，轻则影响工期，增加工程投资；重则砸毁机械设备，甚至造成人员伤亡，而且事故发生后的处理工作难度较大。如何解决这一难题，备受世界各国隧洞工程界的关注。

若能准确地在隧洞掘进中提前了解掌子面前方围岩结构变化及地质灾害情况，如预报掘进前方是否有岩溶、断层破碎带等不良地质构造，以及这些构造的几何形态、产状、规模大小等，根据所掌握的地质构造情况，可及时合理地安排掘进进度、修正施工方案、安排防护措施、避免险情发生。这正是隧洞施工超前地质预报的任务及意义所在。

目前我国在岩溶地区正在修建大量的隧洞，并开展了隧洞超前地质预报工作，总结并提炼这些成果对岩溶地区长引水隧洞、长大铁路隧洞、公路隧洞及相关的地下工程修建都有普遍的极其重要的现实意义。

1.2　隧洞超前地质预报发展历史与现状

隧洞建设中对工程地质条件的认知和掌握程度是确保快速、安全修建的决定性因素之一。尽管在勘察设计阶段进行了地质勘察工作，但由于受地形条件、勘察技术、经济条件的限制，加上地质体的复杂多变，地质勘察工作满足不了隧洞安全施工要求，很难细致地反映实际的地质情况，导致隧洞施工中地质灾害时有发生，延误工期并造成人员伤亡和财产损失。如我国台湾地区北宜高速公路雪山隧洞，虽采用目前世界较为先进的 TBM 法进行施工，但由于地质条件复杂加之勘察资料不准确，施工前对一些不良地质体不了解、施工中对可能发生的地质灾害准备不足，导致施工中断，延误工期，一条长约 13km 的隧洞用了 13 年时间才贯通；又如渝怀铁路园梁山隧洞施工中的突水、突泥问题，龙溪隧洞的大变形问题等，造成的工期延误和损害都与勘察阶段的地质工作精度不够有关。

因此，世界各国的隧洞设计者均采用施工期超前地质预报方法加以补充，解决施工地质灾害问题。国外如英、法、日、德等国均将隧洞超前地质预报列为隧洞工程建设的重要研究内容，在隧洞勘察设计阶段主要采用钻探和大量的地球物理勘探方法，在隧洞施工期采用水平超前钻探、TSP（地震反射）超前地质预报仪、TRT（地震反射层析成像）超前地质预报仪、高精度地震折射法等来实施超前地质预报工作[1]。

国内隧洞施工期超前地质预报研究始于 20 世纪 50 年代中期，时任原铁道部第二勘察设计院川黔铁路凉风垭隧洞施工设计配合组地质工程师的陈成宗先生根据隧洞施工掌子面的地质情况，开展了对掌子面前方地质情况的预测预报，预报距离亦可达到近 30m；70 年代，以我国工程地质界老前辈谷德振教授等根据矿巷施工进度和掌子面地质形状作出的矿巷前方将遇到断层并引发塌方的成功预报为序，真正开始了我国隧洞施工期超前地质预报的研究和应用。目前，我国隧洞施工期超前地质预报主要采用工程地质调查法、超前平行导坑法、地球物理探测方法（TSP、HSP、地震反射负速度法、地质雷达、陆地声呐法等，有的还利用 PIT 桩完整无损检测仪等）和以地质法为基础结合物探的综合方法[2-4]。

当今世界各国为摆脱隧洞施工中对地质情况认识不详的被动局面，不断探索有效的预报方法，在早期的预报方法中，多通过导坑或平行导洞的方法来了解前方不良地质和严重涌水段，有的则在隧洞轴线上打超前孔取岩芯进行预报，都有明显效果。但这些预报方法成本高，占用大量施工时间。

随着科学技术的发展，特别是电子技术和计算机技术应用到地质勘探领域，为地质勘探技术的发展打开了良好的局面。目前，国内外在隧洞建设中使用较广泛的超前地质预报技术主要有两大类：钻孔探测（直接法）和地球物理探测法（间接法）。直接法采用平行导洞、超前水平钻探等手段；间接法采用地震反射、地质雷达等物探方法。

超前水平钻探法与超前导洞（坑）法的原理基本相同，使用钻探设备向掌子面前方钻探，从而直接揭露掌子面前方地层岩性、构造、地下水、岩溶及其性质、岩体的可钻性、岩体的完整程度等资料，是最直接有效的超前地质预报方法，但一次钻探距离短、费用高且占用施工时间长。目前国内采用这种方法进行隧洞施工期超前地质预报主要在水工隧洞工程中，国外已经较为普遍，英吉利海峡隧洞、日本青函海底隧洞更是大量采用该方法进行施工期的超前地质预报。

地质雷达探测法能发现掌子面前方地层变化，对于断层带特别是含水带、破碎带有较高的识别能力，在深埋隧洞和富水地层以及岩溶发育区，也是一种很好的预报手段。但是地质雷达目前探测距离较短，一般在20～30m，同时雷达记录易受洞内开挖设备干扰，探测分析中要注意波相识别。目前地质雷达探测法已广泛应用于隧洞工程的超前预报中，特别岩溶发育区的隧洞工程。如贵州的索风营水电站、思林水电站、光照水电站的引水隧洞施工中应用地质雷达探测法进行超前地质预报探测岩溶与地下涌水、突泥上取得明显的预报效果[7,8]。

TSP探测法是一种用于超前预报隧洞开挖面前方地质情况变化的地下反射地震波技术，是利用地震波的反射原理进行地质探测。TSP地震预报系统是由瑞士Amberg（安伯格）测量技术公司为隧洞及地下工程施工期超前地质预报而研发的，TSP预报系统共推出了202、203、303等多代产品，它的预报范围是地质雷达的4～10倍，主要有以下优点：①适用范围广，即适用极软岩到极硬岩的任何地质情况；②预报距离长，理论上能预报掌子面前方500m，考虑地震波干扰等因素，一般能预报掌子面前方100～250m；③对隧洞施工干扰小；④探测距离较短；⑤节约投资费用，据国外隧洞施工经验估计，采用TSP法比不进行预报可节约是全部工程费用的15%；⑥提交资料及时。TSP探测已在我国取得了可喜成果，得到施工单位的信赖[9-14]。

目前超前地质预报按预报距离可分为中长期（长距离）超前地质预报和短距离超前地质预报，中长期（长距离）超前地质预报的距离一般可达工作面前方150～200m，甚至更远。现在较成熟的广泛应用于隧洞施工的方法是TSP探测法，它能较准确查明工作面前方150～200m范围内规模较大、严重影响隧洞施工（造成塌方）的不良地质体的性质、位置、规模及含水情况，并按照不良地质体的理论特征、断层影响带的理论特征，结合预测段内出露的岩石及涌水量的理论分析，初步预测围岩类别（当然要以设计为基础）。它的目的是为开挖指明工作面前方概略的地质轮廓，使施工决策人对不良地质和围岩类别的变化做好思想准备，做到心里有数，防患于未然。因此，仅依靠TSP并不能完全准确的预报掌子面前方的地质情况，还必须依赖其他的预报方法来进一步准确探明前方的地质情况。

对于短期（短距离）超前地质预报，它的任务是通过观测、鉴别和分析，并结合长距离超前预报成果，推断掌子面前方20～30m范围内可能出现的地层、岩性情况，推断掌子面实见的各种不良地质体向掌子面前方延伸的情况；对掌子面涌水量的观测，结合岩性、构造特征，推断工作面前方20～30m范围内可能的地下水涌出情况；并在上述推断的基础上、预测工作面前方20～30m范围内的隧洞岩体类别、断层位置、规模、断层破碎带位置、宽度等，从而为断层成灾可能性预报和施工方案确定提供依据[15,16]。

目前，所有隧洞施工期超前地质预报的方法亦仅是对施工掌子面前方地质界面（不良地质体带）位置的预报，对不良地质体带成灾的预报仍然是预报人员根据对施工掌子面前方地质界面性质即不良地质体带的分析研究作出的判断。比如锦屏辅助洞工程由于其高水头、大流量地下水、超深埋、高地应力岩爆的地质特征，预报内容以地下水探测以及结合岩体的物理力学特征对岩爆进行预警。

1.3 本书主要内容

为有效地指导工程师开展隧洞超前地质预报工作，除绪论一章外，本书分为超前地质预报基础理论、超前地质预报方法与技术、复杂地质条件隧洞超前地质预报体系的建立、复杂地质条件隧洞超前地质预报现场技术、隧洞超前地质预报技术运用成果等篇章进行讲述。

1.3.1 超前地质预报基础理论

超前地质预报是指在隧洞（道）掘进过程中，在分析既有地质资料的基础上，采用地质调查、物探、超前地质钻探、超前导坑等手段，对隧洞施工前方可能遇到的各种不良地情况作出推测、预测和预报，重点对一些不良地质体（带）可能出现的位置、规模、性状及其对施工的影响程度和施工地质灾害出现的可能性、类型、强度等进行探测、分析判释及预报，并提出应采取预防和处理的措施及建议。在隧洞掘进过程中开展超前地质预报非常必要，超前地质预报是隧洞施工安全管理的重要环节，是隧洞施工的重要技术组成，是现场施工安全的重要保障。它具有较强的综合性、系统性、未知性、指导性、客观性和时效性。

超前地质预报是一门综合学科，它依托于地质学和地球物理学，地球物理学技术中主要涉及电磁场方法和弹性波方法。本章还简要介绍了地质学的基础理论和地球物理学中的电磁学和弹性波基础理论。

1.3.2 预报方法与技术

超前地质预报方法与技术分为地质综合分析法和地球物理方法分析法。

地质综合分析的主要方法有地质法和钻探法。实施地质综合分析首先要收集和分析研究工程地勘资料，其次要进行地表地质调查来复核收集的地勘资料，然后编制宏观预测地质分析报告，在隧洞开挖时进行地质编录及掌子面地质素描，当然还需要结合物探资料综合分析与解释，得到的预报成果需要及时与开挖实际情况进行对比，从而达到预报成果更加准确的目的。

地球物理方法主要从探测方法原理、观测系统、图像特征、数据采集技术、资料分析与判释等方面对地质雷达探测技术、TSP 探测技术和 BEAM 探测技术进行了详细阐述；从红外探测和超前水平钻探法的基本原理、基本工艺要求、主要优缺点和应用效果四个方面进行了简要阐述；同时对其他几种可应用于超前预报的物探方法进行了简要介绍。

1.3.3 复杂地质条件预报体系的建立

首先从地形地貌、地层岩性、地质构造、水文地质条件、不良地质作用等地质因素对隧洞地质条件建立预报体系。

隧洞施工超前地质预报体系建立应以地质分析为基础、物探方法为手段，并根据隧洞的地质条件的复杂程度，将预报分为宏观预报、中长距离预报、短期预报、特殊方法预报相结合的综合预报体系。在实际工作中，根据隧洞自身的工程地质特点和要达到的预报目的，对隧洞进行地质条件复杂程度评价、分级，建立不同条件下的超前预报体系。即常规预报体系、加强预报体系和重点预报体系。

1.3.4 复杂地质条件预报现场技术

本章从数据采集准备、现场数据采集、数据处理、数据解释、成果报告提交等方面着重介绍了目前国际上比较常用的几种超前地质预报手段的现场技术。即 TSP 现场技术、地质雷达现场技术、BEAM 现场技术、岩体温度测试现场技术、超前水平钻孔现场技术、TRT 现场技术。

1.3.5 技术成果运用

本章主要依托贵广铁路工程和锦屏水电枢纽辅助洞工程中的部分隧洞开挖项目，对断层及涌水突泥预报、涌水预报、岩性分界面预报、空腔型岩溶预报等实例预报进行综合叙述，从预报方法的选择，预报工作的实施，多种方法的成果综合分析解释以及开挖后的验证对比等方面进行了详细介绍，通过实例证明运用多种综合方法在复杂地质条件隧洞超前地质预报工作中取得了良好的应用效果。

第 2 章　超前地质预报理论基础

2.1　超前地质预报概论

隧洞超前地质预报是一个广义的概念，它包括隧洞工程预可研阶段、勘察设计阶段和施工阶段的预报。其概念可表述为：超前地质预报是指在隧洞（道）掘进过程中，在分析既有地质资料的基础上，采用地质调查、物探、超前地质钻探、超前导坑等手段，对隧洞施工前方可能遇到的各种不良地质情况作出推测、预测和预报，重点对一些不良地质体（带）可能出现的位置、规模、性状及其对施工的影响程度和施工地质灾害出现的可能性、类型、强度等进行探测、分析判释及预报，并提出应采取预防和处理的措施及建议。

2.1.1　超前地质预报的必要性

公路、铁路隧洞及水电工程的隧洞其设计的基本依据是地质勘察资料，而隧洞施工的依据主要是设计文件，前两者在设计文件提出之前要经过初勘和详勘阶段，后者所做的工作较多，设计勘察工作重点考虑与工程的安全性、稳定性、经济性、运行特点等相关的主要地质条件，而影响局部施工的地质条件受自然条件、勘察技术的局限性、经济性等影响，小的、局部的地质情况在设计勘察阶段一般都不要求详细查清，但一些局部、分散、随机的不良地质洞段却是施工最大的安全隐患。主要表现在隧洞施工中塌方、涌水、涌泥、岩爆、有害气体等地质灾害，由于这些灾害的发生具有突发性，给施工带来预想不到的困难和危害，轻者影响工期，增加工程投资，重者造成人员伤亡、机械损坏，更严重的情况甚至还会导致整个工程的失败。因此，在隧洞掘进过程中开展超前地质预报非常必要，超前地质预报是隧洞施工安全管理的重要环节，是隧洞施工的重要技术组成，是现场施工安全的重要保障。

2.1.2　超前地质预报的特点

由于隧洞超前地质预报采用多种地球物理方法，通过地质分析对掌子面前方已经存在但未知的施工地质隐患做出科学而合理的判断，因此，隧洞超前地质预报具有较强的综合性、系统性、未知性、指导性、客观性和时效性。

（1）综合性。隧洞超前地质预报除需要集工程地质学、水文地质学及各种地球物理探测方法于一体外，还涉及数学、物理学、概率论、计算机科学等相关学科的理论，在实施过程中要综合运用多种方法、手段，熟练掌握各种地球物理探测方法的原理、适用条件，要对各种地质灾害的成因机理、预防措施等有较为系统和深入的认识。

（2）系统性。对一条隧洞而言，在某一时间、地点发生施工地质灾害是偶然性，但从地球构造的地层岩性、构造、水文地质特点等发育规律而言，地质灾害的存在和发生具有客观性，为保证一项隧洞施工的地质安全，最科学的方法是保持超前地质预报的系统性。不良地质灾害的发生和发展，总是有它特殊的前兆反映，如大型断层、岩爆、高压岩溶水等在发生前均有各自不同的预兆，从宏观分布、微观性质等方面进行全面系统的工作，才能准确捕捉到这些前兆特征，以提高预报的准确性。

（3）未知性。隧洞掌子面前方不良地质体的分布、性质、规模在隧洞开挖揭露前都是未知的，施工开挖后的变化也是未知的，需要通过科学的预测方法确定。

（4）指导性。提前准确预测前方的地质情况，能及时指导设计与施工单位进行安全施工，正确选择开挖断面、支护设计参数，为优化施工方案提供依据。

（5）客观性。隧洞超前预报是使用科学的地球物理方法、依据客观的地质分析得出的预报结论。

（6）时效性。通过隧洞超前预报及时提供隧洞涌水、突泥、突气、垮塌等可能形成的灾害性事故的信息，使施工单位提前做好施工准备，改进施工工艺，对保证施工安全，提高施工进度极为有利。

隧洞超前预报的特点决定了超前预报工作需要采用多种学科知识和手段、不同专业人员的相互配合。

2.1.3 超前地质预报的主要内容

隧洞超前地质预报目的是通过各种预报手段和方法对隧洞掌子面前方可能存在影响施工安全、施工进度及工程结构稳定性的不良地质体的位置、规模性状、成灾可能性及危害程度等进行科学预测和判断，为施工决策和修正设计文件提供可靠的依据，以保证隧洞的安全施工和正常掘进。就目前开展隧洞超前地质预报工作来看，其预报的内容主要有以下几个方面：

（1）断层破碎带、断层影响带，裂隙密集带的位置，规模和性状预报。

（2）岩溶发育位置、发育方向，规模大小及性状预报。

（3）软弱夹层，软弱结构面的位置、规模及性状预报。

（4）不同岩类的接触面界面，特别是软岩与硬岩、可溶岩与非可溶岩的界面位置确定。

（5）隧洞涌水预报，包括涌水位置、水量及水压预报。

（6）隧洞围岩级别变化及分布位置预报。

（7）岩爆发生的可能性、强烈程度预报。

（8）工程地质灾害可能发生的位置、成灾规模及危害程度等。

2.2 地质学基础

隧洞工程实质上是一个地质工程，隧洞的设计、施工、造价无不与地质条件有关，在超前地质预报过程中不管采取什么样的手段和方法，其目的就是为了查明隧洞掌子面前方不良地质体的情况。然而，隧洞是一个线状隐蔽工程，其中深埋长大隧洞常常要穿过多种岩类、多个构造，跨过多个地层单元，即使是同一类岩层在不同环境下的工程地质条件也可能是千差万别。在岩溶地区和变质岩地区地质条件更为复杂多变，而所有地质问题都是在特定的地质环境之中和周围各种自然因素的影响和制约下形成的，为此，详细了解我们预报的对象所处的地质条件，并掌握一定的地质学知识有助于提高我们的预报能力、预报精度，使预报结果更能接近实际地质情况。再者，参与超前预报的人员知识结构参差不齐，专业化较强的队伍虽有地质专业人员参与，但还是以物探专业人员为主，受专业局限，部分人员对地质方面的知识了解不多，在工作中有时会发生个别预报人员对一些常见的地质现象认识模糊，在资料解释时地质述语表述不专业，在参阅勘察设计资料时不能很好地领会其内容等，鉴于此，在这里有必要叙述一下地质方面的基础知识。

2.2.1　地质构造及岩体结构

地质构造主要包括沉积岩的原生构造（岩层和层理）、褶皱、裂隙（节理）、断层。

（1）岩层和层理。岩层按厚度分为薄层（单层厚度 $h\leqslant10$cm）、中厚层（单层厚度 $10\text{cm}<h\leqslant50$cm）、厚层（单层厚度 $50\text{cm}<h\leqslant100$cm）、巨厚层（单层厚度 $h>100$cm）；按层理形成条件分为水平层理、波状层理、斜层理、块状层理。岩层的产状要素由走向、倾向和倾角（真倾角、假倾角）组成。

岩层的接触关系从成因特征上可分为整合和不整合两种基本类型。

（2）褶皱。岩层受挤压作用发生弯曲变形称褶皱，褶皱的基本类型有背斜和向斜两种。背斜两侧岩层倾向相背，中部为老岩层；向斜两侧岩层倾向相向，中部为新岩层。

褶皱按横剖面的形状分为：背斜褶皱和向斜褶皱；按轴面的空间位置和翼部的倾斜分为：直立褶皱（对称褶皱）、歪斜褶皱（不对称褶皱）、倒转褶皱、平卧褶皱。

（3）裂隙（节理）。岩石中的断裂，沿断裂面没有（或有微小）位移称裂隙（节理）。裂隙的主要类型有：

1）按成因分为：原生裂隙和次生裂隙。

2）按力的来源分为：构造裂隙和非构造裂隙。

3）按力的性质分为：剪裂隙和张裂隙。

A. 剪裂隙：产状稳定，沿走向和倾向延伸较远；裂隙面平直、光滑；裂隙面常有擦痕和摩擦镜面；裂隙多呈闭合状；由于发育较密，常形成裂隙密集带。

B. 张裂隙：产状不稳定，往往延伸不远即消失；裂隙面粗糙不平，呈弯曲状或锯齿状；裂隙呈开口状楔形；由于发育稀疏，很少构成裂隙密集带。

4）按其与岩层走向关系分为：走向裂隙、倾向裂隙、斜向裂隙和顺层裂隙。

5）按其与褶曲轴向关系分为：纵裂隙、横裂隙、斜裂隙。

（4）断层。断裂两侧的岩石沿断裂面发生明显位移者称断层。断层的基本要素主要包括：上盘、下盘、断层面、断距、断层产状（走向、倾向、倾角）等。

1）断层类型有以下几类。

A. 按断层两盘的相对位移可分为：正断层、逆断层（冲断层、逆掩断层、辗掩断层、叠瓦式断层）和平移断层。

B. 按断层走向与岩层走向的关系分为：走向断层、倾向断层和斜交断层。

C. 按断层走向与褶曲轴向的关系分为：纵断层、横断层和斜断层。

D. 按断层组合形态可分为：阶梯式断层、地垒、地堑、叠瓦式断层。

2）断层的识别特征有以下方面：

A. 地形上的特征：表现为陡坡悬崖或河流纵坡突变或山峰中断，有时沿断层方向出现溪谷，沿断层往往有多个泉水出露。

B. 岩层排列上的特征：岩脉的移动，地层的重复或缺失，岩层的突然中断。沿岩层走向观察如岩层突然中断等，都可能有断层。

C. 断层面及破碎带上的特征有：

a. 擦痕：断层面上因两盘摩擦而产生断层擦痕，从擦痕方向可推知断层运动方向，但有些断层面因长期风化和浸蚀，擦痕可能不清楚。

b. 破碎带：由于断层两盘相互运动的结果，常使断层面附近岩石破碎成碎石和粉末，形成断层角砾岩和断层泥，角砾岩的石质和断层附近的岩体岩性相同。在正断层中，角砾岩岩块多呈棱角，堆积较无次序，混杂物质很普遍。在逆掩断层中角砾岩岩块多磨圆或磨光，不出现其他混杂物质。

c. 断层的拖曳现象：断层两盘相对运动，常使断层面两侧的岩石发生一定的塑性变形，形成小的弯曲。一般从拖曳弯曲方向可推知断层的运动方向。

岩体结构包括两个要素，即结构面和结构体。

岩体结构面：指岩体中各种地质界面，它包括物质分异面及不连续面。是在地质发展的历史中，在岩体内形成的具有不同方向、不同规模、不同形态以及不同特性的面、缝、层、带状的地质界面。

结构体：是由不同产状的各种结构面将岩体切割而成的单元体。

岩体结构类型及特征见表 2.2－1。

表 2.2－1　　岩体结构类型及特征

岩体结构类型	岩体地质类型	主要结构体形状	结构面发育情况	岩土工程特征	可能发生的岩土工程问题
整体状结构	巨块状岩浆岩、变质岩、巨厚沉积岩	巨块状	以层面和原生构造节理为主，多呈闭合型，结构面间距大于 1.5m，一般 1～2 组，无危险结构面组成的落石、掉块	整体强度高，岩体稳定，在变形特征上可视为均质弹性各向同性体	要注意由结构面组合而成的不稳定结构体的局部滑动或坍塌，深埋洞室要注意岩爆
块状结构	厚层状沉积岩、块状岩浆岩、变质岩	块状柱状	只具有少量贯穿性较好节理裂隙，结构面间距 0.7～1.5m，一般为 2～3 组，有少量分离体	整体强度较高，结构面互相牵制，岩体基本稳定，在变形特征上接近弹性各向同性体	
层状结构	多韵律的薄层及中厚层状沉积岩、副变质岩	层状板状	层理、片理、节理裂隙，但以风化裂隙为主，常有层间错动面	岩体接近均一，其变形及强度特征受层面控制，可视为弹塑性体，稳定性较差	可沿结构面滑塌，可产生塑性变形

续表

岩体结构类型	岩体地质类型	主要结构体形状	结构面发育情况	岩土工程特征	可能发生的岩土工程问题
破裂状结构	构造影响严重的破碎岩体	碎块状	层理及层间结构面较发育结构面间距 0.25～0.5m 一般在 3 组以上，有许多分离体	完整性破坏较大，整体强度很低，并受软弱结构面控制，多呈弹塑性体，稳定性很差	易引起规模较大的岩块失稳，地下水加剧岩体失稳
散体状结构	断层破碎带、强风化及全风化带	碎屑状	构造及风化裂隙密集，结构面错综复杂，并多充填黏土，形成无序小块和碎屑	完整性遭到极大破坏，稳定性极差，岩体属性接近松散体介质	

2.2.2　岩石的分类及主要性质

2.2.2.1　岩石分类

岩石为矿物的集合体，是组成地壳的主要物质。岩石可以由一种矿物所组成，如石灰岩仅由方解石一种矿物所组成；也可由多种矿物所组成，如花岗岩则由石英、长石、云母等多种矿物集合而成。组成岩石的物质大部分都是无机物质。

（1）岩石按成因分类。岩石按照其成因可分为沉积岩、岩浆岩及变质岩三大类。

1）沉积岩。沉积岩约占地表的 66%，是由沉积作用形成的岩石，指暴露在地壳表层的岩石在地球发展过程中遭受各种外力的破坏，破坏产物在原地或者经过搬运沉积下来，再经过复杂的成岩作用而形成的岩石。这类岩石都成层状，最先沉积者在下部，时代较老；层次愈上者，则时代愈新。沉积岩的分类见表 2.2－2。

表 2.2－2　　沉积岩的分类

成因	硅质的	泥质的	灰质的	其他成分
碎屑沉积	石英砾岩、石英角砾岩、燧石角砾岩、砂岩、石英岩	泥岩、页岩、黏土岩	石灰砾岩、石灰角砾岩、多种石灰岩	集块岩
化学沉积	硅华、燧石、石髓岩	泥铁石	石笋、石钟乳、石灰华、白云岩、石灰岩、泥灰岩	岩盐、石膏、硬石膏、硝石
生物沉积	硅藻土	油页岩	白垩、白云岩、珊瑚石、灰岩	煤炭、油砂、某种磷酸盐岩石

2）岩浆岩。地球内部的温度和压力都很高，所有组成物质（指矿物质）都呈现熔融状态的流体，名为岩浆。岩浆岩即由于岩浆侵入地壳内部，或流出地表面造成熔岩，在地表下冷凝的称侵入岩；喷出地表冷凝的称喷出岩。侵入岩按距地表的深浅程度又分为深成岩和浅成岩。岩浆岩的分类见表 2.2－3。

3）变质岩。原来的火成岩或沉积岩，再经过地壳运动或岩浆侵入作用所发生的高温和高压与热液的影响，可以改变其原来岩石的结构或组织，或使部分矿物消失，而产生他种新的矿物，因而成为另外一种与原岩不同的岩石，称为变质岩，如大理岩变自石灰岩；板岩变自页岩；石英岩变自砂岩等。典型的变质岩存在于前寒武纪或造山带区域，常有区域构造相关之劈理，或矿物的变化。变质岩又可分为正变质岩和负变质岩。变质岩的分类见表 2.2-4。

表 2.2-3　　岩浆岩的分类

<table>
<tr><td colspan="2">化学成分</td><td colspan="3">含 Si、Al 为主</td><td colspan="2">含 Fe、Mg 为主</td><td rowspan="5">产状</td></tr>
<tr><td colspan="2">酸基性</td><td>酸性</td><td colspan="2">中性</td><td>基性</td><td>超基性</td></tr>
<tr><td colspan="2">颜色</td><td colspan="3">浅色的（浅灰、浅红、红色、黄色）</td><td colspan="2">深色的（深灰、绿色、黑色）</td></tr>
<tr><td colspan="2" rowspan="2">矿物成分
成因及结构</td><td colspan="2">含正长石</td><td colspan="2">含斜长石</td><td>不含长石</td></tr>
<tr><td>石英、云母、角闪石</td><td>黑云母、角闪石、辉石</td><td>角闪石、辉石、黑云母</td><td>辉石、角闪石、橄榄石</td><td>辉石、橄榄石、角闪石</td></tr>
<tr><td>深成的</td><td>等粒状、有时为斑状，所有矿物皆能如眼鉴别</td><td>花岗岩</td><td>正长岩</td><td>闪长岩</td><td>辉长岩</td><td>橄榄岩
辉岩</td><td>岩基
岩株</td></tr>
<tr><td>浅成的</td><td>斑状（斑晶较大，且可分辨出矿物名称）</td><td>花岗斑岩</td><td>正常斑岩</td><td>玢岩</td><td>辉绿岩</td><td>苦橄玢岩（少见）</td><td>岩脉岩枝
岩盘</td></tr>
<tr><td rowspan="2">喷出的</td><td>玻璃状，有时为细粒斑状，矿物难用如眼鉴别</td><td>流纹岩</td><td>粗面岩</td><td>安山岩</td><td>玄武岩</td><td>苦橄玢岩（少见）
金伯利岩</td><td>熔岩流</td></tr>
<tr><td>玻璃状或碎屑状</td><td colspan="5">浮石、火山凝灰岩、火山碎屑岩、火山玻璃</td><td>火岩喷出的堆积物</td></tr>
</table>

表 2.2-4　　变质岩的分类

岩石类别	岩石名称	主要矿物成分	鉴定特征
成片的岩石类	片麻岩	石英、长石、云母	片麻状构造，浅色长石带和深色云母带互相交错，结晶粒状或斑状结构
	云母片岩	云母、石英	具有薄片理，片理面上有强的丝绢光泽，石英凭肉眼常看不到
	绿泥石片岩	绿泥石	绿色，常为鳞片状或叶片状的绿泥石块
	滑石片岩	滑石	鳞片状或叶片状的滑石块，用指甲可刻划，有滑感
	角闪石片岩	普通角闪石	片理常表现不明显，坚硬
	千枚岩、板岩	云母、石英等	具有片理，肉眼不易识别矿物，锤击有清脆声并具有丝绢光泽，千枚岩表现得很明显
块状的岩石类	大理岩	方解石、少量白云岩	结晶粒状结构，遇盐酸起泡
	石英岩	石英	致密的、细粒的块体，坚硬，硬度近 7，玻璃光泽，断口见贝壳状或次贝壳状

（2）岩石按坚硬程度分类。

1）岩石按坚硬程度分类见表 2.2-5。

表 2.2-5　　岩石按坚硬程度分类

坚硬程度	坚硬岩	较硬岩	较软岩	软岩	极软岩
饱和单轴抗压强度/MPa	$f_r>60$	$60\geqslant f_r>30$	$30\geqslant f_r>15$	$15\geqslant f_r>5$	$f_r\leqslant 5$

2）岩石按坚硬程度定性分类见表 2.2－6。

表 2.2－6　　岩石按坚硬程度定性分类

坚硬程度		定性鉴定	代表性岩石
硬质岩	坚硬岩	锤击声清脆，有回弹，震手，难击碎，基本无吸水反应	未风化的—微风化的花岗岩、闪长岩、辉绿岩、玄武岩、安山岩、片麻岩、石英岩、石英砂岩、硅质岩、硅质石灰岩
	较硬岩	锤击声较清脆，有轻微回弹，稍震手，较难击碎，有轻微吸水反应	微风化的坚硬岩，未风化的—微风化的大理岩、板岩、石灰岩、白云岩、钙质砂岩
软质岩	较软岩	锤击声不清脆，无回弹，较易击碎，浸水后指甲可刻出印痕	中等风化—微风化的坚硬岩或较硬岩，未风化—微风化的凝灰岩、千枚岩、泥灰岩、砂质泥岩等
	软岩	锤击声哑，无回弹，有凹痕，易击碎，浸水后手可掰开	强风化的坚硬岩或较硬岩，中等风化—强风化的较软岩，未风化—微风化的页岩、泥岩、泥质砂岩
极软岩		锤击声哑，无回弹，有较深凹痕，手可捏碎，浸水后手可捏成团	全风化的各种岩石，各种半成岩

（3）岩体按完整程度分类。岩体按完整程度定量分类见表 2.2－7。

表 2.2－7　　岩体按完整程度定量分类

岩体完整性系数 K_V	＞0.75	0.75～0.55	0.55～0.35	0.35～0.15	＜0.15
完整程度	完整	较完整	较破碎	破碎	极破碎

注　岩体完整性系数 $K_V=(V_{P岩体}/V_{P岩石})^2$ 计算，式中 $V_{P岩体}$、$V_{P岩石}$ 分别为岩体和岩石的压缩波速度（m/s）。

岩体按完整程度定性分类见表 2.2－8。

表 2.2－8　　岩体按完整程度定性分类

完整程度	结构面发育程度		主要结构面的结合程度	主要结构面类型	相应结构面类型
	组数	平均间距/m			
完整	1～2	＞1.0	结合好或一般	裂隙、层面	整体状或巨厚层状结构
较完整	1～2	＞1.0	结合差	裂隙、层面	块状或厚层状结构
	2～3	1.0～0.4	结合好或一般		块状结构
较破碎	2～3	1.0～0.4	结合差	裂隙、层面 小断层	裂隙块状或中奄层状结构
	≥3	0.4～0.2	结合好		镶嵌碎裂结构
			结合一般		中、薄层状结构
破碎	≥3	0.4～0.2	结合差	各种类型结构面	裂隙块状结构
		≤0.2	结合一般或结合差		碎裂状结构
极破碎	无序	—	结合很差	—	散体状结构

注　平均间距指主要结构面（1～2 组）间距的平均。

（4）岩体基本质量等级分类。岩体按基本质量等级分类见表 2.2－9。

表 2.2-9　　岩体按基本质量等级分类

坚硬程度＼完整程度	完整	较完整	较破碎	破碎	极破碎
坚硬岩	Ⅰ	Ⅱ	Ⅲ	Ⅳ	Ⅴ
较硬岩	Ⅱ	Ⅲ	Ⅳ	Ⅳ	Ⅴ
较软岩	Ⅲ	Ⅳ	Ⅳ	Ⅴ	Ⅴ
软岩	Ⅳ	Ⅳ	Ⅴ	Ⅴ	Ⅴ
极软岩	Ⅴ	Ⅴ	Ⅴ	Ⅴ	Ⅴ

（5）岩石按风化程度分类。岩石按风化程度分类见表 2.2-10。

表 2.2-10　　岩石按风化程度分类

风化程度	野外特征	风化程度参数指标	
		波速比 K_V	风化系数 K_f
未风化	岩质新鲜，偶见风化痕迹	0.9～1.0	0.9～1.0
微风化	结构基本未变，仅节理面有渲染或略有变色，有少量风化裂隙	0.8～0.9	0.8～0.9
弱风化	结构部分破坏，沿节理面有次生矿物，风化裂隙发育，岩体被切割成岩块，用镐难挖，岩芯钻方可钻进	0.6～0.8	0.6～0.8
强风化	结构大部分破坏，矿物成分显著变化，风化裂隙很发育，岩体破碎，用镐可挖，干钻不易钻进	0.4～0.6	<0.4
全风化	结构基本破坏，但尚可辨认，有残余结构强度，可用镐挖，干钻可钻进	0.2～0.4	—
残积土	结构全部破坏，已风化成土，锹镐易挖掘，干钻易钻进，具可塑性	<0.2	—

注　1. 波速比 K_V 为风化岩石与新鲜岩石压缩波速度之比；
　　2. 风化系数 K_f 为风化岩石与新鲜岩石饱和单轴抗压强度之比。

2.2.2.2　岩石的主要性质

在工程建设中无不与岩石紧密关联，不同的岩石其性质差别极大，很大程度上直接改变了工程的工程地质条件。在超前地质预报中，对场区的岩土工程地质特征有所了解，对我们开展预报工作，提高预报精度及资料解释的准确性有很大帮助。下面就岩石的一些主要力学性质和物理性质作简要介绍。

（1）岩石的强度。岩石的强度是岩石抵抗外力破坏的能力，以“帕斯卡”为单位，用符号 Pa 表示。岩石受力作用破坏，表现为压碎、拉断和剪切等，故有抗压强度、抗拉强度和抗剪强度等。

1）抗拉强度：抗拉强度是岩石抵抗拉伸破坏的能力，在数值上等于岩石单向拉伸破坏时的最大张应力。岩石的抗拉强度远小于抗压强度，故当岩层受到挤压形成褶皱时，常在弯曲变形较大的部位受拉破坏，产生张性裂隙。

2）抗压强度：抗压强度是岩石在单向压力作用下抵抗压碎破坏的能力，是岩石最基本最常用的力学指标。在数值上等于岩石受压达到破坏时的极限应力。抗压强度主要与岩石的结构、构造、风化程度和含水情况等有关，也受岩石的矿物成分和生成条件的影响。

3）抗剪强度：抗剪强度是指岩石抵抗剪切破坏的能力，在数值上等于岩石受剪破坏时的极限剪应力。在一定压应力下岩石剪断时，剪破面上的最大剪应力，称为抗剪断强度，其值一般都比较高。抗剪强度是沿岩石裂隙或软弱面等发生剪切滑动时的指标，其强度远远低于抗剪断强度。

三项强度中，岩石的抗压强度最高，抗剪强度居中，抗拉强度最小。抗剪强度约为抗压强度的 10%～40%，抗拉强度仅是抗压强度的 2%～16%。岩石越坚硬，其值相差越大，软弱岩石的差别较小。岩石的抗压强度和抗剪强度，是评价岩石（岩体）稳定性的主要指标，是对岩石（岩体）的稳定性进行定量分析的依据之一。

（2）岩石的变形。岩石受力作用会产生变形，在弹性变形范围内用弹性模量和泊松比两个指标表示。弹性模量是应力与应变之比，以“帕斯卡”为单位，用符号 Pa 表示。相同受力条件下，岩石的弹性模量越大，变形越小。即弹性模量越大，岩石抵抗变形的能力越强。

岩石并不是理想的弹性体，岩石变形特性的物理量也不是一个常数。通常所提供的弹性模量和泊松比，只是在一定条件下的平均值。

（3）岩石的重量。岩石的重量是岩石最基本的物理性质之一，一般用比重和重度两个指标表示。

岩石的比重——岩石固体（不包括孔隙）部分单位体积的重量。岩石的比重决定于组成岩石的矿物的比重及其在岩石中的相对含量。

岩石的重度（容重）——岩石单位体积的重量，在数值上等于岩石试件的总重量（包括孔隙中的水重）与其总体积（包括孔隙体积）之比，决定于岩石中矿物的比重、岩石的孔隙性及其含水情况。有干重度、饱和重度。

组成岩石的矿物比重大，或岩石的孔隙性小，则岩石的重度就大。在相同条件下的同一种岩石，重度大就说明岩石的结构致密、孔隙性小，岩石的强度和稳定性也较高。

（4）孔隙性。用孔隙度表示，反映岩石中各种孔隙的发育程度。在数值上等于岩石中各种孔隙的总体积与岩石总体积的比，以百分数计。孔隙性对岩石的强度和稳定性产生重要的影响。岩石孔隙度的大小，主要取决于岩石的结构和构造，同时也受外力因素的影响。未受风化或构造作用的侵入岩和某些变质岩，其孔隙度一般是很小的，而砾岩、砂岩等一些沉积岩类的岩石，则经常具有较大的孔隙度。

（5）吸水性。一般用吸水率表示，反映岩石在一定条件下（在通常大气压下）的吸水能力。在数值上等于岩石的吸水重量与同体积干燥岩石重量的比，也可以百分数计。岩石的吸水率与岩石孔隙度的大小、孔隙张开程度等因素有关。岩石的吸水率大，则水对岩石颗粒间结合物的浸润、软化作用就强，岩石强度和稳定性受水作用的影响也就越大。

（6）软化性。指岩石受水作用后，强度和稳定性发生变化的性质，主要取决于岩石的矿物成分、结构和构造特征。黏土矿物含量高、孔隙度大、吸水率高的岩石，与水作用容易软化而丧失其强度和稳定性。软化系数作为岩石软化性的指标，在数值上等于岩石饱和状态下的极限抗压强度与风干状态下极限抗压强度的比。其值越小，表示岩石的强度和稳定性受水作用的影响越大。未受风化作用的岩浆岩和某些变质岩，软化系数大都接近于 1，是弱软化的岩石，其抗水、抗风化和抗冻性强。软化系数小于 0.75 的岩石，是软化性较强的岩石，工程性质比较差。

（7）抗冻性。岩石抵抗冰胀作用的能力。在高寒冰冻地区，抗冻性是评价岩石工程性质的一个重要指标。岩石的抗冻性，有不同的表示方法，一般用岩石在抗冻试验前后抗压强度的降低率表示。抗压强度降低率小于25%的岩石，认为是抗冻的；大于25%的岩石，认为是非抗冻的。

2.2.3 岩溶地质基本概况

岩溶是可溶性岩石长期被水溶蚀以及由此引起各种地质现象和形态的总称。它既包括了地表和地下水流对可溶性岩石的化学溶蚀作用，也包含有机械侵蚀、溶解运移和再沉积等作用，并形成了各种地貌形态、溶洞、溶隙、堆积物、地下水文网，以及由此引起的重力塌陷、崩塌、地裂缝等次生现象。岩溶作用与其他作用的显著区别，在于以化学溶蚀为特征，并在岩体中发育了时代不同、规模不等、形态各异的洞隙和管道水系统。

2.2.3.1 中国岩溶区域分布概况

我国碳酸盐岩系分布面积约为136万km^2，占全国总面积的14%。其中尤以黔、滇、桂等地区分布最为集中，如云南省碳酸盐岩出露面积占全省土地面积的52%；广西碳酸盐岩出露面积占全区土地面积的43%；贵州省碳酸盐岩出露面积最大，约占全省土地面积的74%。

根据气候、大地构造以及岩溶发育特点，可将我国划分为三个区：大致以六盘山、雅砻江、大理、贡山一线为界，以西为青藏高原西部岩溶区；以东分为两个区，以秦岭、淮河为界，北部为中温、暖温带亚干旱湿润气候型岩溶区，即华北岩溶区；南部为亚热带、热带湿润气候型岩溶区，即华南岩溶区。根据岩性、地貌及岩溶发育特征等因素，又可细分为黔桂溶原—峰林山地亚区、滇东溶原—丘峰高原亚区、晋冀辽旱谷—山地亚区、横断山溶蚀侵蚀区等亚区（表2.2-11）。

表2.2-11　中国岩溶区域分区简表

岩溶大区	气候特征	岩溶亚区	范围	岩溶地貌特征	岩溶水文地质特征
Ⅰ.华南岩溶区	亚热带、热带湿润气候，年降雨量>800mm，年平均气温>14℃，向南增至20～24℃，年平均相对湿度75%～80%	$Ⅰ_{A1}$.川西南峡谷—山地亚区	大渡河下游及金沙江下游地区，西至天全、宾川一线，东至盐津、昭通，南至云贵高原北麓	峡谷及中低山山地，具海拔2600～2700m、2100～2200m剥夷面，且以后者较为发育；地下岩溶不发育	主要含水透水地层为震旦系白云岩夹硅质灰岩，寒武系白云质灰岩、泥质灰岩与砂页岩互层，奥陶系砂页夹泥灰岩，石炭系灰岩及白云岩夹砂页岩，二叠系含燧石结构灰岩，三叠系下统灰岩泥灰岩夹泥页岩及下统泥质白云岩、泥质灰岩。多隔槽或隔档式褶皱，断裂发育。由于新构造运行强烈，河谷深切，沟谷发育，地下水排泄条件好，地下水岩溶总体较微弱，但沿断层仍时有岩溶大泉发育；金沙江、大渡河及临江地区岩溶发育强烈，如金沙江西侧鲁南山地区海拔2000m以上发育巨深的落水洞，以下于金沙江畔发育溶洞、大泉等。新构造上升缓慢区岩溶相对较发育；互状灰碳酸盐岩地区岩溶多顺层面发育。深切河谷的斜坡地带岩溶发育，水文地质问题较为特殊

续表

岩溶大区	气候特征	岩溶亚区	范围	岩溶地貌特征	岩溶水文地质特征
Ⅰ. 华南岩溶区	亚热带、热带湿润气候，年降雨量>800mm，年平均气温>14℃，向南增至20～24℃，年平均相对湿度75%～80%	Ⅰ A2. 滇东溶原—丘峰高原亚区	滇东及黔西，即赫章、水城、罗平一线以西，元江以北，元谋以南地区	溶原与丘峰原地貌，具海拔 2500～2600m（大娄山期）、2100～2200m（山盆期）剥夷面，后者发育为具较厚古风化壳的溶原面，发育一系列断陷盆地，路南一带发育有闻名的石林地形	主要岩溶含水地层为元古界白云岩、藻灰岩、灰岩、泥灰岩，震旦系含硅质灰岩、白云岩，下寒武统块状灰岩、泥质灰岩夹砂页岩，中寒武统薄至中厚层灰岩、白云质灰岩，泥盆统灰岩及白云岩，中石炭统灰岩，马平群灰岩，二叠系下统灰岩，三叠系灰岩、白云岩。短轴状、鼻状及穹状褶皱发育，断裂发育。水文地质结构主要有块断构造型和间互状背斜褶皱型；前者如昆明一带，岩溶主要发育在石炭系、二叠系灰岩中，周围为碎屑岩封闭成为相对独立的地下含水系统；后者主要由背斜核部的互层状碳酸盐岩构成多层含水层
		Ⅰ A3. 黔西溶洼—丘峰山原亚区	川南、黔西及滇东东部，包括盐津、赫章、水城，云南罗平以东，南盘江以北及兴义、黔西、桐梓以西，赤水以西以南的广大区域	大娄山期剥夷面从东部 1500m 向西逐渐抬升至 2000m，构成分水岭，面上为规模较小的岩溶洼地（以下简称溶洼）与丘峰；高程 1000～1500m 为由溶洼、溶洞、落水洞与丘峰组成的山盆期剥夷面；乌江期形成深切河谷、发育多级阶地与溶洞层	地表现露的主要岩溶含水层为寒武系白云岩，石炭系马平组、黄龙组灰岩，以二叠系灰岩，三叠系灰岩、白云岩、白云质灰岩；泥盆系碳酸盐岩零星出露。褶皱普遍宽缓，弧形构造发育。背斜位置多较高并构成分水岭，向斜多为谷地。黔西至水城一带，震旦系至三叠系碳酸盐岩由于构造上的隔槽式或隔档式褶皱形式形成了间互状碳酸盐岩向斜或背斜褶皱形水文地质结构，地下含水系统及地下水流动系统多呈带状分布。在大片碳酸盐岩出露地区，隔水层分隔差，主要为平缓型水文地质结构。黔西南及滇东一带的南盘江上游河谷地区，由于南盘江急剧下切，在两岸分水岭地带多形成明流与暗河相应的宽缓河流，以及众多海子，但至斜坡地带后多形成暗河以较陡的水力比降排向南盘江，故斜坡地带岩溶发育，地下水埋深大
		Ⅰ A4. 黔中溶原—丘峰与峰林山原亚区	黔中高原及黔东南部分地区，北以乌江为界，南至独山、望谟，西至水城、纳雍、晴隆、兴仁、安龙，东至凯里	长江和珠江水系的分水岭地地区，黔中高原为山盆期溶原，山盆一期剥夷面在安顺、平坝一带为1200～1300m，贵阳一带约100～1100m；大娄山期剥夷面（1500m）基本解体，仅在黔西一带保留较好。更新世以来，乌江、北盘江形成峡谷，进入峡谷期并发育多阶段阶地及溶洞	岩溶含水透水地层从震旦系至三叠系均有分布，但以二、三叠系碳酸盐岩出露最为广泛，主要强可溶岩地层为寒武系清虚洞组、泥盆系尧梭组、二叠系栖霞组、茅口组，三叠系大治组、永宁镇组、关岭组。具短轴及隔槽式、隔档式褶皱。本区主要褶皱型水文地质结构为主。六枝一带发育由二叠、三叠纪碳酸盐岩组成的隔档式褶皱（堕脚背斜）、穹状褶皱（茅口背斜）和宽阔的向斜（朗岱向斜），背斜多构成分水岭补给区，向斜则为汇水盆地，深度发育承压自流水。黔南一带则由泥盆及石炭纪灰岩构成箱状或长条状背、向斜，并面背斜区形成补给区，向斜区形成暗河（亦穿背

续表

岩溶大区	气候特征	岩溶亚区	范围	岩溶地貌特征	岩溶水文地质特征
Ⅰ.华南岩溶区	亚热带、热带湿润气候，年降雨量>800mm，年平均气温>14℃，向南增至20～24℃，年平均相对湿度75%～80%	$Ⅰ_{A1}$.黔中溶原—丘峰与峰林山原亚区	黔中高原及黔东南部分地区，北以乌江为界，南至独山、望谟，西至水城、纳雍、晴隆、兴仁、安龙，东至凯里	长江和珠江水系的分水岭地地区，黔中高原为山盆期溶原，山盆一期剥夷面在安顺、平坝一带为1200～1300m，贵阳一带约100～1100m；大娄山期剥夷面（1500m）基本解体，仅在黔西一带保留较好。更新世以来，乌江、北盘江形成峡谷，进入峡谷期并发育多阶段阶地及溶洞	斜）。安顺、平坝地区为典型山盆期剥夷面，属均匀状碳酸盐岩平缓褶皱型水文地质结构，显示晚年期岩溶地貌景观，泉水及暗河出露多，地下水埋藏浅。乌江和北盘江为深切河谷，河谷地带地下水垂直入渗带厚达数百米，谷坡地带地下水力坡度经历缓-陡-缓的过程，由于河流快速下切，地下水尚未适应排泄基准面的变化，暗河或岩溶管道水的出口大多高出现代河水面约20m左右（相当一级阶地或略低于一级阶地），两岸支流多形成跌水或瀑布；在干流河段建库一般邻谷渗漏问题不大，但库首及坝区渗漏问题突出；支流河段建坝需避开河流裂点
		$Ⅰ_{A5}$.鄂黔溶洼—丘峰山地亚区	湘西、鄂西、川东、重庆、黔北等由巫山山脉、武陵山脉、大娄山脉等平行山脉构成的江汉平原与四川盆之间地带	川、渝、鄂、黔一带大娄山期剥夷面约为1500m，山盆期剥夷面约900～1200m，湘西一带为650～700m、350～500m；进入峡谷期（三峡期、乌江期）后，多形成5级阶地及相对应的溶洞，以丘峰、溶洼为主的层状地形主要分布在乌江中下游及湘西地区，长江及其支流深切的峡谷地貌一直伸入两岸山地或山原中心，致使地貌异常破碎崎岖，形成与云贵高原上岩溶高原、山原岩溶地貌迥然不同的地貌特征	除震旦纪早期、志留及泥盆纪为碎屑岩外，震旦至三叠系中期普遍发育以碳酸盐岩为主的海相沉积。震旦系含硅质白云岩主要分布在鄂西、黔北一带；寒武统白云岩、灰质白云岩厚度大，分布广泛；奥陶系灰岩、泥灰岩、白云岩主要分布在鄂西、湘西及黔北地区；二叠系栖霞、茅口组灰岩地层有区内出露，三叠系可溶岩地层主要为下统嘉陵江组白云岩、灰岩地层。断裂发育，箱状褶皱束为主，大娄山—八面山褶皱束延展于渝、黔、湘、鄂省境，北北东向延伸并逐渐向北转东西向。水系受地质构造影响较大，长江三峡、乌江下游、清江水系等主、支水流大都循构造线方向发育。以较纯状或间互状碳酸盐岩向斜及背斜褶皱型水文地质结构为主，以箱状褶皱为主的大娄山—八面山褶皱束中的各个构造因志留纪隔水岩体的环绕，将早古生代早期碳酸盐岩为核心的背斜与中生代早期碳酸盐岩为核向的向斜分离成不同的水文地质单元，向斜中的二、三叠纪可溶岩具不均一化岩溶特征，背斜部分的寒武、奥陶纪可溶岩具有成岩交代白云岩类整体岩溶化的特征。各隔水岩体将可溶岩分隔成多个地下含水系统，平行于构造线方向循着可溶岩岩层走向发育岩溶管道水或暗河。此类水文地质结构特点决定了各主要河流之间都有若干隔水岩体阻隔，一般邻谷渗漏问题不大，但需充分利用隔水岩系或弱岩溶发育河段选择坝址，否则库首及绕坝渗漏问题较为严重，处理难度非常大

续表

岩溶大区	气候特征	岩溶亚区	范围	岩溶地貌特征	岩溶水文地质特征
Ⅰ.华南岩溶区	亚热带、热带湿润气候，年降雨量>800mm，年平均气温>14℃，向南增至20～24℃，年平均相对湿度75%～80%	$Ⅰ_{A6}$.川东渝西溶洼—丘峰山地亚区	川东、渝西地区，西至渠县、广安、荣昌一线，南至江津一线，云阳、忠县、涪陵以西，北至达州、开县一带	北东—南西向的一系列平行褶皱山带像蚯蚓一样断续斜列排行在区内，狭窄的背斜山岭因核部碳酸盐岩受到溶蚀作用而呈浅丘起伏的负地形，翼部侏罗纪砂岩形成山脊，华蓥山一带发育 1000～1150m、800m、500～600m 高程剥夷面，最广泛发育的长江阶地为 320m 一级，长江、嘉陵江等干流河谷发育多级阶地，但因水位变幅大，相应岩溶层级与阶地对应并不明显	为川东弧形褶皱群区，背斜狭窄，向斜宽缓，为典型的隔档式褶皱，轴线靠西侧多发育走向逆断层，岩层状多西陡东缓。华蓥山背斜因断裂切割导致寒武系至二、三叠系可溶岩均有出露，南部的中梁山等背斜核部亦见二叠系灰岩出露；此外，其余背斜的核部均为三叠纪碳酸盐岩。循着碳酸盐岩与隔水层接触带发育的一系列以溶洼为主的负地形地貌形态是川东特殊的构造条件控制岩溶分布的特点之一，其岩溶发育情况多受切割侏罗系山脊各垭口的河流这一排泄基准面控制，受构造控制，背斜西侧岩溶化程度一般较东侧深，多形成规模较大的岩溶槽谷并有地表常年溪流；而东侧多为海拔较西侧高的溶丘地形，少常年性地表水流。寒武、奥陶纪灰岩因出露面积小，岩溶化程度相对较弱。二叠纪灰岩的岩溶发育及富水程度与其是否出露有关，出露者岩溶多较发育；同时，该地层中古岩溶发育。三叠系主要含水透水地层为中统嘉陵江组及下统飞仙关组的上部（厚约 80m）。背斜山地所出露的各个碳酸盐岩含水层均被侏罗纪隔水层所环绕，每个背斜构造均成独立的具补、迳、排地段的地下含水系统，并越过切割的垭口峡谷排向碎屑岩区。长江及嘉陵江深切河段，临江两侧岩溶发育，洼地深陷且下伏深埋暗河。上述独特的间互状背斜水文地质结构区可充分利用侏罗纪隔水层的围限作用，于两侧的出口峡谷区选址筑坝，但应避免在其自成体系、可溶岩广泛分布、难以防渗处理的岩溶槽谷区建坝
		$Ⅰ_{A7}$.渝鄂溶洼—丘峰山地亚区	重庆、鄂西，包括米仓山和大巴山脉，东南界在巫溪、兴山及房县一带	总的地貌特点是地形起伏大，沟谷深切，分水岭单薄，山高谷深，坡陡流急。主要发育 2000m、1500m、1200～1300m、1000m、800m 各级剥夷面，尤以后两者较为发育	下古生界至三叠系可溶岩均有分布，其中古生界地层分布在背斜核部，出露面积较小；三叠系岩层出露面积在 70%以上。主要可溶岩地层为上寒武统中厚层硅质白云岩及硅质灰岩，下奥陶统灰岩、白云岩及页岩，中奥陶统含泥质灰岩，下二叠统栖霞、茅口组灰岩，上二叠统长兴灰岩，下三叠统嘉陵江组灰岩、白云质灰岩、白云岩，中叠雷口坡组上部灰岩及白云质灰岩。本区北部发育城口、镇坪、房县深断裂，构造线自西向东呈向南突出的弧形褶皱束，且背、向斜紧密相间并受上述深断裂的制约。受构造控制，可溶岩呈条带状近东西向展布，岩溶顺层发育，多形成规模

续表

岩溶大区	气候特征	岩溶亚区	范围	岩溶地貌特征	岩溶水文地质特征
Ⅰ.华南岩溶区	亚热带、热带湿润气候，年降雨量>800mm，年平均气温>14℃，向南增至20～24℃，年平均相对湿度75%～80%	$Ⅰ_{A7}$.渝鄂溶洼—丘峰山地亚区	重庆、鄂西，包括米仓山和大巴山脉，东南界在巫溪、兴山及房县一带	总的地貌特点是地形起伏大，沟谷深切，分水岭单薄，山高谷深，坡陡流急。主要发育2000m、1500m、1200～1300m、1000m、800m各级剥夷面，尤以后两者较为发育	较大的长大暗河系统，并于深切河谷中的背斜核部或与隔水层的接触带出露成泉。由于暗河管道的规模较大，其出口除随河谷下切见多期出口外，部分泉水甚至在河床底部形成上涌出口。部分可溶岩分布较宽的横向河谷段，尚可能存在顺河向的岩溶地下水深部循环状况。岩溶顺层发育强烈，水库选址论证时应注意邻谷渗漏问题，并注意沿河岩溶大泉及河谷裂点对坝址选择的影响。如双通水库坝址即选择在河谷裂点上游，下游尚发育有岩溶大泉，水库蓄水后存在严重的岩渗漏问题
		$Ⅰ_{A8}$.长江中游溶原—丘峰与低山丘陵亚区	鄂东南、鄂中、赣西北、皖南、浙西、苏南	本区碳酸盐岩多呈小面积斑点状或条带状分布，绝大部属溶原-丘峰及低山丘陵区，也有溶蚀平原分布，浙西一带发育550～650m、400～450m、200～380m三级剥夷面，普遍发育封闭的溶洼，溶洞、暗河分布也较广泛。部分层段受物质组成及层组间互特征影响，不具溶地貌特征	碳酸盐岩总厚度较大，但多零星地呈斑点状、条带状分布，碳酸盐岩在浙西厚度最小，鄂东南及皖南一带厚度最大，鄂中随县地区见中下元古界变质碳酸盐岩夹千枚岩、板岩，钟祥一带震旦系灯影组为白云岩类，浙西上震旦统为硅质白云岩，江苏滁县一带震旦系为碳酸盐岩与碎屑岩互层；中寒武至中奥陶纪普遍发育碳酸盐岩，鄂中与三峡地区相似，从泥质白云岩类逐渐过渡到奥陶系的灰岩夹页岩；浙西、皖南、赣西北、鄂东南等地中寒武统以深灰色灰岩、泥质灰岩为主，常夹页岩，上统为泥质灰岩或泥质条带灰岩，鄂东南为较厚的白云岩；安徽长江北岸零星分布的中上寒武统以薄层灰岩为主。中下奥陶统在鄂东南至皖、苏两省沿江地带为灰岩，下统在东部常含白云质，向西多含泥质。中石炭纪碳酸盐岩广泛发育，黄龙组下部富白云质，上部为厚层灰岩。二叠系栖霞、茅口、长兴组灰岩分布亦广泛。浙西没有三叠系分布，皖苏境内长江沿岸及太湖以西为灰岩，鄂东南、鄂中、赣西北为大治组灰岩夹页岩，中统嘉陵江组为白云岩。零星分布的碳酸盐岩分别形成各自的地下含水系统，较多的是向斜或单斜式水文地质结构。总体上，寒武、奥陶系一般岩溶发育程度较弱，三叠系岩溶发育也有限，石炭、二叠系碳酸盐岩中岩溶普遍较发育且含水丰富

续表

岩溶大区	气候特征	岩溶亚区	范围	岩溶地貌特征	岩溶水文地质特征
Ⅰ.华南岩溶区	亚热带、热带湿润气候，年降雨量>800mm，年平均气温>14℃，向南增至20～24℃，年平均相对湿度75%～80%	$Ⅰ_{B1}$.滇东南溶原—峰林高原亚区	罗平、广南、富宁以西，建水、元阳、金平以东的滇东南地区	为南盘江与元江的分水岭地区，山势雄厚，剥夷面海拔2000～2400m，个旧—蒙自地区的剥夷面上保留有第三纪时发育的丘峰、埋藏石芽、溶斗、溶洼、落水洞等，剥蚀面较开阔；中和营、平远街、文山等地发育峰林地貌。受断块运动影响，沿断层形成较多断陷盆地	下古生界可溶岩主要分布在麻栗坡地区的南溪河流域，以碎屑岩夹碳酸盐岩为特征，寒武系为变质碳酸盐岩；上古生界及三叠系可溶地区分布在开远、个旧以东至丘北、广南一带，其中尤以三叠统个旧组白云质灰岩、白云岩及灰岩分布最广。断裂构造发育，以北西、北东东及北东组互相切割出现。个旧、蒙自、草坝一带的断陷盆地区属个旧组碳酸盐岩构成的均匀块状纯碳酸盐岩断块构造，断陷盆地南部为碎屑岩及火成岩隔水层围绕，南侧山区是元江与南盘江的分水岭，草坝以东的鸣鹫街一带有地下分水岭与平远街溶原为界共同构成此水文地质单元的边界，溶盆与周围山区的地形高差大，斜坡山区垂直入渗带极厚，但溶盆边缘是地下水排泄区，多见岩溶大泉分布。中和营、平远街一带为由个旧组碳酸盐岩组成的间互状纯碳酸盐岩断裂褶皱型水文地质结构，1450～1500m剥夷面上发育有孤峰、溶洞、大泉及岩溶湖，中和营一带地下水从东、西、南三个方向向六郎洞方向排向南盘江，岩溶管道水具广泛补给区，径流途径长且埋深大、流量大。斜坡地带地下水深部径流作用强，水力坡度大，修建水库可能存在强烈的渗漏问题
		$Ⅰ_{B2}$.黔桂溶洼—峰林山地亚区	黔南及广西中西部，北界为独山、望谟、册亨，西界是兴义、广南、西畴、屏边，与桂东溶原的界线在融安、隆安、大新、龙州一线	总的地貌景观由峰丛—溶洼向峰林—溶盆逐渐演化。桂西地区岩溶形态是密集的峰丛、溶洼、落水洞、天生桥、盲谷和伏流，红水河上游河床纵剖面较陡。桂西南地区主要岩溶态为峰林—溶盆或溶洼，暗河时出时没，但于地貌斜坡区落水洞、伏流增多。红水河及右江中游地区地势降低，具过渡型特点，水平及垂直的岩溶形态均有发育，于溶盆地区发育暗河水系	主要发育上古生界碳酸盐岩，岩性纯，厚度大且分布广，给峰林地貌的发育奠定了物质基础。较纯的灰岩主要为中石炭统黄龙、马平组灰岩，以及二叠统栖霞、茅口组灰岩。较纯白云岩主要为中上泥盆统白云岩及灰岩，下石炭统上司段中厚层白云岩及灰岩，中石炭统黄龙组、马平组白云岩及结晶灰岩。下石炭统地层下部的中厚层灰岩多夹泥质灰岩、页岩。发育开阔型及过渡型褶皱，局部发育线状紧密褶皱。区内各类背斜多构成分水岭，为附近的向斜的补给区，向斜倾角缓，埋藏浅，上层发育潜水含水层，深部含水层承压但不自流。分水岭地区岩溶发育强烈，各类岩溶形态均具，暗河及地下水埋藏相对较浅，但地表明流少见。红水河深切的凤凰山背斜区为峡谷地貌，河谷地带水动力系统发育完善，地下水以暗河形式径流，埋深30～50m，但地表干旱。该区处于由云贵高

续表

岩溶大区	气候特征	岩溶亚区	范围	岩溶地貌特征	岩溶水文地质特征
Ⅰ．华南岩溶区	亚热带、热带湿润气候，年降雨量>800mm，年平均气温>14℃，向南增至20～24℃，年平均相对湿度75%～80%	$Ⅰ_{B2}$．黔桂溶洼—峰林山地亚区	黔南及广西中西部，北界为独山、望谟、册亨，西界是兴义、广南、西畴、屏边，与桂东溶原的界线在融安、隆安、大新、龙州一线	总的地貌景观由峰丛—溶洼向峰林—溶盆逐渐演化。桂西地区岩溶形态是密集的峰丛、溶洼、落水洞、天生桥、盲谷和伏流，红水河上游河床纵剖面较陡。桂西南地区主要岩溶态为峰林—溶盆或溶洼，暗河时出时没，但于地貌斜坡区落水洞、伏流增多。红水河及右江中游地区地势降低，具过渡型特点，水平及垂直的岩溶形态均有发育，于溶盆地区发育暗河水系	原向桂东溶原过渡的地貌斜坡地带，总体上地形起伏剧烈，发育幼年期峰丛地形，地表河流的伏流河段屡见不鲜，干流河谷深切300～600m，常呈陡立的障谷，河床纵剖面较陡；此类地貌斜坡地带修建大型水库，应研究深部径流的渗漏问题。因两岸分水岭较高，一般不会产生邻谷渗漏问题，但由于河流裂点的发育及两岸地下水位低槽带的存在，以及深部岩溶的影响，库首岩溶渗漏问题突出，应是研究的重点
		$Ⅰ_{B3}$．粤桂溶原—峰林平原亚区	广西中东部及粤北大面积碳酸盐岩分布区，闽赣、粤等碳酸盐岩零星分布区	该区从新生代以来具间歇性缓慢隆起为特征的地壳运动，属于上升幅度度的稳定区，因而溶蚀作用完善，发育了典型的溶原，溶洞层明显，典型者如桂林岩溶地貌。广西发育220～250m、150m、110～100m剥夷面，除高层外均有溶洞层；在相对高度60～80m、30～40m及以下尚有溶洞层，以30～40m这一层发育最普遍，相应的红土台地是溶原的主要台面	广泛分布晚古生代均匀状纯碳酸盐岩，泥盆、石炭、二叠系分布最广，发育最完善，桂东以中泥盆统-下石炭统为主，桂中以石炭二叠系为主。晚泥盆世、早石炭世、早二叠世等时期的非碳酸盐岩地区除后者分布普遍外，都不具区域性，因而在桂东厚千余米、桂中厚约3000m的碳酸盐岩中几乎没有隔水层相隔，且碳酸盐岩的纯度高，碳酸盐岩矿物占97%～98%，以灰岩类为主。弧形构造发育，多以平缓褶皱为主。在平缓褶皱为主的地质构造条件下，大面积连续分布的碳酸盐岩构成了均匀状灰岩平缓褶皱型水文地质结构，当断裂构造发育时，更增长了岩溶发育的程度。由于地壳相对稳定且每次上升幅度小，致使碳酸盐岩经受了强烈而深刻的溶蚀作用，地下水以水平径流为主，地下洞穴系统发育完善，地下水丰富且埋藏浅，地表、地下水文网发育。因岩溶发育强烈，水库渗漏问题突出，应主要以修建低水头径流式电站为主，不宜建高坝大库

续表

岩溶大区	气候特征	岩溶亚区	范围	岩溶地貌特征	岩溶水文地质特征
Ⅰ. 华南岩溶区	亚热带、热带湿润气候，年降雨量＞800mm，年平均气温＞14℃，向南增至20～24℃，年平均相对湿度75%～80%	$Ⅰ_{B4}$. 湘赣溶盆—丘峰山地与丘陵亚区	湘赣中南部及闽中北的南岭、雪峰山、罗霄山、武夷山等地区	溶盆—丘峰山地与丘陵地貌，各山系之间碳酸盐岩分布区构成丘峰与溶盆，溶盆规模十数平方公里至数十平方公里。湘南具海拔750～950m、500～650m、250～400m剥夷面，其中250～400m剥夷面上各岩溶形态发育。更新世以来的溶盆分布在海拔50～200m之间，溶洼及溶盆继承性扩大；发育有四级河流阶地及相应溶洞	湖南境内主要碳酸盐岩发育在上泥盆统、石炭统、二叠统及下三叠统地层中，赣闽省境主要为零星分布的中上石炭统及下二叠统、下三叠统碳酸盐岩。由开阔褶皱及过渡型褶皱组成的复式向斜发育。主要发育向斜褶皱型地下水含水系统，也有块断构造型者。湘中及湘东南地区复式向斜褶皱发育了典型的自流水盆地，下三叠统碳酸盐岩组成向斜核部的上层潜水含水层，中上石炭统及下二叠统灰岩构成深部承压含水层，一般呈北东至南西向延伸，面积大，水量丰富，承压水头一般高出地面3～5m；岩溶发育强度在补给区最弱，承压区居中，排泄区岩溶发育强烈；另外，受承压水深循环影响，下二叠统灰中的岩溶发育深度可达负海拔高程350m左右。闽中地区为典型的间互状纯碳酸盐岩块断构造型水文地质结构，如三明盆地石炭、二叠系灰岩埋深30～50m，上覆白垩系及新生界岩层，深部岩溶可发育至150～240m，钻孔承压水位高出地面0.6m
		$Ⅰ_{C}$. 滇西褶皱系古生代碳酸盐岩岩溶区	沿元江及大理、贡山一线以南地区	地貌为中山及高山山地，怒江及澜沧江为深切达1500m以上的河谷，两河之间的分水岭地块上保留着带状分布的平缓山原盆地特点。第三纪末期以来，本区块断强烈的不等量抬升，表现为水系普遍不对称并有河流袭夺现象，发育拗陷盆地，同一级高原面在不同地区高度上有差异，抬升量北部大于南部，西部大于东部，如保山一带高原面1700～2000m，临沧一带海拔1400～1600m，勐海一带海拔1300～1500m	均匀状灰岩主要有下石炭统含燧石条带厚层灰岩、下二叠系灰岩及白云岩，中三叠统厚层为灰岩。间互状碳酸盐岩主要有上寒武统灰岩与砂页岩互层、中上奥陶统砂质泥岩与泥灰岩互层、中志留统灰岩泥灰岩夹砂页岩、中上泥盆统灰岩泥灰岩、中上石炭统砂质泥岩、石英砂岩与生物碎屑灰岩互层。区内断裂发育，褶皱宽缓，碳酸盐岩主要分布在保山-镇康复向斜内，复向斜介于澜沧江、怒江深断裂之间。保山地区一般向斜开阔，核部由下二叠统灰岩组成，为区内主要含水层。镇康地区构造线为北东向，北部有勐简、南部有勐堆两个向斜，核部为下二叠统、中三叠统含水层，地下水沿层面自北东向南西排向南汀河。罗明—勐棒一带为线形紧密褶皱及倒转褶皱，总体为一向斜构造，二翼下石炭统、下二叠统灰岩为主要含水层，地下水向北向南径流排向怒江，谷底有泉水出露。耿马、孟连地区主要含水层亦为中上石炭统及二叠系灰岩。此外，在维西—无量山地区有三叠系间互状碳酸盐岩、中上奥陶统间互状变质碳酸盐岩含水层分布，在西盟一带有下古生界富水性强的大理岩，福贡—陇川地区变质岩中夹有大理岩含水层，南部

续表

岩溶大区	气候特征	岩溶亚区	范围	岩溶地貌特征	岩溶水文地质特征
Ⅰ.华南岩溶区	亚热带、热带湿润气候，年降雨量>800mm，年平均气温>14℃，向南增至20～24℃，年平均相对湿度75%～80%	$Ⅰ_C$.滇西褶皱系古生代碳酸盐岩岩溶区	沿元江及大理、贡山一线以南地区	地貌为中山及高山山地，怒江及澜沧江为深切达1500m以上的河谷，两河之间的分水岭地块上保留着带状分布的平缓山原盆地特点。第三纪末期以来，本区块断强烈的不等量抬升，表现为水系普遍不对称并有河流袭夺现象，发育拗陷盆地，同一级高原面在不同地区高度上有差异，抬升量北部大于南部，西部大于东部，如保山一带高原面1700～2000m，临沧一带海拔1400～1600m，勐海一带海拔1300～1500m	的龙陵—瑞丽一带向斜核部侏罗系及翼部志留、泥盆系间互状碳酸盐岩，中上奥陶统及下二叠统分别为均匀状白云岩及灰岩含水层。由于滇西地区强烈的抬升，河流深切，地下水的作用尚不适应排泄基准面的下降，近代岩溶发育微弱，主要为岩溶裂隙水，仅在保山、施甸、耿马、南定河一带见有暗河或岩溶大泉发育
		$Ⅰ_D$.秦岭褶皱系晚古生代变质碳酸盐岩岩溶区	秦岭以南至大巴山、米仓山以北	位于侵蚀-溶蚀地区北缘。北坡陡峻的、东西走向的秦岭主脉居于北侧，构成黄河与长江流域的分水岭。本区皆属嘉陵江及汉水流域，属中等切割（500～1000m）的中山山地，汉水谷地中见有低山与丘陵分布	上震旦统、寒武统、奥陶统、志留统、泥盆统、石炭统、二叠统、中三叠统地层中均见有碳酸盐岩分布，但碳酸盐岩分布狭窄，多为变质碳酸盐岩，常具碎屑夹层或互层，厚度及岩相变化均较显著。岩溶水文地质特征具向邻区过渡的特征，是现代岩溶封闭负地形分布的北部边界，既有东秦岭及大巴山北麓的溶沟、溶斗、溶洼现象，又有西秦岭的侵蚀、霜冻、泥石流作用与溶蚀作用共同塑状的山地地貌，近秦岭北缘则是岩溶旱谷与常规山地。石炭、二叠系碳酸盐岩中岩溶较发育，以岩溶裂隙水为主，也有岩溶管道水。东秦岭及大巴山北麓地区地表岩溶现象较西部丰富，沿条带状分布并受断层切割的碳酸盐岩中发育有串珠状溶斗及条形洼地，地表岩溶洞穴规模较大，但地下岩溶不甚发育

续表

岩溶大区	气候特征	岩溶亚区	范围	岩溶地貌特征	岩溶水文地质特征
Ⅱ. 华北岩溶区	中温、暖温带亚干旱湿润气候，年降雨量 400～800mm，年平均气温 8～14℃，年平均相对湿度 55%～70%	$Ⅱ_{A1}$. 晋冀辽旱谷—山地亚区	山西、河北为主，辽宁和内蒙古的南部、河南西部，陕西有零星分布，所辖范围包括燕山、太行山及山西高原	燕山、太行山、吕梁山属块状中山山地地形，沟谷发育，多悬崖陡壁，河流上游呈深切峡谷。地表岩溶发育较弱，岩溶形态单一，分布也不普遍，以旱谷、泉群居多，其次为溶洞、落水洞、溶沟等，封闭负地形少见，局部残留有已被第三系红土充填的古溶斗。在山西高原及晋冀交界的太行山麓过渡地带，旱谷是常见的形态	均匀较纯的碳酸盐岩主要为中寒武统厚层鲕粒灰岩、下奥陶统含燧石条带厚层白云岩和白云质灰岩、中奥陶统厚层灰岩及白云质灰岩，间互状碳酸盐岩主要分为上寒武统泥质条带灰岩、白云质灰岩、竹叶状灰岩；另外，中下震旦统中上部为断续分布的硅质白云岩、硅质灰岩。区内构造主要由燕山运动形成，构造体系在山西一带为雁行式褶皱和逆断层，在燕山形成箱状及穹状褶皱；喜山期则主要为正断层活动，大面积上升和下陷形成若干相对应的地垒隆起和地堑盆地。碳酸盐岩多沿复式背斜翼部分布。地堑盆地边缘受构造影响，岩层倾角较陡或较乱，地垒或地堑部分岩层则相对平缓。主要水文地质结构为均匀状纯碳酸盐岩平缓褶皱型、块断型及单斜型，且以前两者为主。均匀状平缓褶皱型灰岩水文地质结构主要分布在太行山中南段东南麓广泛出露的中寒武统至中奥陶统灰岩地层中，岩溶发育，但单个岩溶形态总体规模较南方小，发育有娘子关泉、神头泉、司马泊泉等岩溶大泉。均匀状块断构造水文地质结构主要分布在太原盆地、太行山两翼的地堑式盆地区，底部多为平缓但广泛分布的奥陶系灰岩，岩溶发育且较均匀，岩溶裂隙水丰富，形成晋祠泉等岩溶大泉。主要水文地质问题为地下洞室的涌水及水库渗漏问题；在研究洞室涌水及水库渗漏问题时，应重点关注断裂带及古岩溶的影响
		$Ⅱ_{A2}$. 胶辽旱谷—山地亚区	山东、辽宁及淮河以北地区，北至开原、长白山，西以辽河平原及黄淮平原为界，东濒渤海与黄海，包括辽东及鲁中南低山和丘陵区	为浅切割的低山与丘陵，旱谷发育，仅在较高的剥蚀面上残留有浅平封闭的负地形及溶沟、溶洼、落水洞、溶洞等现象，但不太普遍，它们多是地貌发育历史过程中的产物，并逐渐被现代常态地貌所改造。山东地区具海拔 700～800m、500～600m、300～400m、250m 等剥夷面，有时发育相应溶洞	徐淮地区震旦系上部为较厚的灰岩、白云质灰岩夹页岩，辽北震旦系为巨厚的硅质白云岩、灰岩，旅大、吉林浑江一带震旦系为巨厚灰岩。寒武、奥陶纪碳酸盐岩在区内较为稳定，辽宁、吉林一带为中上寒武统鲕粒灰岩和中、下奥陶统灰岩、白云岩。山东地区寒武纪张夏组含海绿石鲕粒灰岩分布范围较广且厚度稳定。奥陶系下统含燧石结晶白云岩分布较广；中统由灰岩逐渐过渡为泥质灰岩、白云质灰岩夹角砾状灰岩。鲁中南地区碳酸盐岩多构成产状平缓的背斜翼部，且受断裂切割而形成单斜地块。徐淮地区碳酸盐岩零星分布且多呈单斜构造。地表早期剥夷面残留的溶沟、石芽、溶洼及落水洞、溶洞等现象发育，且尚有一定规模。徐淮地区零星分布

续表

岩溶大区	气候特征	岩溶亚区	范围	岩溶地貌特征	岩溶水文地质特征
Ⅱ. 华北岩溶区	中温、暖温带亚干旱湿润气候，年降雨量 400～800mm，年平均气温 8～14℃，年平均相对湿度 55%～70%	$Ⅱ_{A2}$. 胶辽旱谷—山地亚区	山东、辽宁及淮河以北地区，北至开原、长白山，西以辽河平原及黄淮平原为界，东濒渤海与黄海，包括辽东及鲁中南低山和丘陵区	为浅切割的低山与丘陵，旱谷发育，仅在较高的剥蚀面上残留有浅平封闭的负地形及溶沟、溶洼、落水洞、溶洞等现象，但不太普遍，它们多是地貌发育历史过程中的产物，并逐渐被现代常态地貌所改造。山东地区具海拔 700～800m、500～600m、300～400m、250m 等剥夷面，有时发育相应溶洞	的丘陵一般海拔均在 200m 以下，零星见有小型溶洞发育。旅大滨海地段碳酸盐岩海岸有海水作用形成的溶沟及石芽，海平面 80m 以下溶洞不太发育，多为溶孔及溶隙。鲁中南一带，寒武、奥陶系在泰山、沂蒙山以北被近南北向断层切割，以南则被北西至近东西向断裂切割，形成一系列单斜构造，具如下水文地质特点：岩溶潜水受到河流的补给，尤其河流顺岩层走向发育时，地表水多朝着单斜岩层顺倾向一侧补给地下水；地表分水岭与地下水分水岭不一致的现象较为普遍，部分甚至不存在地下分水岭；寒武、奥陶系单斜含水层在山前地形较低的地段，受隔水层阻挡，多形成承压岩溶泉，如济南诸泉；沿着裂隙溶蚀扩大组成的溶隙网，使含水层真有均一的透水性，构成具统一地下水面的地下含水系统，并形成本区丰富的地下水资源
		$Ⅱ_B$. 祁连褶皱系元古代至古生代变质碳酸盐岩岩溶区	宁夏南部、甘肃东部	中山山地及黄土高原，主要表现为侵蚀地貌特征，除局部残留的零星古岩溶现象外，总体上岩溶地貌不明显	零星分布极少量的元古代至古生代变质碳酸盐岩，在早石炭世以后皆为碎屑岩。碳酸盐岩分布区多居褶皱紧闭的狭窄背斜部分，产状陡倾或直立，并伴随走向逆断层。受岩性组成、气候、降水及地下水的补、迳、排等条件影响，总体上岩溶弱发育或不发育，沿断层带地下水可能较丰富，但岩溶现象仍不甚明显
Ⅲ. 西部岩溶区	绝大部分地区属亚湿润气候，年降水量在 500～1000mm 左右，年平均气温低于 2～12℃，南部为 2～20℃	$Ⅲ_1$. 大横断山区溶蚀剥蚀区	沿西藏东部的昌都至四川红原一线为其北界，东邻热带、亚热带气候型侵蚀溶地区，南抵国境线及云南贡山、大理以北的川、滇、藏交界的大横断山区	主要是深切割的高山及极高山，既有冰川、霜冻、泥石流等外营力的作用，也有一定的溶蚀作用，流水侵蚀作用盛行；新构造运动强烈。在剥蚀面上有各种岩溶封闭负地形残留，尤其在较早的台面上继承早期岩溶现象进一步发育现代岩溶。在金沙江中游的德钦、中甸、丽江一带，有保存不甚完好三级剥夷面，高程分别为 3700～4200m、2700～3000m、2000～2400m 左右，大都构	主要可溶地层结构特征为褶皱系内的上古生界及中生界碳酸盐岩夹碎屑岩，且上古生界及三叠系均遭受了变质作用。金沙江以东的川西地区，木里地区发育泥盆系碳酸盐，以及泥盆-二叠系片岩与火山岩间夹大理岩；零星分布在得荣、木里南部、锦屏山及康定地区的石炭纪大理岩、结晶灰及白云岩类厚逾千米；邛崃山区片岩与千枚岩中略夹大理岩薄层；理县、丹巴一带石炭、二叠纪片岩中夹大理岩，二叠纪碳酸盐岩岩相复杂，厚度大，普遍变质；甘孜、雅江等地以三叠纪西康群碎屑岩夹灰岩为主；锦屏山一带中三叠统为厚约 3000m 的大理岩。藏东左贡-巴塘等区，怒江沿岸为上古生界片岩、千枚岩与大理岩、灰岩互层；昌都、理塘、巴塘等地二叠系为灰岩、结晶灰岩夹片岩及火山岩；昌都地区三叠纪波里拉组为灰岩、结晶灰

续表

岩溶大区	气候特征	岩溶亚区	范围	岩溶地貌特征	岩溶水文地质特征
Ⅲ. 西部岩溶区	绝大部分地区属亚湿润气候，年降水量在 500～1000mm 左右，年平均气温低于 2～12℃，南部为 2～20℃	$Ⅲ_1$. 大横断山区溶蚀剥蚀区	沿西藏东部的昌都至四川红原一线为其北界，东邻热带、亚热带气候型侵蚀溶地区，南抵国境线及云南贡山、大理以北的川、滇、藏交界的大横断山区	成分水岭，在后二级剥夷面上岩溶发育，2700～3000m 左右的高原面以下是宽广的盆地和谷地，如丽江、大理等地，再以下为深邃的峡谷。锦屏山一带广泛残留三级剥蚀面，高程分别为 4000m、3000m、2200m 左右，第二级剥蚀面上分布有溶洞、天生桥等，后两级面为高级及低级谷肩，局部有深大溶隙发育，地表见有溶洼、落水洞、溶沟、石芽发育，沿断裂带局部发育岩溶大泉	岩。滇西北丽江、大理一带自奥陶至三叠纪均以碳酸盐岩为主夹碎屑岩及少量硅质岩。该区新构造运动强烈，断裂发育，褶皱形态复杂，在不同期构造运动影响下，碳酸盐岩遭受强烈褶皱及区域变质。总体上，该区由于强烈的新构造运动导致河谷深切，地势陡峻，山高谷深，物理风化作用强烈，碳酸盐岩多耸立在分水岭地带，大部分降水迅速汇集成地表径流，尽管具流水侵蚀与溶蚀的双重作用，但仍以流水侵蚀作用为主，地下水的溶蚀作用微弱，仅在一些宽谷、盆地中在继承新生代以来的岩溶发育的基础上，地下岩溶获得一定程度的发育。丽江、中甸等石炭、二叠、三叠统碳酸盐集中分布区，地下水分向深切的金沙江及其支流排泄，地下水循环深，沿隔水层边界溢出泉水，岩溶较发育，常见伏流、暗河发育。丽江、大理地区高原面保存较完整，主要沿大断裂发育系列构造溶蚀盆地。在横断山脉及东部的大雪山区的变质碳酸盐岩中，岩溶中等发育或弱发育，多分布高悬于深切河谷之上的岩溶裂隙水，除少数者外，多流量不大。锦屏山复向斜区，大理岩地下含水系统被隔水岩组包围，地下水沿岩层走向方向径流，排泄于横切碳酸盐岩的一级支沟内，岩溶地下水丰富，但向深部岩溶逐渐减弱，以岩溶裂隙水及岩溶层间水深循环为主。大渡河以东的邛崃山区变质碳酸盐岩岩溶中等发育或弱发育，多为裂隙岩溶泉，仅天全、宝兴一带夹金山中南段上古生界变质碳酸盐岩中泉水流量略大。本区南部边缘已居于向溶蚀作用为主的过渡地带，岩溶较北部发育，溶盆与溶洼、岩溶湖泊及岩溶泉等较北部多；如金沙江、澜沧江所剧烈分割而破碎的分水岭地带，仅在盆地和高原面上保存着面积不大的平坦地面，海拔 2800～2900m 高原面大部分为红色风壳所掩覆，零散地分布着溶斗、溶洼，发育有盲谷，其下的断陷盆地边缘多为碳酸盐岩，岩溶相对发育，地下水丰富，多形成常年性湖泊或季节性积水，如香格里拉一带的纳帕海

续表

岩溶大区	气候特征	岩溶亚区	范围	岩溶地貌特征	岩溶水文地质特征
Ⅲ．西部岩溶区	气候寒冷干燥，绝大部分属干燥地区，年降水量多在500mm以下，在可溶岩分布的原高及山地区，年平均气温多低于2℃	Ⅲ_2．新、藏干旱岩剥蚀溶蚀区	其东、南界线沿银川、西宁、岷县、红原、德格、昌都、工布、措美一线分布，包括中国西部新疆、西藏、青海、内蒙古、甘肃、四川、宁夏等省区的全部或部分	新疆等地为山盆地貌，青藏高原多为海拔4000m以上的高原与山地，外营力为冰川、霜冻、泥石流作及干燥作用，现代溶蚀作用居极次要地位。早期岩溶现象如溶沟与石芽、溶洞等时有发现但逐渐受到破坏	碳酸盐岩多分布于加里东、海西、印支及燕山、喜山等期形成的祁连山、天山与昆仑山、松潘、甘孜与唐古拉、拉萨、喜马拉雅等褶皱系中，且多以变质碳酸盐岩为主，仅塔里木地台包括古生界在内的寒武系、下石炭统碳酸盐岩未受变质。褶皱剧烈，断裂发育。稀少的降雨量与强烈的蒸发使本区气候较为干旱，几乎没有地表水流的侵蚀与溶蚀作用。喜马拉雅山地区南坡岩溶强于北坡，与其坡向有关，北坡处于冰缘区，各时期岩溶受高原环境及气候变化制约，岩溶化程度不充分，并在气候强烈影响下的霜冻、泥石流作用逐渐破坏既有的岩溶现象。念青唐古拉山纳木错一带，见有溶洞、天生桥、石芽等岩溶现。青藏高原北缘山地及天山山地普遍见有物理风化剥落的碳酸盐岩岩屑以及屹立的碳酸盐岩山岭，偶见规模不大的残留溶洞。祁连山及天山一带虽有丰富的硫化物矿床，但受气候影响，亦未致碳酸盐岩强烈岩溶化现象。该区岩溶总体上弱发育或弱发育，除早期残留的岩溶现象外，现代岩溶多为溶蚀裂隙，或沿裂隙、断层发育规模不大的溶洞，但除深大断裂带外，岩溶发育深度一般不大。一般均为岩溶裂隙水，流量不大；沿断层深循环泉水流量一般较大且稳定；部分渗流通道补给区处于融雪水补给区时，亦可导致泉水流量较大

注 引自沈春勇主编《水利水电工程岩溶勘察与处理》[18]。

2.2.3.2 岩溶发育基本条件

岩溶发育的基本条件为：①岩石具有可溶性；②水具有溶蚀性和流动性；③具备水体渗流的通道。

岩石具有可溶性才会产生岩溶现象，同时岩石还须具有透水性，使水能够渗入其中并流动，从而在岩石内部产生溶蚀作用。水具有一定的溶蚀力才能对岩石产生溶蚀，当水中含有 CO_2 或其他酸性成分时，其溶蚀力较强。产生溶蚀作用的水还需要有流动性，使其保持不饱和溶液状态和溶蚀能力，岩溶作用才会持续不断。

除此以外，气候、地形、生物、土壤等自然条件对溶蚀作用也有不同程度的影响。

（1）岩石的可溶性。

1）可溶岩的分类。可溶岩按矿物面分可以分为 4 类：

A. 碳酸盐岩类，常见的有：石灰岩、灰质白云岩、白云岩、白云质灰岩、含泥质灰岩、泥灰岩、大理岩等。

B. 硫酸盐类岩，主要有石膏、硬石膏、芒硝等。

C. 卤素类岩石，即岩盐、钾盐等。

D. 其他，如钙质胶结碎屑岩中的钙质砾岩、钙质砂岩等。

2）岩石的可溶性。按可溶性排序，依次为：卤素岩、硫酸盐岩、碳酸盐岩、钙质胶结碎屑岩。在同类碳酸盐岩中，因矿物成分、结构等不同，岩石的可溶性存在明显的差异。

碳酸盐岩一般以钙、镁为其主要成分，通常由方解石和白云石两种矿物组成。试验研究表明，在纯碳酸盐岩中随白云石成分的增多其溶解速度降低，相比方解石为易溶成分，白云石则相对较难溶解。碳酸盐岩中夹有不同成分、不同数量的不溶物质（如泥质与硅质），对岩石的可溶性影响较大，使溶蚀度明显降低。一般石灰岩的可溶性较白云岩强，也强于硅质灰岩、泥灰岩等。

岩石结构对溶蚀率的影响主要体现在岩石结晶颗粒的大小、结构类型及原生孔隙度三个方面。一般岩石结晶颗粒越小，相对溶解速度越大，隐晶结构一般具有较高的溶蚀率；鲕状结构与隐晶—细晶质结构的石灰岩有较大的溶解速度；不等粒结构石灰岩比等粒结构石灰岩的相对溶解度要大。但岩石的原生孔隙度对岩溶的影响更显著，通常孔隙度越高，越有利于岩溶的发育，因此结晶灰岩可溶性较隐晶质灰岩强，粗晶灰岩较细晶灰岩强。

岩石因变质重结晶对岩石的溶解速度也有明显的影响，其中大理岩的溶解速度较非变质灰岩低一半左右，白云岩的差异没这样显著。

3）可溶性分类。卤素类及硫酸盐类岩石在地表分布有限，石灰岩分布很广，在很多工程中通常遇到碳酸盐类岩石，故本节中的可溶岩均指碳酸盐类岩石。碳酸盐岩的可溶性分 3 类：

A. 强可溶岩：主要为纯碳酸盐岩类的均匀石灰岩，如泥晶灰岩、亮晶灰岩、鲕状灰岩、生物碎屑灰岩等，通常循层面或断层带发育规模较大的洞穴管道系统以及溶隙。

B. 中等可溶岩：主要为次纯碳酸盐岩、变质重结晶的碳酸盐岩，如灰质白云岩、白云质灰岩、泥质灰岩、硅质灰岩、大理岩等。通常循层面或断层带发育单个溶洞及溶隙。

C. 弱可溶岩：主要为纯碳酸盐岩类的均匀白云岩、次纯碳酸盐岩夹碎屑岩、不纯碳酸盐岩类的碎屑岩与酸盐互层，主要有白云岩、泥灰岩、硅质白云岩、石灰岩夹碎屑岩、石灰岩与碎屑岩互层等。岩溶发育微弱、极微弱或不发育。

根据岩性组合划分，常见碳酸盐岩岩组类型见表 2.2-12。

表 2.2-12　　碳酸盐岩岩组类型划分

<table>
<tr><th rowspan="3">分类</th><th rowspan="3">亚类</th><th colspan="3">分　类　指　标</th></tr>
<tr><th colspan="2">厚度百分比/%</th><th rowspan="2">岩性组合特征</th></tr>
<tr><th>碳酸盐岩</th><th>碎屑岩</th></tr>
<tr><td rowspan="3">纯碳酸盐岩类</td><td>均匀石灰岩层组</td><td>>90</td><td><10</td><td>连续沉积的单层灰岩，无明显碎屑岩夹层（<5m），岩石化学成分中酸不溶物含量<10%</td></tr>
<tr><td>均匀白云岩层组</td><td>>90</td><td><10</td><td>连续型单层白云岩，无明显碎屑岩夹层（<5m），酸不溶物含量<10%</td></tr>
<tr><td>均匀白云岩
石灰岩层组</td><td>>90</td><td><10</td><td>石灰岩、白云岩互层或夹层沉积，无明显碎屑岩夹层，碳酸盐岩酸不溶物含量<10%</td></tr>
</table>

续表

<table>
<tr><th rowspan="3">分类</th><th rowspan="3">亚类</th><th colspan="3">分　类　指　标</th></tr>
<tr><th colspan="2">厚度百分比/%</th><th rowspan="2">岩性组合特征</th></tr>
<tr><th>碳酸盐岩</th><th>碎屑岩</th></tr>
<tr><td>次纯碳酸盐岩类</td><td>碳酸盐岩夹碎屑岩层组</td><td>70～90</td><td>30～10</td><td>夹层型沉积，碳酸盐岩连续厚度大，碎屑岩夹层明显，连续厚度＞10%，酸不溶物含量大于10%，小于30%</td></tr>
<tr><td>不纯碳酸盐岩类</td><td>碎屑岩、碳酸盐岩间互层岩组</td><td>30～70</td><td>70～30</td><td>碳酸盐岩、碎屑岩互层、夹层沉积或碳酸盐岩较高的泥质、硅质、酸不溶物含量大于30%，小于50%</td></tr>
</table>

注　变质碳酸盐类岩石可参照上表进行分类。

（2）岩石的透水性。

1）岩石的透水性。岩石的透水性是指岩石允许水透过本身的能力。对灰岩、白云岩及之间的过渡灰岩石，在构造不发育、岩溶不发育的情况下，其本身不透水；其透水性的强弱主要取决于岩石中裂隙的发育程度及溶蚀化程度，当可溶岩岩体不完整、岩溶发育强烈时岩石透水性强，反之微弱。因此，对碳酸盐岩来说，其透水性主要指岩体的透水性。

原生结构面：如层面或层理裂隙等，是在岩石形成过程中产生的。在构造变动微弱的地台区，层面或层理裂隙对岩石透水性起着决定性作用。

构造结构面：如构造裂隙，是岩石受构造应力作用而产生的裂隙。其特点是延伸远，成组分布，是水对碳酸盐岩作用的主要通道。其方向、性质及密度，在很大程度上决定于该区的褶皱与断裂错动的关系，以及岩层的产状等。在背斜顶部张裂隙带（常常宽而深）、向斜轴部下方张裂隙带，以及大型断裂带与交汇部位，岩石破碎，或裂隙密集分布，岩石透水性均较好，是岩溶强烈发育地区。

次生结构面：如边坡剪切裂隙、风化裂隙等，由边坡卸荷与风化作用在边坡表层或岩石圈上层构造裂隙或层理裂隙变宽形成。这些岸剪裂隙带、风化裂隙带岩石透水性亦较强，岩溶较为发育。

2）透水性分类。

A. 岩溶含水层组。按岩石可溶性与非可溶岩的组合关系以及可溶岩或非可溶岩能否构成独立的含水层或具有可靠的隔水性能等划分为以下5种基本类型：①均匀状的岩层组合的强岩溶含水层组；②中等岩溶含水层组；③弱岩溶含水层组；④相对隔水层组；⑤可溶岩与非可溶岩为间互状岩层组合的多层次含水层组。岩溶含水层组类型划分见表2.2-13。

表2.2-13　　　　岩溶含水层组类型

<table>
<tr><th colspan="2">岩　层　组　合</th><th>岩溶含水层组类型</th></tr>
<tr><td rowspan="4">均匀状</td><td>强可溶岩</td><td>①强岩溶含水</td></tr>
<tr><td>中等可溶岩</td><td>②中等岩溶含水</td></tr>
<tr><td>弱可溶岩</td><td>③弱岩溶含水</td></tr>
<tr><td>非可溶岩</td><td>④相对隔水层</td></tr>
</table>

续表

岩层组合		岩溶含水层组类型（见文中）
互层状	可溶岩夹非可溶岩	①、②、③
		⑤
	可溶岩与非可溶岩互层	②、③
		⑤
	非可溶岩夹可溶岩	⑤
		③、④

注　引自欧阳孝忠《岩溶地质》[17]。

可溶岩夹非可溶岩、可溶岩与非可溶岩互层、非可溶岩夹可溶岩等三种间互状岩层组合，当非可溶岩被构造、侵蚀、岩溶塌陷等破坏不起隔水层的作用情况下，可单独构成强、中等、弱岩溶含水层组，其类型需视非可溶岩的连续性与百分含量，以及可溶岩的可溶性强弱来确定。如可溶岩为强可溶岩，非可溶岩不连续、厚度百分含量小于 5%，可定为强岩溶含水层。

B. 岩溶透水层组。岩溶透水层组类型与岩溶含水层组类型基本对应，一般情况下强岩溶含水层组即为强岩溶透水层组，弱岩溶含水层组即为弱岩溶透水层组。但其差别在于某些岩溶含水层组的透水性具有方向性，即垂直与平行岩层层面方向的透水性能不同，甚至相差悬殊。往往建于水平状岩溶层组的水库很有可能发生渗漏，而且难于治理，而建于岩溶层组倾角陡倾的横向谷水库发生渗漏的可能性相对较小。

(3) 溶蚀作用。

1) 溶蚀作用类型。

A. 碳酸盐溶蚀：侵蚀性二氧化碳对碳酸盐岩的溶蚀，取决于其中碳酸含量，即水中游离 CO_2 的含量。它与碳酸盐作用，转化为重碳酸，水的溶蚀力就可大大增加。

B. 硫酸盐溶蚀：侵蚀性水对硫酸盐岩的溶蚀。

C. 氯化物溶蚀：侵蚀性水对氯化物岩的溶蚀。

D. 混合溶蚀：两种或两种以上不同水温、不同水质的水混合后溶蚀作用加强。

E. 接触溶蚀：可溶岩与非可溶岩接触带，往往溶蚀作用加强，形成串珠状洼地及岩溶管道。

2) 溶蚀作用与侵蚀作用。如果说，在岩溶发育的初期（岩溶裂隙发育阶段），侵蚀作用只是起辅助作用，到了岩溶发育后期（地下河发育阶段），就很难说是以溶蚀作用为主还是以侵蚀作用为主。不难看出，砂卵砾石在侵蚀过程中起着重要的磨蚀作用；从洞顶分布的锅背状冲坑光滑面不难看出，有压漩涡流在侵蚀过程中也起着重要作用。在广西漓江桂林至阳朔河段两岸，平枯河水位高程断续分布的某些凹槽，显然也是侵蚀作用的结果。

3) 溶蚀作用与崩塌作用。当溶洞发育达到一定规模后，重力引起的崩塌作用不仅存在，甚至占据主导地位。表现在：大型溶洞底部无不分布有孤石、块石及碎石；天生桥塌陷不仅形成堰塞湖，而且还改变溶蚀作用的环境条件；岩溶塌陷导致上覆非可溶岩塌陷，形成天窗。

4) 溶蚀作用与堆积作用。岩溶塌陷与堆积作用的因果关系是不可分割的，有塌陷便有堆积；地下河中不仅有冲洪积形成的松散堆积物，而且还可以形成漫滩、台地，如同地表河；溶洞中的化学堆积物则更是塑造了溶洞的别有洞天。

总之，溶蚀与侵蚀、崩塌、堆积作用是很难分开的，只是在某一时期谁占主导地位，谁处次要地位。譬如南盘江的天生桥峡谷、坝索峡谷，北盘江的板江峡谷、六冲河的重阳峡谷、两扇门峡谷，猫跳河的窄巷口峡谷等，这些峡谷不仅两岸壁立，而且河谷深邃、水流暗涌，当出现崩塌后，又转而成为险滩急流。

2.2.3.3 影响岩溶发育的因素

影响岩溶发育的因素主要有地层岩性、地形地貌、构造特征、新构造运动、气候、水的腐蚀性等，其中以地层岩性、构造、地形地貌及气候影响最为突出。

（1）地层岩性。地层岩性是岩溶发育的物质条件。同一地区不同地层时代和地层组合岩溶发育程度也会出现差异。岩性决定岩石的可溶性，碳酸盐岩地层中岩性越纯越易溶蚀，岩溶越发育。根据试验资料，作为碳酸盐可溶程度主要标志的比溶解度随岩石中方解石含量的增加而增高，随着白云岩含量的增加而减小。

地层厚度对岩溶发育的影响主要表现为岩溶作用的深度和规模。碳酸盐岩地层厚度大，不受非可溶性岩层的阻隔，地下水运移和岩溶发育就可以进行得很深，发育岩溶的规模也较大，较深长。若碳酸盐岩地层厚度较小，则只能形成一些小规模的浅层岩溶或层间岩溶。因此从地层层组来看，厚层岩层的岩溶较薄层岩层发育，单一地层结构较互层或夹层状结构岩体溶蚀强烈。

可溶岩的上部，若无其他岩层或松散堆积物覆盖，可溶岩直接裸露于地表，岩溶就比较发育。因此可溶岩居上时岩溶强烈发育，反之则发育弱。

从地层时代来讲，老地层经历的构造运动多，完整性差，透水性好，易于岩溶发育。如贵州的寒武系石灰岩地层普遍较三叠系石灰岩地层溶蚀强烈。

（2）地质构造。褶皱、断层、节理裂隙等主要地质构造对地下水的入渗和循环运动的途径、方向起着明显的诱导作用，从而控制岩溶发育的方向和格局。

1）层面构造是可溶岩的基本构造结构面，一般延伸较长，是地下水渗流的主要结构面，其倾角对岩溶发育影响较大，陡倾岩层较缓倾岩层溶蚀强烈，而水平岩层溶蚀相对较弱。

2）褶皱构造影响岩溶发育的方向和部位，岩溶发育方向多平行于褶皱轴向，发育部位向斜核部较两翼强烈，倾伏端较扬起端强烈，背斜核部受张开结构面的影响表层溶蚀强烈，深部及两翼发育相对较强烈；向斜总体较背斜溶蚀强烈。

3）断层或构造破碎带，是地下水集中渗入和循环地带，是岩溶现象密集分布的地带。总体上，张性断层比压性断层的岩溶发育，陡倾断层比缓倾断层的岩溶发育。

4）节理、裂隙，是地下水入渗的基本结构面，与断层构造相似，倾角越陡溶蚀越强烈。常见的溶沟、溶槽多为陡倾产状。

（3）地形地貌。地形坡度影响到地表水的下渗流量。在地形平缓的地方，地表径流流速缓慢，下渗量就大，有利岩溶发育，反之不利岩溶发育。

平原地区，地下水位较浅，垂直渗漏带较薄，易发育埋深较浅的地下廊道和暗河。深切的山地、高原地区，垂直渗漏带深厚，地下不埋藏较深，垂直型岩溶形态发育，只有在潜水面附近才发育水平向岩溶管道。

(4) 新构造运动和水文网演变。新构造运动中尤以地壳间歇性抬升控制河谷地区水文网演变，进而影响河谷型岩溶发育。地壳抬升间歇时间越长，地表水文网包括干流、支流与支沟形成系统越充分发育，越有利于岩溶发育，可形成规模大、延伸长的暗河等管道系统。而地壳抬升间歇时间越短，抬升幅度越大，越不利于岩溶发育，岩溶发育速度慢于河流下切速度，在河谷两岸陡壁不同高程常见有溶洞或暗河出现。导致地下深处岩溶弱发育或微发育。

(5) 地下水活动。地下水的运移方式和集中程度会影响到岩溶发育。在垂直渗流带，地下水以垂直运动为主，有利于垂直岩溶洞隙的生成；在地下水季节变动带内，地下水垂直运动与水平运动不断呈交替变化，垂直和水平向岩溶洞隙形态都有发育；在地下水饱水带内，地下水以水平运动为主，易发育水平状岩溶管道、暗河等。若存在地下水深部渗流循环，则会导致深岩溶的发育。

(6) 气候。气候是影响岩溶发育的因素之一。在低温条件下，无论水的溶蚀力、流动交替和岩溶作用反应速度都比较慢，岩溶发育的过程缓慢，相反则溶蚀作用较强。

降水多少不仅影响水和入渗条件和水交替运动，而且雨水通过空气和土壤层，带入游离 CO_2，还能使岩溶作用得到加强。

比较我国温带、亚热带和热带气候地带岩溶发育程度：热带最发育，而且地表、地下都很发育；亚热带地表、地下岩溶也发育，但发育程度和规模比热带差；温带只发育地下岩溶，地表岩溶不发育。

(7) 植被和土壤。植被对岩溶发育影响主要表现为：一是植物根部的游离 CO_2 有利于溶蚀作用和潜蚀作用；二是植被覆盖能增加空气湿度和降水量，增加水的下渗，促使地下岩溶发育；三是植被覆盖有利于阻碍地表水冲刷破坏，使得已形成的漏斗、洼地、溶隙和洞穴得以发育加大。

土壤能够影响地表水下渗和水中游离 CO_2 含量，进而影响岩溶发育，疏松的土壤有利于地表水下渗，并产生大量游离 CO_2。

2.2.3.4　岩溶发育的一般规律

(1) 选择性。表现在岩性和地层两方面。对岩性的选择，总体说是碳酸钙含量越高，岩溶越发育。

对地层的选择，在贵州强岩溶地层主要有：震旦系上统灯影组（Zbdn），寒武系下统清虚洞组（$\in_1 q$），奥陶系下统红花园组（$O_1 h$）、中统宝塔组（$O_2 b$），石炭系下统摆佐组上段（$C_1 b^2$）、中统黄龙群（$C_2 hn$）、上统马平群（$C_3 mp$），二叠系下统栖霞组（$P_1 q$）、茅口组（$P_1 m$），三叠系下统夜郎组第二段（$T_1 y^2$）、永宁镇组第一、三段（$T_1 yn^1$、$T_1 yn^3$）、茅草铺组第一、三、四段（$T_1 m^1$、$T_1 m^3$、$T_1 m^4$）、中统凉水井组（$T_2 lj$）、坡段组（$T_2 p$）、垄头组（$T_2 l$）等。

(2) 受控性。

1) 受隔水岩组控制。当隔水岩组或相对隔水岩组具有一定厚度，且呈缓倾状态分布时，可以阻止岩溶向深发育，隔水岩组成为溶蚀基准面，多有悬挂泉、飞泉形成［图 2.2-1 (a)］；当隔水岩组具有一定厚度，且与可溶岩陡倾接触时，一方面可以阻止岩溶水平方向向前发育，另一方面由于接触溶蚀，又可以加剧岩溶的发育，多形成接触泉［图

2.2－1（b）]；当可溶岩为隔水岩组所覆盖时，河流接近切穿非隔水岩组或切割下伏可溶岩不深时，多形成承压泉［图2.2－1（c）］。当有多组隔水岩组与可溶性透水岩组相间分布时，岩溶发育多具成层性，且多发育在接触带附近，但总体上岩溶发育程度不会太强。

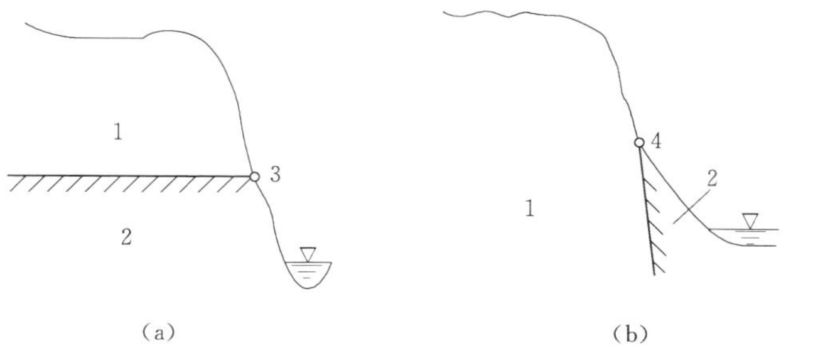

图2.2－1　岩溶发育受隔水岩组控制

1—可溶岩；2—非可溶岩；3—悬挂泉；4—接触泉；5—承压泉

2）受褶曲构造控制。在贵州向斜多形成盆地，有利地表水的汇集；同时向斜属汇水构造，有利地下水的汇集，丰富的地表水和地下水有利岩溶发育。间互状可溶岩形成的向斜，还可促使岩溶向深发育［图2.2－2（a）］，形成承压岩溶含水层。背斜多形成地形分水岭，不利地表水的汇集；同时背斜，特别是间互状可溶岩形成的背斜不利于地下水的汇集，因而岩溶发育相对弱。但是，当非可溶岩被剥蚀，背斜轴部的可溶岩出露后，则形成四周为非可溶岩包围的储水构造，也有利于岩溶的发育，在可溶岩与非可溶岩接触带多有泉水出露［图2.2－2（b）］。当可溶岩出露面积及接触泉与当地排泄基准面高差足够大时，接触泉还往往为温泉。

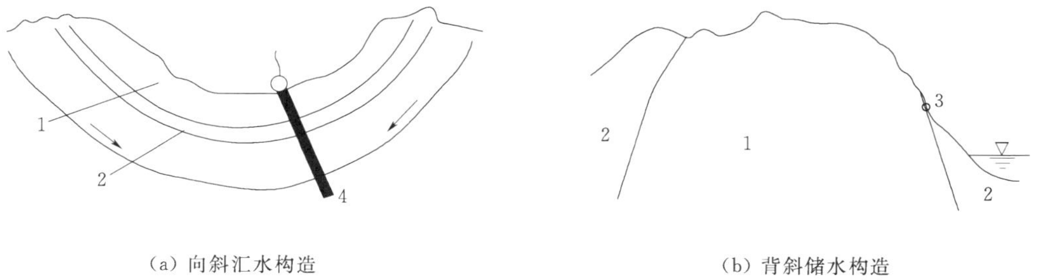

图2.2－2　岩溶发育受褶皱构造控制

1—可溶岩；2—非可溶岩；3—岩溶泉；4—断层或裂隙

3）受断裂构造控制。导水断层、裂隙密集带有利于岩溶的发育，人们的认识几乎一致；阻水断层对岩溶发育的影响，人们的认识就大相径庭了。作者认为，阻水断层一方面可以阻止岩溶的发育，另一方面由于侧支断裂力学性质的改变及接触溶蚀作用的加强，又可加剧岩溶的发育。因此，阻水断层不是岩溶不发育，只是岩溶发育的部位不同而已，岩溶发育主要发育在两侧（尤其是上盘）影响带内，断层带内一般岩溶不甚发育；在现场看到阻水断层也发育得有较多串珠状溶洞，多为两侧岩溶发育塌空后侵蚀的结果，且断层多分布在溶洞下方。

另外，断裂构造不仅控制岩溶发育的强弱，还控制岩溶发育的方向性。

4）受新构造运动及地壳上升速度变化控制。地壳上升速度快时，岩溶发育以垂直形态为主；地壳运动相对稳定时，岩溶发育则以水平形态为主。因此，随着地壳上升运动间歇性变化，岩溶分布具有成层性，且这种成层性与新构造运动形成的剥夷面、阶地面具有较好的对应性。

5）受气候控制。表现在我国北方的地表岩溶形态（如峰林、洼地等）不如南方发育；贵州峰林的相对高度不如广西。有人认为贵州峰林的高度不如广西是贵州峰林遭蚀余的结果。贵州地壳上升幅度比广西大，为何这种蚀余作用反而比广西强？是与岩性、岩层组合有关还是与蚀余作用有关，值得商榷。

（3）继承性。对应地壳上升运动的每一个轮回，都有垂直、季节变动、水平及深部渗流带岩溶的发育；同时，先一轮回发育的岩溶带，又为后一轮回岩溶发育提供了条件，或者说后一轮回岩溶往往是追踪先一轮回岩溶发育。这种追踪可以是叠加，也可以是改造，或两者兼而有之。

（4）不均匀性。岩溶发育的选择性、受控性和继承性的结果是岩溶发育的不均匀性。因此可以说，不均匀性是岩溶发育的最大特点，是造成岩溶地下水系统性、孤立性、变迁性、悬托性、穿跨性等的前提条件。

另外，在河谷地带，岩溶发育常见有向岸边退移现象。当河谷两侧有明显的地下水位低槽带，或岩溶大泉分布时，两岸地下水的循环多受岩溶大泉或岸坡地下水位低槽带的控制，而河床部分地下水主要表现为与地表河水联系紧密的浅部循环，此种情况下，河床部位的岩溶发育呈现停滞现象，现有的岩溶现象主要为早期岩溶发育的结果，且除表层岩溶外，河床深部的溶洞多呈充填状态，地下水的渗流条件较浅部差。

2.2.3.5　岩溶基本形态

（1）岩溶个体形态。

1）石芽与溶沟。地表水沿可溶性岩石的节理裂隙流动，不断溶蚀和冲蚀形成沟槽，称为溶沟（图 2.2－3）。溶沟间突起者为石芽。溶沟底部往往被红色黏土及碎石充填，宽10～2m 不等，深数十厘米至 3m 不等。石芽高度一般 1～2m，形态受地形、节理控制，多呈尖脊状、尖刀山状、车轨状、棋盘状、石柱状。

石芽与溶沟是岩溶发育的初级形态，一般在较平坦的纯石灰岩表面上较为典型，相反则发育较差。石芽进一步发展则演变为石林。石林是高大石芽伴随深陡溶沟的地表岩溶组合形态（图 2.2－4）。

2）溶隙、溶缝、溶蚀空缝。地表水沿可溶岩的节理裂隙进行垂直运动，不断对裂隙进行溶蚀和冲蚀，从而不断扩大成数厘米至 1～2m 宽的岩溶裂隙。宽度为 1～2m 的溶隙，称为溶缝（图 2.2－5）。按其是否充填还可分为充填、半充填或无充填三类，其中无充填的溶缝，习称溶蚀空缝（图 2.2－6）。

3）落水洞。落水洞是地表水流入地下河（暗河）的主要通道。它是地表水携带岩屑等对溶隙磨蚀，不断扩大顶板发生崩塌进而形成落水洞，通常分布于洼地和岩溶沟谷底部，也有分布在斜坡上。其形态不一，多为圆形或近圆形，直径 10m 以内，深度 100 余米。如乌江思林水电站右岸地下厂房地表发育的 K29 号落水洞（图 2.2－7）。洞口高程

500m，直径5～6m，可见深约7m，地下厂房开挖揭示已延伸至主变洞顶，垂直深100m。

图2.2-3 石芽与溶沟

图2.2-4 云南路南石林

图2.2-5 危岩体中发育的陡倾角溶缝

图2.2-6 黏土充填垂直溶缝

4）天坑。由于地壳上升和河流下切的影响，落水洞进一步扩宽、加深，向下发育而成。如著名的广西乐业县大石围天坑，长600m，宽420m，深613m（图2.2-8）；又如贵州水城县（花戛乡）“仰天麻窝”天坑，长660m，宽500m，深251m，发育于石炭系上统马平组灰岩中。天坑通常分布在分水岭地带。

图2.2-7 溶蚀洼地底部落水洞

图2.2-8 广西乐业县大石围天坑

5）漏斗。为漏斗形或碟状的封闭洼地，底部直径在100m以内。底部常套有落水洞直通地下，起消水作用。它是形状特殊的小型溶蚀洼地。

6）岩溶洼地。又称溶蚀洼地，是岩溶区一种常见的封闭状负地形。一般说来，岩溶洼地较平坦，覆盖着松散沉积物，可利于耕种。洼地可以由漏斗扩大而成，而几个洼地又可进一步扩大合并成为合成洼地，保留底部不规则的形态。岩溶洼地底部除了有落水洞外，也可有小河小溪，它们是周边泉水汇集而成，可在一端没于落水洞中。洼地常沿构造带发育为串珠状的圆洼地，以后合并成长条状的合成洼地。岩溶盆地则是超大型的溶蚀洼地（图 2.2-9）。

图 2.2-9　岩溶洼地落水洞

图 2.2-10　宜宾兴文天景洞天窗

7）岩洞。主要由地表水冲蚀成的近似水平的洞穴，宽度大于高度 3～5 倍，深度不超过 10m，通常分布在河谷两侧。岩洞洞顶常有钟乳石等沉积物。岩洞连通性差，沉积物为外源（河流）的砂卵砾石等。

8）岩溶天窗。为地下河顶板的塌陷部分。开始塌陷时，范围不大，称为岩溶天窗。通过岩溶天窗可见地下河或溶洞大厅（图 2.2-10）。

9）天生桥。又称天然桥。暗河的顶板崩塌后留下的部分顶板，两端与地面连接而中间悬空的桥状地形，称为天生桥。天生桥下暗河通过的部分称为穿洞。

（2）地下岩溶形态。

1）溶洞。地下水沿着可溶岩的层面、节理或裂隙、落水洞和竖井下渗的水，在地下水包气带内沿着各种构造不断向下流动，同时扩大空间，形成大小不一，形态各样的洞穴（图 2.2-11）。最初形成的溶洞，规模较小，连通性差，洞内充填物多为石灰岩溶蚀后残留的红色或黄色黏土夹崩塌的碎块石（内源），随着岩溶作用不断进行，很多溶洞逐渐沟通，很多小溶洞就合并成大的溶洞系统，这时静水压力就可以在较大范围内起作用，形成一个统一的地下水面，位于地下水面附近的洞穴，往往形成水平溶洞，在邻近河谷处有出口，当地壳上升，河流下切，地下水面下降，洞穴脱离地下水，就成为干溶洞（图 2.2-12）。这些溶洞一般规模较大，延伸长度大于 200m，甚至数千米，洞内充填物多为外源的砂卵砾石或冲积黏土等，洞内石灰华、钟乳石、石笋、石柱、石幔等洞穴沉积物种类繁多，琳琅满目，造型各异。

2）暗河及岩溶管道水。暗河又称地下河，系地面以下的河流，在岩溶地区常发育于地下水面附近，是近于水平的洞穴系统，常年有水向邻近的地表河排泄。在贵州南部岩溶地区常见暗河发育。规模较小者称之为岩溶管道水。

3）伏流。有明确进、出口的地下暗河，即地表河流入地下后，再从地下流出地表；

在地下潜行的河段称之为伏流。

图 2.2-11 厅状溶洞

图 2.2-12 某高铁隧洞开挖揭露的干溶洞

4）溶孔与晶孔。系指碳酸盐类矿物颗粒间的原生孔隙、解理等被渗流水溶蚀后，形成直径小于数厘米的小孔。晶孔则指被碳酸钙重结晶的晶簇所充填或半充填的溶孔。

5）洞穴堆积物。洞穴堆积物分化学沉积、角砾堆积、流水堆积三类。主要的化学沉积类洞穴堆积物有：

A. 石钟乳：由洞顶向下发展的碳酸钙沉积。当水流渗进洞穴，在洞顶成悬挂的水珠时，因蒸发散失 CO_2，便开始碳酸钙的沉积。随着水流不断渗入，碳酸钙不断向下加长、加粗成为钟乳石，它连续向下发展并与向上生长的石笋相连为石柱。

B. 石管与石枝：空心的棒状石钟乳为石管。当生长的方向发生改变时，出现了不规则的分叉和向上弯曲，分枝的称为石枝，向上弯曲的称为卷曲石。

C. 石幔：饱含碳酸钙的水流以薄膜状水流，沿着洞壁或洞顶裂缝缓慢地流出，便结晶出连续成片的沉积，晶体平行生长，不断地加宽和增长，形成布幔或帷幕状的洞壁沉积。

D. 石笋：饱和碳酸钙的水流不断地滴落到洞穴底部，迅速地铺开，蒸发溢出 CO_2 进行碳酸钙沉积，可以盘状石饼，成层地累叠起来，以饼的中心部位最厚。如果滴流连续地以适当速率落在同一地点，这种沉积逐渐向上发展，成为锥状或柱形，即成石笋。

E. 石柱：溶洞中钟乳石向下伸长、与对应的石笋相连接所形成的碳酸钙柱体(图 2.2-13)。

F. 石珍珠：在洞穴底小水洼或滴水坑里形成许多小的碳酸钙球珠，其核心通常为岩屑碎片、砂或黏土粒，外面包以碳酸钙，并且有同心状构造（图 2.2-14）。

G. 石灰华层，指分布于洞底，或夹在其他类型的碎屑沉积层中，具有比较坚硬的钙质层。这是地下水渗入洞内，沿着洞穴或溶隙壁成薄层水流动时的结晶沉积。

角砾堆积是一种就地的崩塌堆积物，没有分选和磨损，角砾形状不规则而十分尖棱。其大小决定于洞壁和洞顶石灰岩层的构造、岩性及产生角砾的崩解方式。角砾直径可从几厘米到数米，甚至为 10～20m 的大岩块。常夹杂溶蚀残余的细粒黏土物质，但数量不多。

流水堆积类洞穴堆积物主要来源于洞外，也有产自洞穴系统内。主要为砂、砾石和细粒黏土等。

2.2.4 岩体水文地质特征、变形破坏特征及其工程地质问题

隧洞围岩结构是十分复杂的，不同结构的岩体，其水文地质特征、变形破坏特征及工

图 2.2-13 石钟乳、石笋及石柱

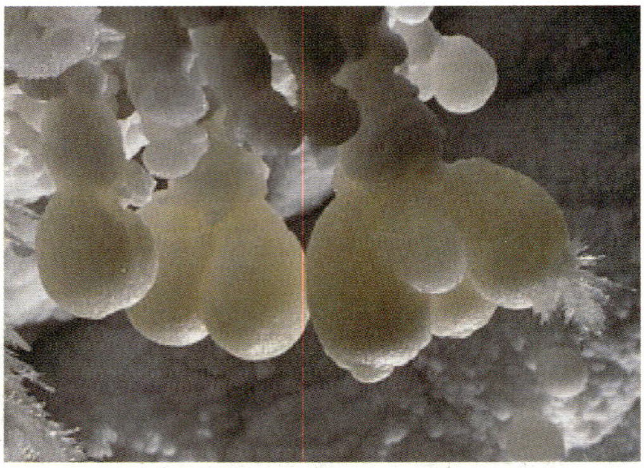

图 2.2-14 石珍珠

程地质问题有所不同，详见表 2.2-14。

表 2.2-14 不同结构类型岩体的水文地质特征、变形破坏特征及主要工程地质问题

岩体结构类型	地层岩性	结构形态特征	水文地质特征	变形破坏特征	主要工程地质问题
整体结构	岩性单一，构造变动轻微，巨厚层沉积岩，完整火成岩和变质岩	整体状或巨块状	地下水作用不明显，在透水性岩石中亦仅见极少量的渗滴水	脆性岩体中可见脆性断裂，软质岩中可能出现轻微变形	深埋隧洞，浅埋隧洞地表地形陡变位置，坚硬岩体可能出现岩爆
块状结构	岩性单一，构造变动轻微至中等，厚层沉积岩，较完整火成岩和变质岩	块状、柱状岩体	少量裂隙渗滴水	围岩基本稳定，但不利组合软岩在水的作用下掉块或坍塌	深埋隧洞，浅埋隧洞地表地形陡变位置，坚硬岩体可能出现岩爆，不利组合软岩体在水的作用下易发生掉块或坍塌
层状结构	构造变动轻微中厚至薄层状岩石	层面明显，层间结合差	岩层组合决定水文地质结构，存在渗透水压和承压水压引起的问题，水对软岩的软化泥化明显	变形破坏受层面与隧洞周边及掌子面不利组合控制，缓倾角或水平软硬相间岩层隧洞拱部易发生板状坍塌，薄层状隧洞两侧易发生小规模塌方	层面组合，层面与隧洞周边及掌子面间的组合决定变形破坏型式，地下水对软岩的软化、泥化加速变形破坏
碎裂结构	构造破碎岩层，节理密集发育带，层间错动破碎带及断层影响带破碎岩体	主要由形态各异的块状、碎块状岩体及部分岩屑、泥组成	可视为统一的含水体，导水性视所在水文地质单元而定，存在渗水或股状涌水及带状渗流	失稳坍塌、较大规模塌方及涌水。对处于镶嵌状时也会因局部掉落而引起较大的坍塌情况	失稳坍塌、较大规模塌方，渗水或股状涌水及带状渗流
散体结构	强风化带、溶蚀强烈破碎带、溶洞充填的泥夹石，主干断层破碎带	碎块、碎屑、碎片，泥、沙、岩粉	断层主带内断层泥隔水，两侧富水，地下水对破碎带内物质软化、泥化明显	变形大，失稳坍塌、大塌方，富水带塌方涌水，伴随洞内泥石流	隧洞围岩大变形，失稳坍塌，涌水及塌方，洞内泥石流

2.2.5 隧洞穿过不同构造的主要工程地质问题

在隧洞施工中，不同的地质构造与隧洞的组合引起的工程地质问题是有所不同的，水平岩层、倾斜岩层、向斜、背斜、断层及节理发育密集带是隧洞施工中经常遇到的地质构造，下面就这些构造与隧洞开挖的组合可能遇到的工程地质问题分别作简单的阐述。

(1) 水平岩层的隧洞工程地质问题。水平岩层主要有厚层或巨厚层水平岩层、中厚层夹薄层状水平岩层、薄层状水平岩层。在这些水平岩层中，对隧洞施工最不利的是薄层状水平岩层，常易在隧洞起拱线以上的洞壁发生坍塌及拱顶板状塌方，厚层夹薄层的薄层岩石位于隧洞顶部时也易发生顶板坍塌。

(2) 倾斜岩层的隧洞工程地质问题。倾斜岩层，特别是陡倾岩层，当岩层走向与洞轴线交角较小时，易发生边墙顺层塌方，特别是顺层破碎带围岩失稳、软岩的变形破坏和失稳、脆性岩层在边墙与拱部的张扭折易发生坍塌或小规模塌方。岩层走向与洞轴线交角越大，对隧洞的施工越有利。

(3) 断层破碎带的隧洞工程地质问题。断层及破碎带是隧洞施工中遇到的最常见也是最复杂的不良地质体，在断层破碎带中发生的洞内工程地质问题也极为复杂和严重。主要是破碎带的围岩失稳塌方，富水带的涌水，断层泥、碎块石夹黏土、构造角砾岩、碎裂岩、糜棱岩等的失稳塌方和变形，有时可能伴随发生洞内泥石流。一般来说，压性和压扭性断层，其主带内多充填有断层泥及糜棱岩，具一定的隔水性，故上盘常富水，其主要工程地质问题是破碎带围岩的变形和失稳塌方，当隧洞施工揭穿主带进入富水区后则易发生涌水、涌泥和塌方；张性断层，破碎带中很少含黏土质物质，导水性能较好，隧洞施工揭穿张性断层破碎带时极易发生塌方和涌水。

(4) 结构面的不利组合及节理密集带的工程地质问题。岩层面、节理面、断层面、岩性分界面等不连续结构面在岩体中的分布组合，有时常与隧洞周边一起构成对隧洞围岩稳定不利的组合体。当隧洞施工过程中，这些不利组合体，或自动塌落、或受施工扰动诱发塌落，有时这种不利组合体的塌落甚至会引起较大规模的隧洞围岩塌方。受剪应力作用产生的剪节理产状稳定，节理面一般平直光滑，延伸长，发育较密集，常形成节理密集带。在节理密集带内，岩体一般较破碎，当隧洞穿越时易发生围岩的失稳坍塌。强烈剪性节理密集带往往含有黏土质物质，不利于地下水运移。隧洞穿过这些带时一般仅见渗水而无大的涌水。受拉应力作用产生的节理产状不稳定，节理面一般粗糙不平，延伸短，很少形成节理密集带。但一旦形成密集带时，极易形成围岩的失稳塌方，而且由于张性节理破碎带岩体导水性能好，易发生隧洞施工涌水。

(5) 褶皱构造中的隧洞工程地质问题。岩层在受力弯曲时常形成一系列的褶皱现象，向斜和背斜是典型的褶皱构造。褶皱中，若为坚硬脆性岩层则易形成纵张节理和纵断裂；若为软硬相间岩层，则硬岩中发育纵张节理，软岩中出现错动挤压，在向斜核部存在岩层间的滑脱现象。向斜构造往往为储水，其内部纵张节理和纵断裂往往具有良好的导水性，利于地表和地下水向深部运移。当隧洞揭穿纵张节理发育密集带和纵断裂带时，易发生洞内涌水及围岩变形失稳。在岩溶地区，沿纵张节理和纵断裂破碎带及向斜核部处的层间滑脱带往往是深部岩溶强发育带，当地层中存在相对隔水层时，隧洞施工揭穿这样的破碎带时易发生洞内突水、突泥或泥石流灾害。

2.3　地球物理学技术

地球物理勘探技术是进行隧道超前地质预报必不可少的重要手段。在预报过程中，采用的物探方法较多，如地质雷达、瞬变电磁法、TSP 探测、TRT 探测、陆地声呐等。这些方法、技术都是从电磁学与弹性波学理论演化而来。为能在工作中充分的应用与理解物探方法，在此简述相关地球物理学基础。

2.3.1　电磁学基础

2.3.1.1　麦克斯韦方程

所有的电磁现象都可以用经验的麦克斯韦方程来描述。麦克斯韦方程是一组互相独立的线性微分方程。在时间域中，麦克斯韦方程有如下形式：

$$\nabla\times e+\frac{\partial b}{\partial t}=0 \tag{2.3-1}$$

$$\nabla\times h-\frac{\partial d}{\partial t}=j \tag{2.3-2}$$

$$\nabla\cdot b=0 \tag{2.3-3}$$

$$\nabla\cdot d=\rho \tag{2.3-4}$$

式中　e 为电场强度，V/m；b 为磁感应强度，Wb/m^2；d 为电位移，C/m^2；h 为磁场强度，A/m；j 为电流密度，A/m^2；ρ 为电流密度，C/m^3。

利用矢量场函数解边值问题常常是很困难的，一般利用矢量势和（或）标量势来求解。从势函数可以推出矢量场函数。我们采用的是谢昆诺夫势，因为它具有对称性，并易于同 TE 和 TM 激发模式建立关系。均匀无源区域的电磁场总是可以分解成两部分：一部分的电场分量垂直于某一轴线（TE 模式）；而另一部分的磁场分量垂直于这同一个轴线（TM 模式）。模式分解简化了边界值问题的解。

对于由多个均匀各向同性的线性区域拼接起来的大地模型来说，每一个区域都需要有一个波动方程的解。根据预先设定的关于两个矢量场函数或势函数的边界条件，在每个区域的边界上这些解必须相互一致。每一个区域的波动方程都是从麦克斯韦方程组直接推导出来的，是麦克斯韦方程组的简洁表达形式。无源的区域用齐次波动方程描述，有源的区域用非齐次波动方程描述。

时间域中电场和磁场的波动方程为：

$$\nabla^2 e-\mu\varepsilon\frac{\partial^2 e}{\partial t^2}-\mu\sigma\frac{\partial e}{\partial t}=0 \tag{2.3-5}$$

$$\nabla^2 h-\mu\varepsilon\frac{\partial^2 h}{\partial t^2}-\mu\sigma\frac{\partial h}{\partial t}=0 \tag{2.3-6}$$

将式（2.3-5）和式（2.3-6）相对时间做傅氏变换，得到

$$\nabla^2 E+(\mu\varepsilon\omega^2-i\mu\sigma\omega)E=0 \tag{2.3-7}$$

$$\nabla^2 H+(\mu\varepsilon\omega^2-i\mu\sigma\omega)H=0 \tag{2.3-8}$$

或者

$$\nabla^2 E + k^2 E = 0 \tag{2.3-9}$$

$$\nabla^2 H + k^2 H = 0 \tag{2.3-10}$$

式中

$$k^2 = \mu\varepsilon\omega^2 - i\mu\sigma\omega = -\hat{z}\hat{y} \tag{2.3-11}$$

式（2.3-7）～式（2.3-11）就是频率域中的波动方程，当频率小于 10^5 Hz 时，对大地介质有 $\mu\varepsilon\omega^2 \ll \mu\sigma\omega$，即位移电流远小于传导电流。

2.3.1.2 点电流源的地中电场

（1）点电流源在地面。设地面为无限大平面，地下充满均匀、各向同性的导电介质，当点电流源 A 在地表向地下供入电流 I 时，地中电流线的分布便以 A 为中心向周围呈辐射状，如图 2.3-1 所示。

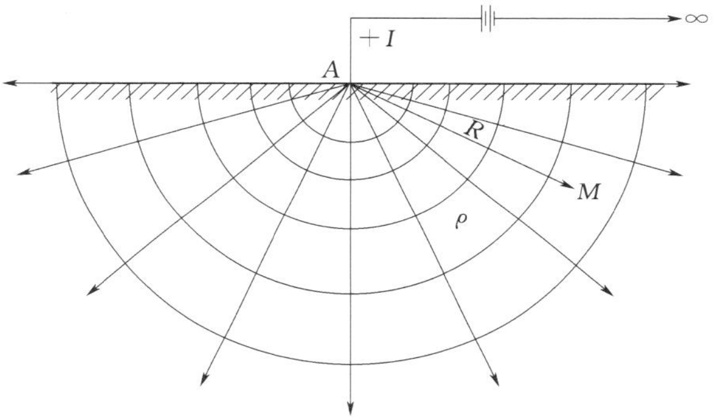

图 2.3-1 地面上一个点电源的电场

为了求距 A 为 R 的 M 点之电位，可用均匀无限介质中点源电场的拉普拉斯方程解。另外，注意到半无限介质中，电流密度应较无限介质中大一倍，则有

$$j = \frac{I}{2\pi R^2} \tag{2.3-12}$$

从而可得：

$$C = -\frac{\rho I}{2\pi}$$

因此 M 点电位及电场强度分别为：

$$U = \frac{\rho I}{2\pi}\frac{1}{R} \tag{2.3-13}$$

$$E = \frac{\rho I}{2\pi}\frac{1}{R^2} \tag{2.3-14}$$

可见，地中点源电流场的电位、电流密度和电场强度均与供电电流 I 成正比，而 U 与 R 成反比，E 及 j 与 R 的平方成反比。

（2）点电流源在地下。如图 2.3-2 所示，当点电流源 A 位于地下 h 深度时，地中电流分布不再呈辐射状。由于在地表电流密度的法向分量应等于零，为满足此边界条件，可用镜像法求解，即假设在地面以上也充满电阻率为 ρ 的介质，而在电源 A 与地面对称位

置上设一虚电流源 A'，且使二者电流相等。地中任一点的电位便为

$$U=\frac{\rho I}{4\pi}\left(\frac{1}{R}+\frac{1}{R'}\right) \tag{2.3-15}$$

式中　R'为 M 点与虚电源 A'间的距离。

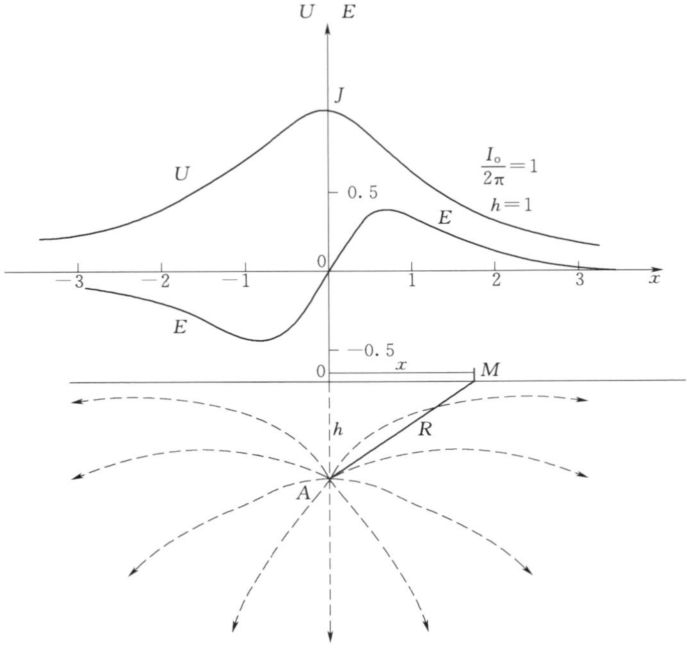

图 2.3-2　地下点电流源的电场分布示意图

当观测点 M 是位于地面时，$R=R'$，此时

$$U=\frac{\rho I}{2\pi R}=\frac{\rho I}{2\pi}\frac{1}{\sqrt{h^2+x^2}} \tag{2.3-16}$$

$$E_x=\frac{\rho I}{2\pi}\frac{x}{(h^2+x^2)^{3/2}} \tag{2.3-17}$$

$$j_x=\frac{I}{2\pi}\frac{x}{(h^2+x^2)^{3/2}} \tag{2.3-18}$$

电位分布曲线如图 2.3-2 上图所示，在 A 的正上方电位具有极大值，向两边逐渐减小，在 $x=\pm\sqrt{3}h$ 的两点上，电位等于极大值的一半，$x=\pm\frac{h}{\sqrt{2}}$的两点为电位曲线的拐点位置。不难想象，在地面上等位线是以 0 点为圆心的同心圆簇。如果相邻等位线间的电位差相等，则等位线在拐点附近密集而在 0 点附近和远处渐稀。在 $x=0$ 处，电场强度等于零。两侧的电场强度 E 曲线以 0 点反对称，这是电流自 0 点向两侧流出造成的。在电位曲线的拐点处，电场强度出现极值。在 $x=0$ 和 $x=\pm\sqrt{\frac{3}{2}}h$的地方，E 有三个拐点。电流密度的分布规律与电场强度完全相同，两者只在量值上差一个系数 ρ。

2.3.2 弹性波基础

地震方法的基础是地震波在岩石中的传播规律，而岩石的弹性性质决定了地震波的传播规律。讨论地震波的传播问题时，须应用弹性力学的原理，并假设地球介质是均匀的、连续的、各向同性的和完全弹性的。

讨论地震波传播时，把地球介质作为理想的弹性介质，在震源（外力）作用下，周围介质会发生形变。应力和应变是描述外力和形变之间关系的两个最基本的概念。

作用在物体上的力分为体力和面力。作用在物体表面的力称为面力。应力是面力，它与作用点的位置和面的方向有关。应变则是应力所引起物体形变的一种量度，它们是由邻近质点的相互作用而产生的。应变分为线应变、切应变和体应变。在弹性限度内，应力与应变遵从胡克定律，即应力与应变成正比。

2.3.2.1 弹性常量

在描述介质弹性性质时常使用以下弹性模量。弹性模量也叫弹性参数或弹性系数，它表示了弹性体应力与应变之间的关系，反映了弹性体的弹性性质。

（1）杨氏模量 E：在纯伸长或压缩情况下，E 为纵向应力 F/S 和纵向应变 $\Delta L/L$ 的比值（图 2.3-3）。

$$E=\frac{\text{应力}}{\text{应变}}=\frac{F/S}{\Delta L/L} \tag{2.3-19}$$

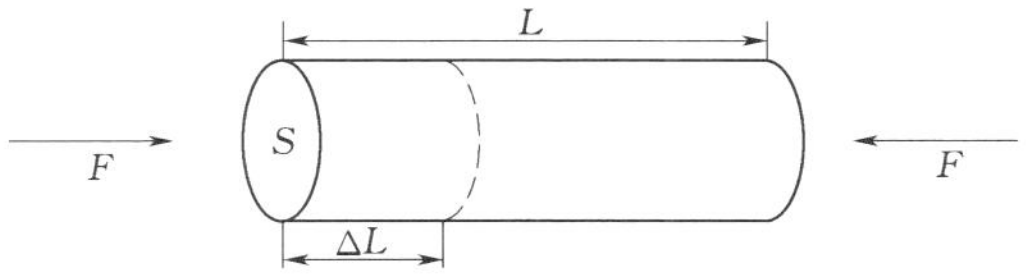

图 2.3-3　纵向应力与纵向应变关系图

（2）体积模量 K：纯流体在均匀静压力 P 下引起的体积应变为 $\Delta V/V$，则体积模量

$$K=\frac{\text{静压力}}{\text{体积相对变化}}=\frac{P}{\frac{\Delta V}{V}} \tag{2.3-20}$$

它的倒数$\frac{1}{K}$为压缩系数。

（3）切变模量 μ（又称刚性系数）：单纯发生切应力（剪应力）时，切应力 F/S 和切应变 φ（形变角）的比。

$$\mu=\frac{\text{剪切力}}{\text{剪切形变}}=\frac{F/S}{\varphi} \tag{2.3-21}$$

（4）泊松比 σ：如对物体施以张力，不仅沿力的方向上物体伸长 ΔL，同时在与力相垂直的方向上缩短 Δd，我们称与力相垂直的方向上所产生的形变与沿力方向上所产生的形变的比值为泊松比 σ。

$$\sigma=\frac{\text{横向拉伸(压缩)}}{\text{纵向压缩(拉伸)}}=\frac{\Delta d/d}{\Delta L/L} \tag{2.3-22}$$

上述的 E、K、μ、σ 四个弹性常量都是由物体本身的性质所决定的。这四个弹性常量中只有两个量是独立的，知道其中任意两个，另两个可根据下面公式求出。

$$K=\frac{E}{3(1-2\mu)},\mu=\frac{E}{3(1+\sigma)}$$
$$E=\frac{9K\mu}{3K}+\mu,\sigma=3K-\frac{2\mu}{6K}+2\mu \tag{2.3-23}$$

（5）拉梅常量 λ：定义为

$$\lambda=\frac{横向应力}{纵向应变} \tag{2.3-24}$$

与上述四个弹性常量的关系为

$$\lambda=\frac{\sigma E}{(1+\sigma)(1-2\sigma)} \tag{2.3-25}$$

很多固体，特别是地表附近的岩石，其泊松比 σ 接近于 1/4，拉梅常量 $\lambda=\mu$。

（6）地震波速度。

纵波速度

$$v_p=\sqrt{\frac{\lambda+2\mu}{\rho}} \tag{2.3-26}$$

横波速度

$$v_s=\sqrt{\frac{\mu}{\rho}} \tag{2.3-27}$$

（7）波速与弹性常量关系：

$$E=\frac{v_s^2\rho(3v_p^2-4v_s^2)}{v_p^2-v_s^2}$$
$$\sigma=\frac{v_p^2-2v_s^2}{2(v_p^2-v_s^2)}$$
$$\mu=\rho v_s^2$$
$$K=\rho\left(v_p^2-\frac{4}{3}v_s^2\right)$$
$$\lambda=\rho(v_p^2-2v_s^2) \tag{2.3-28}$$

2.3.2.2　波动方程与地震体波

波动方程是为研究介质中质点位移随时间和空间的变化规律，根据牛顿第二定律 $F=ma$，建立起来的质点位移所满足的方程。

以下对连续介质内部一个质元，即图 2.3-4 中通过 P 点的小平行六面体作微小扰动时应用牛顿第二定律。对于各向同性的弹性介质，在略去外力的情况下，可得到该质点用位移表示的运动方程式：

$$\rho\frac{\partial^2 u_i}{\partial t^2}=(\lambda+\mu)\frac{\partial\theta}{\partial x}+\mu\nabla^2 u_i \tag{2.3-29}$$

式中　u_i 为 x 方向上的位移；λ 和 μ 为拉梅常量和切变模量；∇^2 为拉普拉斯算子；$\theta=\nabla\cdot\overline{u}$ 为体积应变；ρ 为介质密度。

同理，得出均匀、各向同性、理想弹性介质中的三维波动方程式为

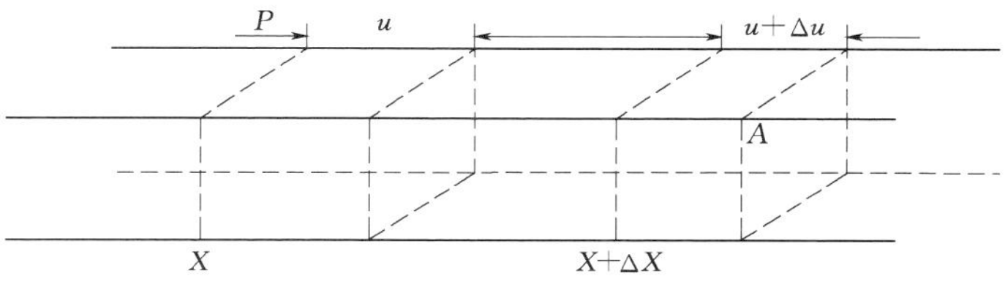

图 2.3-4 作用于体积元上的应力

$$\left.\begin{aligned}(\lambda+\mu)\frac{\partial\theta}{\partial x}+\mu\,\nabla^2 u=\rho\,\frac{\partial^2 u}{\partial t^2}\\(\lambda+\mu)\frac{\partial\theta}{\partial y}+\mu\,\nabla^2 v=\rho\,\frac{\partial^2 v}{\partial t^2}\\(\lambda+\mu)\frac{\partial\theta}{\partial z}+\mu\,\nabla^2 w=\rho\,\frac{\partial^2 w}{\partial t^2}\end{aligned}\right\}\tag{2.3-30}$$

第3章　预报方法与技术

3.1　地质综合分析技术

3.1.1　地质综合分析基本要求

地质综合分析是一个从理论到实践的认识过程，要求预报地质人员具有较全面的地质和物探知识，有丰富的工程实践经验。具体工作中要求：

（1）地质人员具有较全面的地质基础理论，实际工作经验及编制综合图件的能力和技能。

（2）力求在隧洞工程施工前补充完善工程设计资料，根据前期勘察资料及地表调查资料编写宏观预测地质分析报告。

（3）施工过程中随工程进展及时收集洞内开挖段地质资料，并力求做到全面准确。

（4）及时归纳汇总地质、物探、钻孔探测资料，逐步完善充实综合图件内容。

（5）综合判译各种物探成果，避免多解性影响，提高预报的准确性。

（6）对重点洞段应综合分析地质物探成果，及时提交成果，指导施工。

（7）通过开挖对比验证预报资料的准确性，对存在的偏差及时分析原因，从中找出规律，使下次预报更加准确可靠。

3.1.2　地质综合分析主要方法

地质综合分析其实是一个系统工作，就具体开展的某项工作而言，其方法很多，亦都有一定效果。根据工程性质、工程区基本地质条件和地质环境的不同，其手段和方法的应用亦各有所异，因此在选择手段、方法时应根据工程实际情况合理应用。

3.1.2.1　地质法

地质法是地质综合分析技术最基本的方法，不管物探法还是超前水平钻孔法，都是地质分析方法向前方延伸的手段。同时对物探和超前水平钻孔探测资料的任何解释和应用，都离不开施工过程中观测和收集的地质判断，缺少了这一基础环节，采用任何超前探测方法都很难取得好的效果。而在实施地质法的过程中主要包括以下方面。

（1）地质投影。主要是针对地下工程纵剖面图的修正编制，它也是隧洞（洞）工程预报中最主要的图件之一，与工程区的地形地质图相辅相成，涵盖的内容丰富、直观，对施工具有重要的指导意义，亦是地下工程宏观分析预测基础图件。

（2）地层层序。地层层序是确定地质历史的根据和地质构造的基础，掌握了隧洞（洞）地表的地层层序，岩性组合及特殊的岩层（标志层）对在隧洞施工中当遇到某一时代的地层时，按地层层序上下叠置关系和岩性组合特征、厚度，结合施工中揭露的地层产状关系，就能预测相关地层在隧洞前方出现的位置，以及可能遇到的岩溶含水层和构造带等地质缺陷。

当前期地质勘察实测有隧洞工程区地层剖面（地层柱状图），且经复查基本属实时，可不另行实测地质剖面建立地层层序；若工程区地层、构造复杂，原勘察成果不能满足要求时，应补测全部或某一段地层剖面，重新建立地层层序，为地层、岩性段和地质构造的预测、修改补充提供地质依据。当然，往往很多隧洞工程要做这样的工作有很大难度，而且不太容易找到较标准的剖面，在这种情况下，一般可根据某个地区地层分区图或同类地层在其他临近工程中揭露的情况进行对比确定，不过这样的结果和工程区实际地层层序会有一定出入。

（3）工程地质类比法。地下工程尽管所处地质条件、地质环境各不相同，但构成各工程的地质因素和构造形式及工程地质问题还是有诸多共同之处。地质类比法就是依据工程地质学分析方法按不良地质作用、地质灾害形成的工程地质条件，水文地质条件和其他条件的共性之处进行类比，对诸如塌方、突水、突泥、岩爆、瓦斯等类型的定性判断。并根据工程地质条件对可能出现的破坏模式，以及已出现的变形迹象，对洞室、掌子面、边墙、拱顶的稳定状态做出判断，并对其发展趋势做出评估。

地下工程建设中，地质类比法是极为重要的方法之一，它的基础资料是地勘部门、设计单位提交的工程地质纵剖面图，工程地形地质图、物探成果（主要是地面地震、电磁法）、钻探、工程勘察报告、设计说明书等成果，都应该全面系统地进行分析，在此基础上应用地质类比法，对隧洞开挖中可能出现的突水、突泥、塌方、岩爆等做出较为确切的宏观预测。

（4）地质编录。地质编录是施工地质最基本的工作方法，也是地质综合分析技术取得第一手资料的重要手段，它既反映开挖段的地质变化特征，又预示着未开挖段一定范围的地质问题。因为不论何种不良地质灾害的发生和发展，它总是有其特殊前兆特征。我们通过地质编录掌握了这些变化规律和地质特征，则是地质综合分析和对物探资料解释的珍贵依据，同时也是编写工程基础资料证据。

3.1.2.2 综合物探法

物理探测技术是地质综合分析中极为重要的手段之一，它的优点是快捷、直观，探测的距离大，对施工干扰相对小，可以多种方法组合应用。但由于物探是利用岩石的物理性质进行地质判断的间接方法，不同物探方法受限于不同场地和地质条件，并都有一定的局限性，不论何种物探方法的测试成果，它都是反映围岩中的某种物理现象，要对它定性、定量的鉴别，则是物探方法的关键，这就要求地质工程师对物探所揭示的异常情况结合工程区地质背景和工程经验进行深入分析，才能做出比较切合实际的解译判断，为此，要在复杂地质背景条件下取得好的预报成果，既要有高水平的地质技术，更要有既懂地质又懂物探的复合型人才。

3.1.2.3 超前水平探孔法

超前水平探孔是地质综合分析最直接的手段，它通过钻探取芯编录，对掌子面前方揭露出的地层岩性、构造、围岩类别、含水性、岩溶洞穴等的位置、规模能做出较准确的判断。但钻孔布孔位置带有一些偶然性，不能保证每孔都能达到预测目的（如溶洞、管道等），同时钻孔成本高、对施工干扰大，不宜广泛采用，但在特殊复杂地质洞段，特别是物探揭示掌子面前方某一桩号内存在重大异常时必须进行超前水平探孔，并合理纳入预报措施及施工组织中。

3.1.3　地质综合分析实施要点

（1）研究区域地质资料。区域地质资料分析是宏观预报的重要基础。主要研究内容包括：

1）隧洞所在地区的大地构造环境、构造体系、构造复合与构造演化；

2）隧洞所在地区的沉积建造环境、建造特征、建造演化；

3）隧洞所在地区的岩浆侵入、喷溢的地质环境、岩浆活动的特征；

4）还包括上述地质活动与区域地壳运动的关系等。

上述资料主要从隧洞所在地区的各种比例尺区域地质图、区域构造体系图及其说明书中获取。

（2）收集和分析研究工程地勘资料。不论是水电、公路或铁路隧洞工程，前期总要进行一定程度的地质勘察工作，特别是水电工程勘察工作做得更详细。进驻一个工地开展超前预报之前，首先要尽可能多收集工程区地质勘察资料，需要收集的资料主要是“隧洞轴线工程地质纵剖面图”“工程区工程地质平面图”“前期勘察报告”（包括地质勘察报告和物探勘察报告），设计文件及说明书等。通过对这些资料的熟悉、分析和研究，宏观上掌握场区地质情况，确定预报重难点，初步判断工程中可能出现的不良地质缺陷的性质、部位及规模，同时复核上述资料，找出是否有质疑的部分。

（3）地表地质调查复核。进行地表调查与复核是地质分析的重要步骤，我们在前期勘察资料中所获得的信息并不是直观的，只有通过眼见为实，并结合自己的认识才能更清晰把握工程区的地质特点，对地表某一地质现象所在的位置、形态特征及规模等在脑子里形成深刻的印象，这样在预报过程中才能及时的反馈信息和展开联想。通过地表调查，一方面可发现新的问题，另一方面对勘察资料中产生的质疑地方进行复核，使后来的预报分析判断更加准确。地表调查结束后，要根据调查结果并结合前期勘察资料对隧洞进行分段预测，确定预报重难点洞段及所要采取的手段和方法等。表 3.1－1 为××高速铁路××隧洞工程地表调查地质情况分析统计表。

（4）编制宏观预测地质分析报告。宏观预测地质分析报告，主要根据勘察资料和地表调查资料编制，重点分析隧洞工程区地层岩性、地质构造、不良地质洞段划分，对可能发生的地质灾害进行分析说明，提出拟采取的预报手段和方法措施。对地表岩溶现象，构造、特殊岩层情况等最好采用表格形式展开，尽量用数据说话，不能泛泛而谈，要有针对性地突出重点，具有指导预报和施工的实际意义。

（5）开挖地质编录及掌子面地质素描。在隧洞（洞）开挖时，将揭露的地层、岩性、地质构造、地下水及其他不良地质现象如实反映在大比例尺的三壁展示图或洞身展示（平切）图上，并与隧洞（洞）纵剖面图进行对照。图中重点反映地层岩性、地质界线、断层、节理裂隙等结构面产状、岩溶、地下水及物探成果等。通过展示图的连续编制结合物探成果和洞线剖面等资料综合分析，即可掌握不良地质体的变化趋势，预测掌子面前方可

表 3.1-1 ××高速铁路××隧洞工程地表调查地质情况分析统计表

桩号段	地层岩性	地质情况说明	风化程度	围岩级别	隧洞埋深/m	地质复杂程度	预报重视程度	预报方法
DK75+080～+500（420m）	中至厚层灰岩	地表为低山谷地，坡度陡缓分布，岩层走向与轴线呈50°夹角，倾小桩号，倾角20°～30°，洞线两侧20～80m内地表发现落水洞、溶洞共6个，口径3～15m，最低处溶洞位于洞轴线左侧80m，洞口高于隧洞顶部约15m，其中DK75+270轴右20m处、DK75+450～500轴右80m发育的落水洞均向洞轴线方向延伸，推测以上溶洞间有一定连通关系，在山体深部可能存在岩溶管道串通，隧洞施工中将会遇溶蚀破碎带或溶洞，可能发生涌泥沙或洞内泥石流，雨季出现瞬间突涌水情况	进口150m段强风化。其余弱风化	进口150m及破碎带Ⅳ—Ⅴ，其余Ⅲ	0～90	很复杂	重点预报	地质分析、表面雷达、TSP、超前探孔及钻孔雷达、红外线探测，必要时进行不良地质体详查
DK75+500～+850（350m）	中至厚层灰岩	地表为一雄厚山体，岩层走向与轴线呈50°夹角，倾小桩号偏左侧，倾角20°～30°，地表无沟谷及岩溶现象，两侧地表水径流条件较好，隧洞埋藏深，推测洞顶最上部为纯灰岩，靠洞身部位为灰岩夹砂页岩，DK75+500～+700段隧洞从纯灰岩中通过，成洞条件较好，DK75+700～+850段隧洞从灰岩夹砂页岩地层中通过，局部有掉块或坍塌，施工中在揭穿灰岩与砂页岩界面时可能有分散线状或柱状水流	微新岩体	Ⅱ—Ⅲ	90～190	中等	加强预报	地质分析、表面雷达、TSP、必要时超前探孔
DK75+850～+950（100m）	中厚层灰岩、灰岩夹砂页岩	地表地形较平缓，洞线左边中厚层灰岩，右侧50m外灰岩夹砂页岩，岩层走向与轴线呈50°夹角，倾小桩号偏左，倾角20°，DK75+880轴左70m地表低凹处发育一较大规模落水洞，口径8～12m，洞口高于隧洞顶板约150m，四周地表水汇聚该洞内，由于轴线右侧灰岩夹砂页岩层有相对隔水作用，溶洞发育方向推测顺岩层向轴线左侧山体发育，估计距隧洞顶部有一定距离，但是，一旦遇溶洞将会出现涌水、涌泥沙情况	微新岩体	Ⅱ—Ⅲ出遇破碎带Ⅳ	150～190	复杂	重点预报	地质分析、表面雷达、TSP、超前探孔及钻孔雷达、红外线探测
DK76+950～+250（300m）	中厚层灰岩、白云岩	地表为一雄厚山体，地形较陡，无沟谷，岩层倾小桩号偏左侧，倾角20°～30°，总体成洞条件较好	微新岩体	Ⅱ—Ⅲ	150～170	简单	常规预报	地质分析、表面雷达、TSP

能出现何种地层岩性或不良地质情况。

地质编录要及时，隧洞开挖后往往要进行喷锚支护，特别是不良地质洞段有时还要采取特殊方法处理，如果编录不及时，开挖揭露的一些地质现象会被覆盖，影响资料的收集，一般情况是每放一轮炮出碴后就要进行现场编录。在进度跟踪地质编录和掌子面素描时主要收集以下几方面资料：①地层岩性特征；②构造地质特征；③岩溶发育特征；④地下水特征（图 3.1－1）。

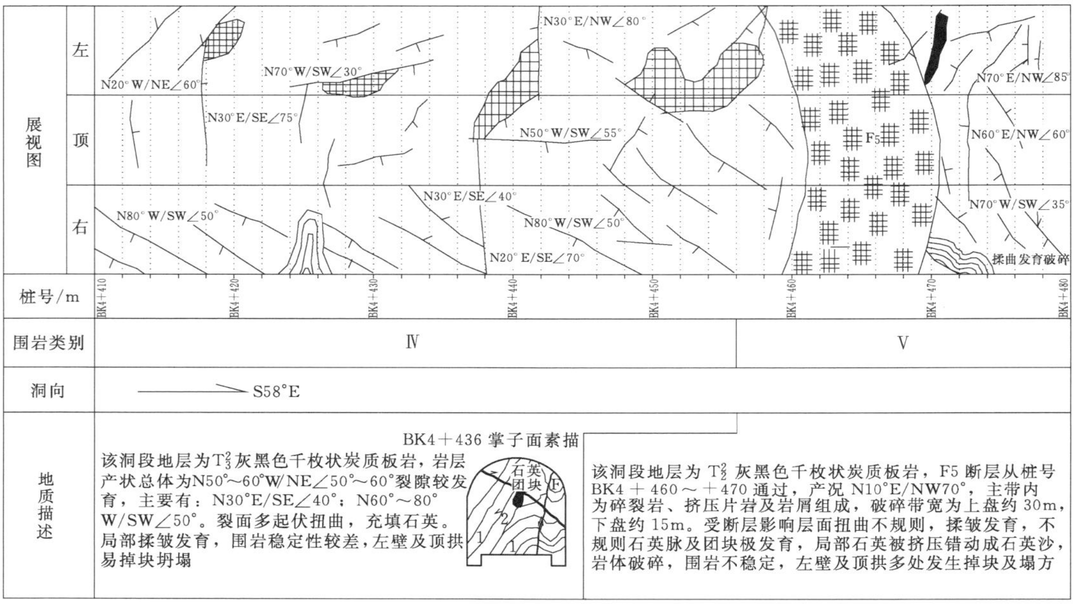

图 3.1－1　隧洞开挖地质展示图

（6）结合物探资料综合分析与解释。目前在超前地质预报中所采用的物探方法主要有场类法、波类法两个系列 10 余种方法。如 TSP、地质雷达、瞬变电磁法、陆地声呐法、红外线法、钻孔（声波、电磁波）等测试法，它们在一定的地质背景下确实能解决一些地质问题，但是单一的方法总存在一定的局限性，如何做好多种方法的优化组合、取长补短、相互印证，以取得最佳的测试效果，使对物探成果的多解性转化为唯一性则是关键的问题，要做到这一点的确很难。但是，只要把握好场区工程地质特征，充分掌握工程区的各种物性对不同物探方法的响应特征，对物探资料进行解释时能很好地结合场区工程地质情况，有效利用现场地质编录资料，再配予具有全面的地质知识和物探知识、有丰富的类似工程经验的工程师，可以使解释成果出现很小的偏差，更加符合工程实际，使预报成果更加准确可靠。

图 3.1－2 为××水电站引水隧洞 K1＋604 掌子面前方雷达测试成果图，预报桩号为 K1＋604～＋628（掌子面前方 24m）。从图上看，图中异常首先可能会解释为发育一断层，破碎带宽 3m 左右，且带内赋水。但是，该隧洞当前开挖洞段为大理岩夹砂板岩地层，且板岩含碳质较重，通过地层对比，结合掌子面素描情况及该洞段构造发育情况等综

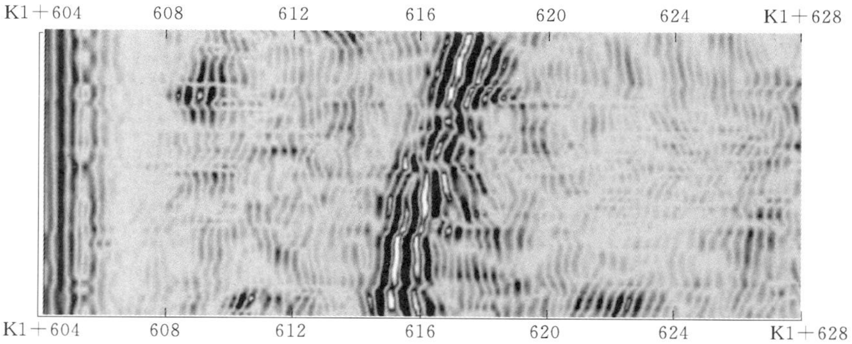

图 3.1-2 ××水电站引水隧洞 K1+604 掌子面前方雷达测试成果图

合分析后，我们把该异常解释为碳质板岩夹层，后开挖验证，右边墙在 K1+614 桩号开始见碳质板岩层，左边墙在 K1+617 见碳质板岩层，该层厚约 3m，无地下水，预报结果与开挖实际完全吻合。

（7）预报成果与开挖实际对比。隧洞开挖以后要及时将预报成果与开挖实际进行对比，对预报准确的或不准确的都要分析其原因，特别是预报与实际出入较大时更应多方面分析原因，找出问题所在，并思考对策措施。进行预报成果与开挖实际对比，既是对预报资料的验证，又是对下次预报或类似洞段预报的指导，通过对比分析不断总结经验，掌握规律，从而达到预报成果更加准确的目的。

（8）编制相关地质图件。超前地质预报是隧洞施工中非常重要的一个环节，贯穿于整个施工过程中，按工程项目地质特征和主要地质问题的不同，编制不同比例尺的图件也是超前预报必做的工作。常要编制的图件有：洞线开挖剖面图、三壁展示图、洞身平切图、地下水分布图、开挖对比图等。不同工程预报中要编制的图件各有所择重，但每个工程项目的工程地质剖面图和洞身平切图是必须编制的，因为它是地质综合研究的基础。随工程进展逐步将地质编录主要地质要素和物探成果一并反映到图上，并根据开挖揭露的地质情况修编工程地质剖面图。

（9）阶段性地质总结。阶段性地质总结就预报过程而言，是一个从认识—实践—理论—指导实践的过程。隧洞工程一般埋深大，洞线长，地表覆盖层厚，植被茂盛或地形陡险高差大等特点，同时地表的地质情况与深部有较大差异，与设计资料的不符情况更是屡见不鲜。因此，在隧洞（洞）每开挖一个地质单元或一个重要地质洞段后，要及时总结开挖洞段地质情况，根据新揭露的地质现象和地质综合分析成果对下一地质单元进行预测，以便采取更为有效的预报措施，同时针对主要地质问题的性质、规模及位置，提出施工建议。

（10）编写超前地质预报竣工报告。编写超前地预报竣工报告是一个预报工程最后的环节，内容要包括（且不限于）“工程概况”“场区工程地质条件说明”“超前地质预报实施方案”“每期预报成果汇总”“阶段性总结报告汇总”“取得的效果和存在的不足”“产生的社会效益和经济价值”“应列入最终提交资料的各类文件、预报资料及其他应补充的资料”和“相关图表和图件”等。

总之，地质综合分析技术在一个地下工程项目中，是一项自始至终进行的工作，没有特定的工序流程，综合分析研究工作的开展与工程进度同步进行，其宗旨是及时指导施工，为科学施工组织提供地质依据，确保工程施工安全、按期履行合同。

3.2 TSP 探测技术

3.2.1 探测方法

在沿着隧洞边墙的岩体内按一定的观测系统引爆少量炸药，产生地震波信号。信号在岩石中以球面波前的形式传播，如图 3.2-1 所示。当岩石强度（波阻抗）发生变化，如破碎带或岩层变化，一部分信号发生反射，而其余信号继续在岩体中传播。反射信号到达高灵敏度接收器的时间可以测量，通过分析波在岩层中的传播速度，就可以将反射信号的传播时间转换成距离（深度）。因此，根据这些信息，就可以确定岩性不连续的位置、与隧洞轴的交角及其到掌子面的距离。

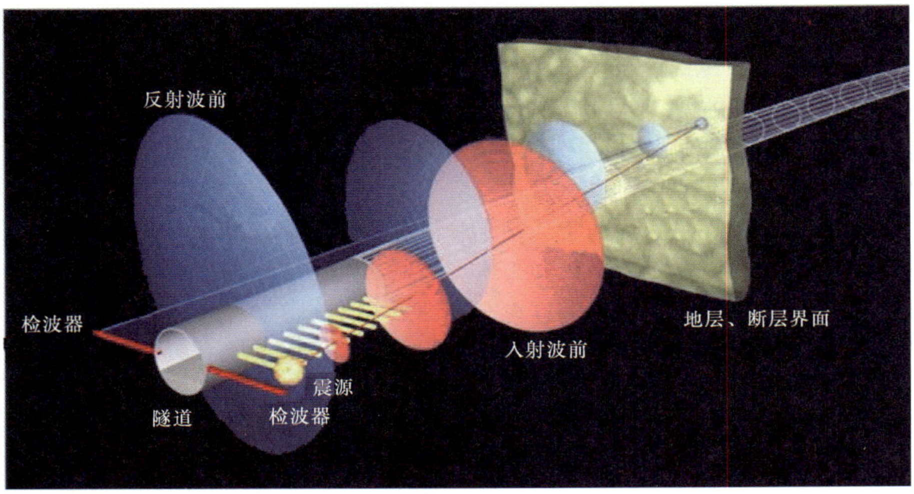

图 3.2-1 TSP 探测原理图

TSP 超前地质预报系统用于预报隧洞前方 0～100m 范围内及周围临近区域地质状况，预测掌子面前方围岩的类别；主要是对地质结构面、地质构造及地下水的预报，包括地层岩性界面、构造破碎带、富水带、岩溶发育带等不良地质体，确定其位置、规模及大致产状，推测其性质。

3.2.2 系统组成

TSP203 系统主要由记录单元和接收单元组成，如图 3.2-2 所示。其中记录单元为：部件①～②；接收单元为部件③～④，附件及起爆装置为部件⑤～⑳[23,24]。

(1) 记录单元。记录单元的作用是对地质信号进行记录和质量控制，其基本组成是为完成地震信号 A/D 转换的电子元件和一台 Windows 笔记本电脑，笔记本电脑控制记录单

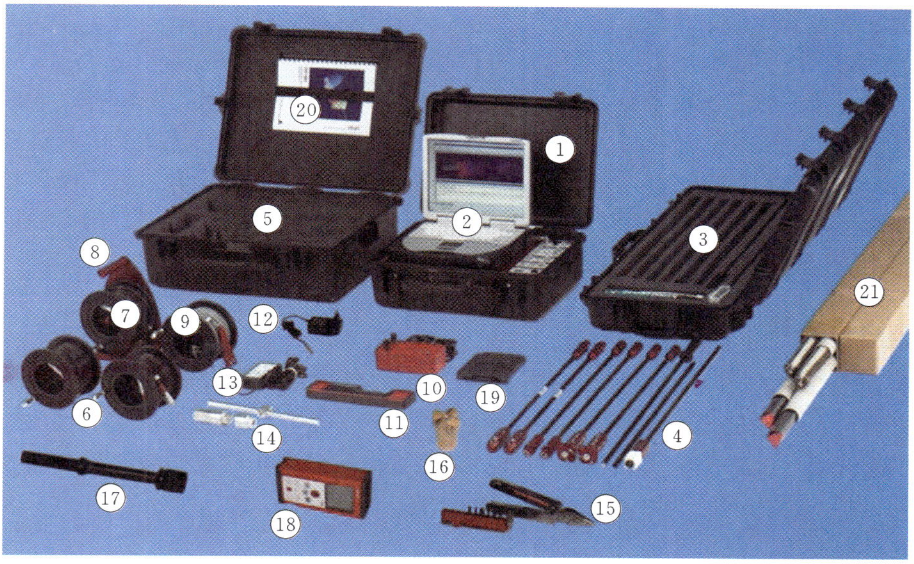

图3.2-2 TSP203系统组成

元和用于记录、存储、处理及评估数据，整个系统标准配置有12个输入通道，用户可以安装4个接收单元。

(2) 接收单元。接收单元是我们用来获取地震信息的记录器，TSP203接收单元有由一个高灵敏度的三轴（$x-y-z$分量）地震加速度检波器构成，可将地震信号转化为电压。由于使用了三分量接收器，可以保证全波场的数据记录，因此，可以将不同的波型分离为压缩波（P）和剪切波（S）。此外，相互间按标准排列的三个分量记录，能够计算出波的入射方向。其技术参数为：①三分量加速度检波器；②灵敏度：1000mV/g±5%；③频率范围：1～5000Hz；④横向灵敏度大于1%；⑤工作环境温度0～65℃。接收单元结构密封，能防尘防水，能确保在极端恶劣条件下正常工作。

数据采集时，接收单元需安置在一根长2.05m、直径大约为43mm的特制金属套管中（组件㉑），套管采用环氧树脂与接收孔孔壁牢固结合，接收单元与记录单元（笔记本电脑）采用电缆连接。

(3) 附件及起爆装置。

1) 工具箱：TSP203还配备了专用工具箱一个，主要用于接收单元的安装。

2) 电子测角仪：主要用于测量接收单元及炮孔的倾斜角度，以便能够准确建立观测系统。

3) 手持式激光测距仪：主要用于测量炮孔与接收单元、炮孔与炮孔以及掌子面桩号等距离参数，以便能够准确建立观测系统。

4) 起爆装置：起爆装置由爆破器和内置触发器组成，爆破器受国家爆破安全规程的限制，TSP203不专门配置，但他是TSP203数据采集不可缺失的部分，需按国家相关规程自行配备。

5) 连接线：连接线包括接收单元与记录单元的连接线、触发器与记录单元的连接线以及起爆装置与雷管的连接线。

6）其他配件：主要为钻头、风枪专用特制适配器等辅助器件。

由于使用了三分量接收器，可以保证全波场的数据记录，因此，可以将不同的波型分离为压缩波（P）和剪切波（S）。此外，相互间按标准排列的三个分量记录，能够计算出波的入射方向。在设计上，接收单元适用于各种岩石类型（从弱质岩层到坚硬的花岗岩）。接收单元置于特制的钢管中（部件㉑），钢管必须固定在接收器孔中。同时，钢管（套管）与接收器孔之间必须用双组分环氧树脂（部件㉑）牢固耦合。

3.2.3　观测系统

TSP 超前预报观测系统布置如图 3.2-3 所示。根据不同预报的目的，爆炸孔可选择不同的边墙。在复杂的地质条件下，为了相互验证，需在左、右边墙都安装接收器和爆炸孔，以求最佳效果。如果只是对断层的预报，根据反射原理，炮孔与接收器应布置在与断层走向交角小的边墙内，即可节约投资，又能解决问题。表 3.2-1 为 TSP203 接收器孔及炮孔的具体要求。

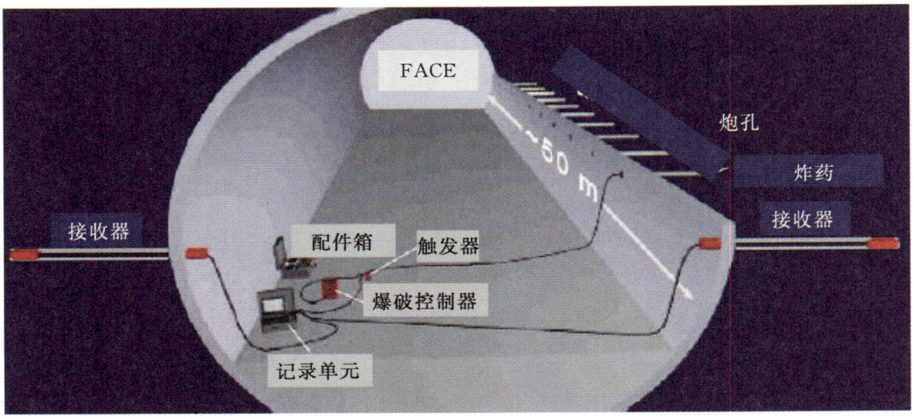

图 3.2-3　TSP 观测系统的布设示意图

表 3.2-1　　接收器孔及炮孔的具体要求

要素 \ 位置	接收器孔	炮孔
数量	2 个，位于隧洞左右边墙（各 1 个）	24 个孔，位于隧洞左、右边墙（面对掌子面）
直径	ϕ45mm（钻头钻孔）	ϕ38mm（钻头钻孔）
深度	2m（切勿超过 2m）	1.5m
定向	垂直隧洞轴向，上倾 5°～10°	垂直隧洞轴向，下倾 10°～20°
高度	离地面（隧底）高 1m	离地面（隧底）高 1m
位置	距离掌子面约 55m	第 1 个炮孔离同侧接收器孔 20m，炮孔距 1.5m

3.2.4　采集技术

野外数据采集是 TSP 预报技术的关键阶段，原始资料的好坏，直接关系到预报的准确性，因此，它是 TSP 预报工作中非常重要的环节之一。要获得高质量的原始数据，除了 TSP 本身提供了高灵敏的数据激发接收系统外，还涉及以下几个方面：即观测系统的设计、数据采集控制、地震波的激发与接收以及环境对地震波的干扰等。

3.2.4.1 数据采集控制

数据采集控制一般在检查地震道显示的特征时进行（图 3.2-4）。将光标移至任意信号处，在标题栏中会显示对应的直达波（纵波）传播时间。一般从接收器往掌子面方向依次放炮，因此，可用数据控制功能检查炮点顺序是否正确，方法十分有效。

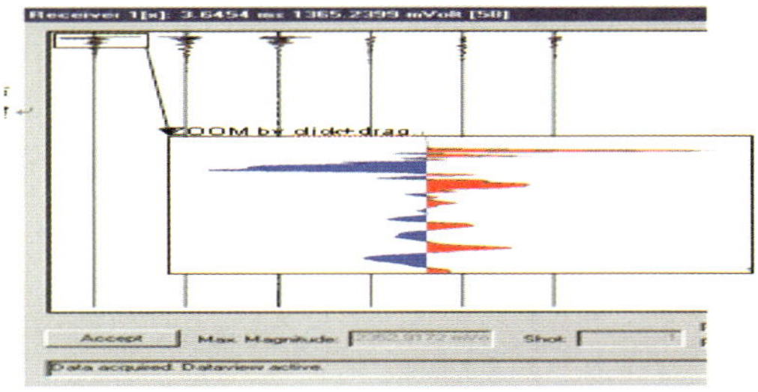

图 3.2-4 记录波形放大显示

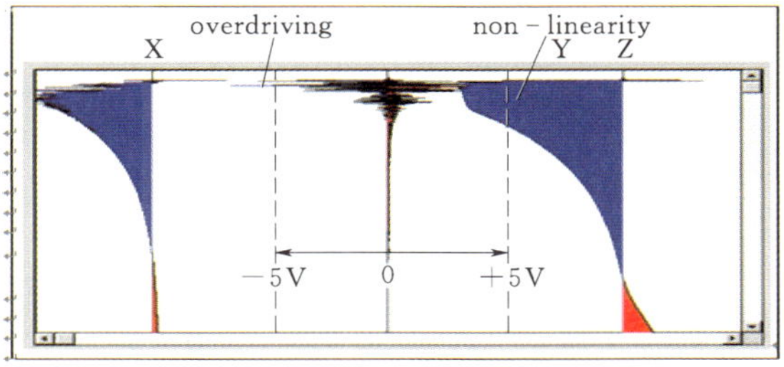

图 3.2-5 振幅输入过载和非线性显示

为防止信号放大器输入的非线性或过载，第一炮的信号电平不能超过 5000mV。图 3.2-5 显示了第一炮（离接收器最近的炮）直接信号 y 分量振幅输入过载的典型情况。出现这种情况的原因是炸药量太大，故应将前 3 炮的炸药量减少 50%。如果没有过载，就可以继续进行测量记录。TSP 探测的效果很大程度上依赖于原始数据的质量，因此，数据质量控制尤为重要，在记录第一炮后合格后，再进行下炮工作，现场数据采集过程得到控制后，为下一步室内资料处理奠定坚实基础。

3.2.4.2 激发能量的确定

地震波的激发是 TSP 预报中的一个重要环节，激发的地震波，既要有一定的能量，又要有较宽频带和较好的重复性。TSP 数据采集要求信号电平在 100～5000mV 之间，如果信号小于 100mV，将严重影响探测距离和探测精度；如果信号大于 5000mV，仪器无法接收到完整的信号。因此，工作时先进行药量试验，调节药量的大小，以达到最佳的能量和效果，同时也可以检查接收波的质量状况，即不能因为能量过小影响探测距离，也不能因能量过大产生的方波降低分辨率。图 3.2-6 是高质量的 TSP 原始记录，图 3.2-7 中第 1～11 炮是典型的信号输入过载。为了提高信噪比，通过大量工作试验得到不同岩石炸药量与接收间距关系表 3.2-2。

表 3.2-2　　TSP 203 在不同岩石中使用时的装药配置情况

炮孔序号	炮孔接收器的距离/m	乳化炸药质量/g（爆炸速度 5600m/s）	
1～2	20～21.5	50	75
3～4	23～24.5	75	100
5～24	26～54.5	100	150

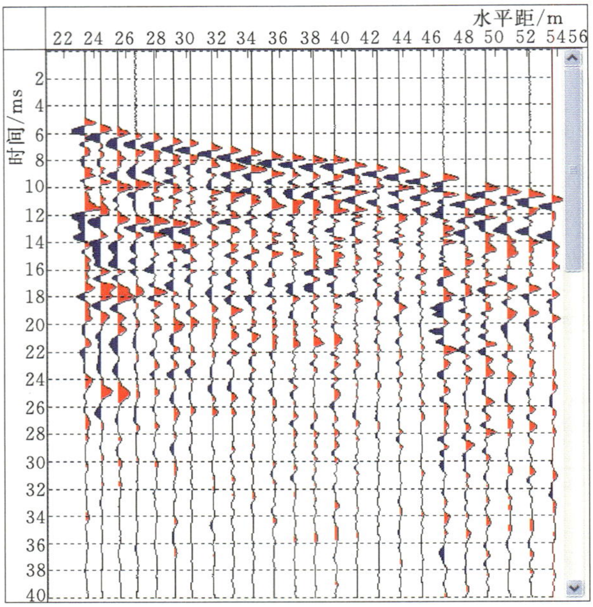

图 3.2-6　高质量的 TSP 原始记录

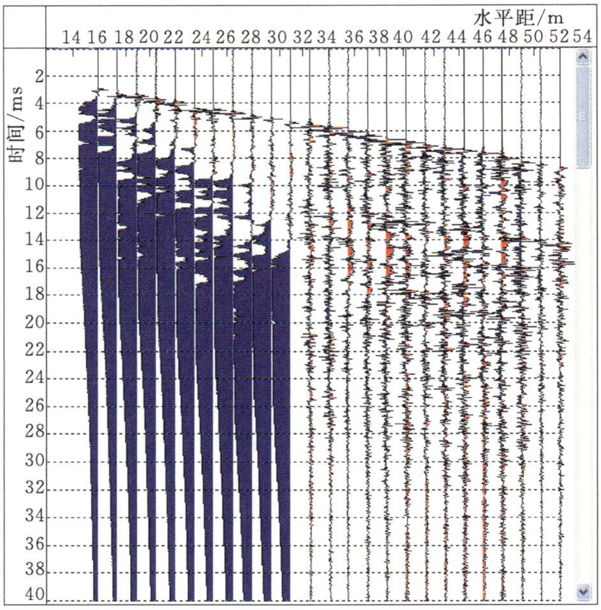

图 3.2-7　TSP 的信号输入过载

3.2.4.3　炸药与激发介质的耦合

要取得良好的激发效果，需要选择良好的激发方式。TSP 的观测系统要求炮孔向下倾斜 10°～20°，目的是便于向孔内注水，这样可以改善炸药与周围介质的几何耦合关系，有利于提高爆炸能量的利用率和作用能力，并增大波在岩层内部的穿透能力。从作者多年的工作经验来看，用水封堵并不是很理想。经过对比试验，用锚固剂封堵，待锚固剂凝固后，再向炮孔里注水，使炸药与围岩紧密结合，然后放炮，能获得最佳的激发效果，图3.2-8中第16～24炮是炮孔没封堵或炮孔深度不够的TSP原始记录。

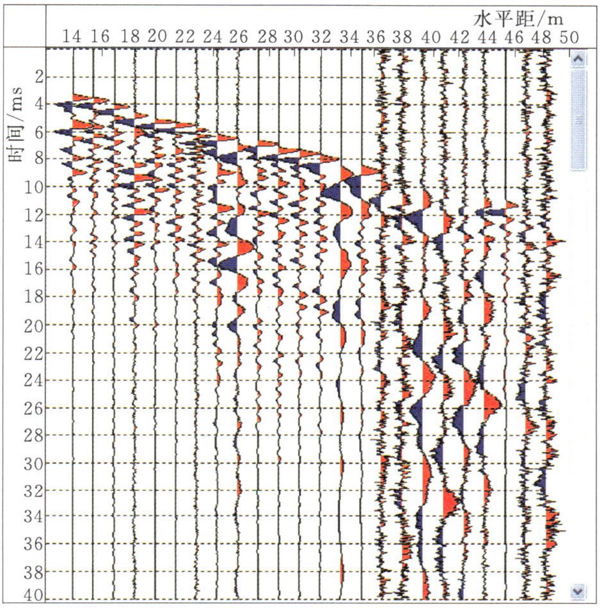

图3.2-8 炮孔未封堵或炮孔深度不够的TSP原始记录

3.2.4.4 传感器与围岩介质的耦合

地震波接收的主要问题是传感器与套管的耦合以及套管与围岩之间的耦合问题。前者出厂时已经设计好了，关键是后者，即套管与围岩之间的耦合问题。传感器与围岩之间耦合得好，就是使传感器和围岩组成一个阻尼较好的振动系统，以提高对波的分辨能力。图3.2-9传感器套管与围岩耦合不好的记录。从图中可以看出明显存在因为耦合不好导致的多次振荡现象（类似鸣振）。

3.2.5 反演技术

3.2.5.1 反射面的确定及不良地质体的确定

反射界面及不良地质体规模的确定，其原理如图3.2-10所示：在点A_1、A_2、A_3等位置激发震源。α为不良地质体的俯角，即真倾角；β为不良质体的走向与隧洞前进方向的夹角；γ为空间角，即隧洞轴线与不良地质体界面的夹角。产生的地震波遇到不良地质体界面（即波阻抗界面），发生反射而被Q_1位置的传感器接受。在计算时，利用波的可逆性，可以认为Q_1位置发出的地震波经过不良地质界面反射而传到A_1、A_2、A_3等点，即可认为波是从像点$IP(Q_1)$发出而直接传到A_1、A_2、A_3等点的。此时的Q_1和$IP(Q_1)$是关于不良地质界面（波阻抗面）对称的。因Q_1、A_1、A_2、A_3各点的空间坐标已知，由联立方程可得像点$IP(Q_1)$的空间坐标，再由Q_1和$IP(Q_1)$的空间坐标求出两点所在直线的空间方程。由于不良地质界面是线段$Q_1IP(Q_1)$的中垂面，所以可以求出该不良地

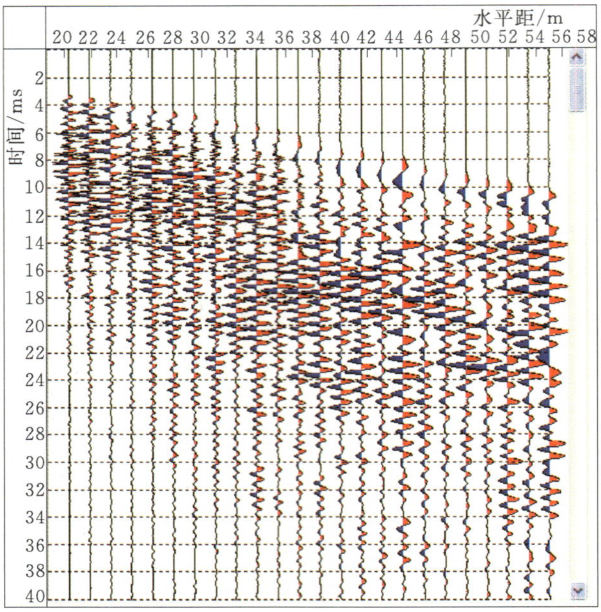

图 3.2-9 传感器套管与围岩耦合差的 TSP 记录

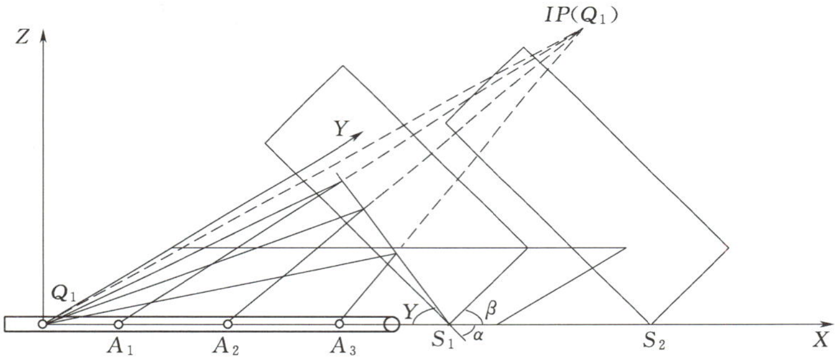

图 3.2-10 TSP 探测反射原理图

质界面相对于坐标原点 Q 的空间方程，进一步可以求出不良地质界面与隧洞轴线的交点和隧洞轴线与不良地质界面的交角。通过求出的不良地质体两个反射面在隧洞中轴线上的坐标 S_1 和 S_2，从而求出不良地质体的规模：$S=|S_1-S_2|$。

3.2.5.2 岩石力学参数的获取

通过测得的纵波波速 v_p 和横波波速 v_s 利用针对变质岩、火山岩、深成岩和沉积岩四类岩石类型所使用不同的经验公式，TSPWin 软件可以获得岩石密度 ρ，然后根据下列公式求出各动态参数。

动态弹性模量：

$$E=\rho v^2\frac{3v_p^2-2v_s^2}{v-\frac{1}{3}v_s^2} \tag{3.2-1}$$

泊松比：

$$\mu=\frac{v_p^2-2v_\lambda^2}{2(v_p^2-v_s^2)} \tag{3.2-2}$$

体积模量：
$$E_v=\rho\left(v_p^2-\frac{4}{3}v_s^2\right) \tag{3.2-3}$$

拉梅常数：
$$A=P\left(v_p^2-2v\frac{2}{s}\right) \tag{3.2-4}$$

剪切模量：
$$\mu=pv_s^2 \tag{3.2-5}$$

静态弹性模量是从辅助经验公式中计算出来的。

3.2.5.3 Windows 环境下 TSP 软件系统

TSPData Processing Program Application 软件，具有很强的通用性，本程序可在以 Windows 98&Me，Windows 2000，Windows XP 等 Windows 系列操作系统下直接安装，无需其他辅助工具即可良好运行。TSPwin 软件的运行方式与 Windows 应用软件一样，TSPwin 程序启动后就出现工作区，工作区具有以下特点：

（1）标题栏（即工作区顶部的标题栏）：如果是新文件，系统会自动将其分别命名为“Survey1”（测量 1）或“Survey(*N*)”（测量 *N*）。其中，（*N*）是根据打开的新测量文件依次编的顺序号。

（2）菜单栏里包括运行 TSPwin 的各种命令。

（3）工具栏里主要包含最常用的 TSPwin 命令的快捷键。

（4）波场处理栏是专门用于地震波场处理的工具栏。

通过数据调整→带通滤波→首波拾取→拾取处理→炮能量平衡→直达波损耗系数 *Q* 估算→反射波提取→*P* 波、*S* 波分离→速度分析→纵向深度位置搜索→反射界面提取等，最终显示掌子面前方与隧洞轴线相交的反射同相轴及其地质解译的二维或三维成果图。

（5）状态栏提供正在执行的任务信息。如果状态栏显示 Ready（准备完毕），说明程序已经完成所指定的任务，正在等待下一步指令。

（6）TSPwin 支持多文件界面（MDI），即可以同时打开多个同类型或不同类型文件，TSPwin 文件有两种类型：

1）测量文件。测量文件（扩展名为 .svy）属于基础文件，它是一个通用工作表。主要用于保存并以图表形式显示数据，执行文件的输入/输出以及数据采集、处理和评估等。

2）工程文件。工程文件（扩展名为 .tsp）属于数据库文件，其中不同的 TSP 测量文件被联系在共同的工程文件中。

3.2.6 资料分析与判释

TSP 成果提取了反射层剖面和岩体物理力学参数曲线，通过分析反射层剖面和岩体物理力学参数变化情况，即可达到预报的目的。TSP 处理成果的解释应遵循下述准则：

（1）反射振幅越强，说明反射系数越大，则弹性阻抗差越大。弹性阻抗是岩石密度与波速的乘积。

（2）正的反射振幅表明正的反射系数，也就是坚硬岩石；负的反射振幅则表明是软弱岩石。对于同一个构造，进行纵波和横波反射振幅的比较非常有用。

（3）如果横波（*S*）反射比纵波（*P*）反射强，则表明在反射岩石中富含有盐水或饱和水。

(4) v_p/v_s 增加或泊松比突然增大，常常是由流体的存在而引起。

(5) 若纵波波速 (v_p) 下降，则表明裂隙度或孔隙度增加。

(6) 固结的岩石 $v_p/v_s<2.0$，泊松比 $\delta<0.33$；当岩石的孔隙充满水时，v_p/v_s 从 1.4→2.0；当岩石的孔隙充满气时，v_p/v_s 从 1.3→1.7；水饱和的未固结地层 $v_p/v_s>2.0$。

(7) 当岩石中含流体时，v_p 与孔隙度 φ 和孔隙中流体的性质有关，v_p 会明显降低；v_s 只与骨架速度有关而与孔隙中流体无关，v_s 不发生明显变化。

3.3 地质雷达探测技术

3.3.1 探测方法

地质雷达探测方法是采用连续扫描电磁波反射曲线的叠加，利用电磁波在隧洞掌子面前方岩体中的传播、反射原理，通过信号采集系统接收反射信号，判断隧洞掌子面前方反射界面（断层、软弱夹层等）距隧洞掌子面的距离来进行隧洞施工期超前地质预报的一种物探方法。

电磁波遇到不同电性反射界面后振幅和相位发生变化，介质电性差异大小决定了电磁波反射的振幅强弱程度和其相位变化。岩石破碎程度及其含水量情况是影响其电性常数的主要因素，根据测量结果判定掌子面前方的围岩变化情况。

由于电磁波的这种传播特性，地质雷达探测方法被认为是目前分辨率最高的地球物理方法，但由于预报距离短，易受隧洞内施工机械、管线的干扰，目前多用于短距离内的地层岩性界面、较大节理与构造、富水带、溶蚀通道及地下水等的预报，进而判断不良地质体的位置及规模，推测地下水的大致富水程度。

3.3.1.1 地质雷达的探测深度

在电磁学理论中，地质雷达的探测深度需要用雷达方程来确定，主要有两部分控制，一是地质雷达系统的增益指数或动态范围；二是介质的电性质，特别是电阻率和介电常数。系统的增益为最小可探测到的信号电压或功率与最大的发射电压或功率的比值，用 dB 来表示。系统的动态范围越大，探测能力就越强，以 Q_S 表示系统增益，$W_{\min}$ 为最小探测的信号功率，W_T 为最大发射的功率，则系统增益可用下式表示：

$$Q_S=10\lg\frac{W_T}{W_{\min}} \tag{3.3-1}$$

雷达系统的增益或动态范围确定后，可用地质雷达方程来评价能量的损耗。

$$Q=10\lg\left[\frac{\eta_t\eta_r G_t G_r g\sigma\lambda^2 e^{-4\beta r}}{64\pi^3 r^4}\right] \tag{3.3-2}$$

式中 η_t、η_r 分别为发射天线与接收天线的功率；G_t、G_r 分别为在入射方向线与接收方向上天线的方向性增益；g 为目的体向接收天线方向的向后散射增益；σ 为目的体的散射截面；β 为介质的吸收系数；r 为天线到目的体的距离；λ 为雷达子波在介质中的波长。满足 $Q_S+Q\geqslant0$ 的距离 r，称为雷达的探测深度（或距离）。

3.3.1.2 地质雷达的分辨率

分辨率是分辨最小异常体的能力，分辨率可分垂向和横向分辨率。地质雷达采用高斯调幅脉冲源，经过天线后，其波形相当于一次微分运算。设子波形式为

$$f(t)=t^2e^{-\alpha t}\sin\omega_0 t \tag{3.3-3}$$

该子波的频谱为

$$F(\omega)=\frac{2\omega_0[3(\alpha-i\omega)^2-\omega_0^2]}{[(\alpha-i\omega)^2+\omega_0^2]^3} \tag{3.3-4}$$

（1）垂向分辨率：①当地层厚度 $b>\lambda/4$ 时，复合反射波的第一波谷与最后一个波峰的时间差正比于地层厚度，可通过测量顶面反射波的初至 R_1 和底界反射波的初至 R_2 之间时间差确定出来。因此，把地层厚度 $b=\lambda/4$ 作为垂直分辨率的下限。②当地层厚度 $b<\lambda/4$ 时，复合反射波型变化很小，其振幅正比于地层厚度，无法从时间剖面确定地层厚度。

（2）横向分辨率：根据波的干涉原理，用菲涅尔带半径 r_f 来计算：

$$r_f=\sqrt{\lambda\cdot h/2} \tag{3.3-5}$$

式中　h 为异常体的埋藏深度；λ 为波长。

（3）在正常情况下，发射天线和接收天线方向增益系数是一致的，而且有

$$G=a^2/(\lambda^2/4\pi)\approx 4\pi a^2 f^2\varepsilon_r/c^2 \tag{3.3-6}$$

式中　a 是天线开口尺寸；f 和 c 分别是雷达波的频率和光速；ε_r 为介质的相对介电常数。

目标体的有效散射截面 S 也用第一菲涅尔带计算，即：

$$S=\pi(\lambda r/2+\lambda^2/16)\approx\pi\lambda r/2 \tag{3.3-7}$$

3.3.1.3 测试参数的选择

采用地质雷达进行隧洞超前地质预报时，雷达主机天线工作频率的选取应根据探测任务要求、探测目的，目的体埋深、分辨率、介质特性以及天线尺寸是否符合场地条件等因素综合确定；记录时窗的选择应根据最大探测深度与周边地层的平均电磁波速确定；仪器的信号增益应保持信号幅值不超出信号监视窗口的3/4，天线静止时信号应稳定；宜选择所用天线的中心频率的6～8倍作为采样率。

3.3.2 观测系统

所谓观测系统是指激发点与接收排列的相对空间位置关系，隧洞工程施工中由于工期较为紧张，为了能够满足快速掘进的施工要求，地质雷达探测不能占用太多施工时间，为了能够最大限度地降低雷达探测对施工的影响和保证预报的准确率，雷达探测分初步探测和精确探测，精确探测又分表面雷达精确探测及钻孔雷达精确探测。

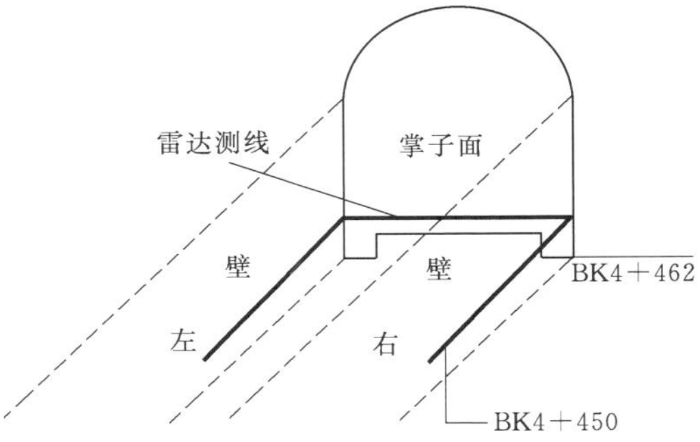

图 3.3-1　Π字形观测系统

初步探测的观测系统为Π字形观测系统，其具体做法是在掌子面底部及临近开挖洞段两边墙底部约1m高位置作一条测线进行雷达探测（图 3.3-1），根据其初探结

果，确定是否进行精确探测。如果在初探结果中掌子面前方或边墙未发现明显异常，则不进行精确探测，隧洞正常掘进；如果发现存在明显异常，根据初探结果，大致判断异常性质及异常位置，然后针对可能存在的不同不良地质体性质在掌子面上增加“井”字形测线及钻孔，进行精确探测。

3.3.3 图像特征

3.3.3.1 不同岩性的探测差异

不同的岩性具有不同的介电常数与电阻率，而物性的差异影响着雷达波的传播速度和衰减速度。地质雷达图像在不同的介质中有不同的图像特征，要针对不同的地质条件布置相应的观测系统，选择最佳的工作参数。因此，在岩溶发育区时应通过对地质雷达细部剖面信号和二维谱相结合来分析岩溶的特征及属性。其典型地质体与地质雷达波形图像特征关系见表 3.3-1。

表 3.3-1 典型地质体与地质雷达波形图像特征关系

地质体名称	波形图像特征				
	分布	变化	同相轴	形态	振幅强度
完整岩体	均匀	按一定规律缓慢衰减	连续	均一	低幅
断层破碎带	不均匀	衰减快，规律性差	不连续	杂乱	波幅、变化大
裂隙密集带	不均匀	衰减较快，规律性差	时断时续	杂乱	高幅
富水带	不均匀	按一定规律，快速衰减	与含水量有关	基本均一	高、宽幅
岩性变化带	不均匀	规律性差	不连续	杂乱	一般为高幅
岩脉破碎带	不均匀	衰减较快，规律性差	不连续	杂乱	高幅

3.3.3.2 不同岩性的图像特征

不同的岩性有着不同的雷达图像特征。从笔者从事多年的工作经验来看，以灰岩和砂板岩两种不同的岩性地层来分析，由于砂板岩地层中的碳质含量较重，雷达波形杂乱，能量分布不均匀，同相轴连续性较差。除探测距离明显不如灰岩地层，其雷达波形特征与灰岩地层明显不同（图 3.3-2）；完整灰岩地层的雷达波形较为规则，能量分布均匀，同相轴连续性较好（图 3.3-3）。

3.3.3.3 不同不良地质缺陷的探测差异

（1）断层或含水裂隙探测。断层或含水裂隙的走向与隧洞轴线的空间位置关系主要有两种：①垂直于隧洞轴线（平行与掌子面），如图 3.3-4 所示；②与隧洞轴线呈小角度相交，如图 3.3-5 所示。

当出现第①种情况是，在掌子面增加测线，采用“井”字形观测系统就能够满足精度要求，如图 3.3-6 所示。

当出现第②种情况时，在与断层或含水裂隙较近的隧洞边墙采用“井”字形布置测线，在掌子面采用“土”字形或“井”字形布置测线（图 3.3-7），通过对边墙的准确探测，可以推算结构面与隧洞相交的位置。

采用上述两种观测系统还无法对含水规模进行确定的情况下，就需要在掌子面上打超

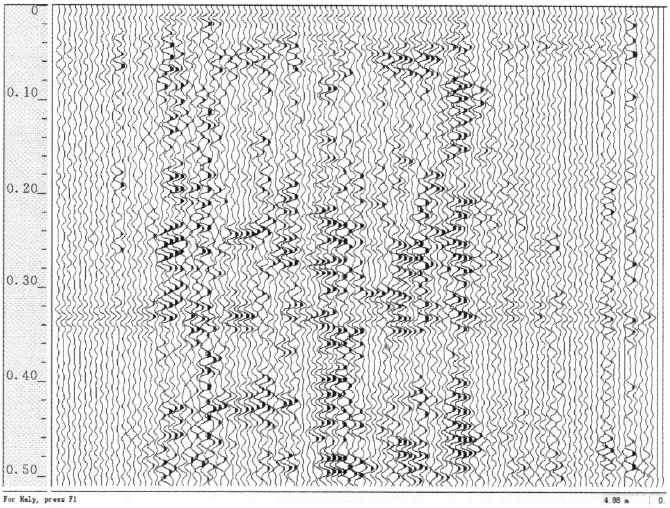

图 3.3-2　砂板岩的雷达图像图

图 3.3-3　完整灰岩的雷达图像图

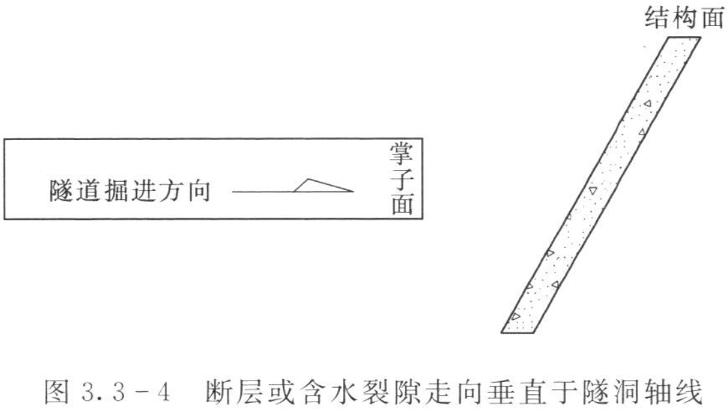

图 3.3-4　断层或含水裂隙走向垂直于隧洞轴线

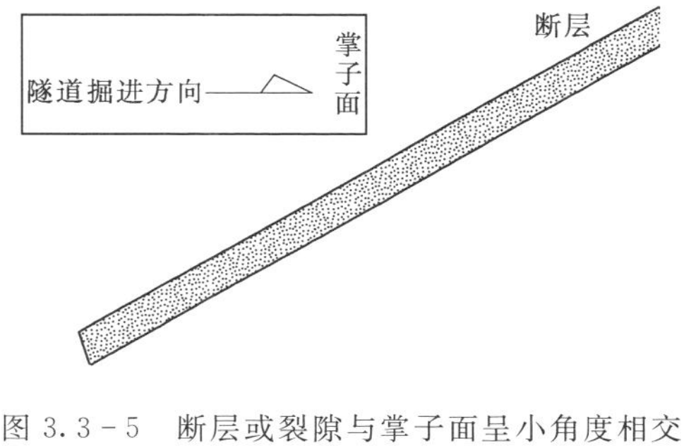

图 3.3-5　断层或裂隙与掌子面呈小角度相交

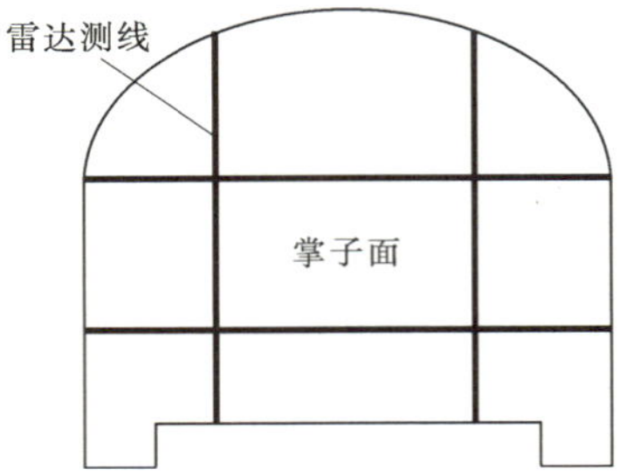

图 3.3-6 “井”字形观测系统

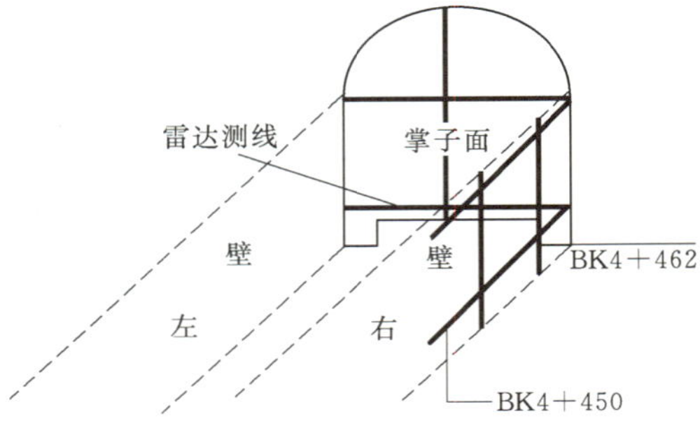

图 3.3-7 边墙上的“井”字形观测系统

前钻孔进行孔内雷达测试，其孔数及孔深需现场确定。为了防止孔内出现较大的水流压力导致雷达天线不能放入孔内，原则上钻孔不能直接打在富水带上。超前钻孔不宜同时存在于一条直线上，目的是为查明构造的产状，同时也保证了分辨率。

（2）岩溶及岩溶管道探测。对岩溶的探测，应根据现场的地质情况，初步推断岩溶的规模及位置，再在掌子面上布置不少于 4 条测线进行测试，每条测线需尽量穿越溶洞两侧；对岩溶管道的探测，可以参照断层的探测模式。

（3）破碎带或裂隙密集带探测。对破碎带及裂隙密集带的探测，主要是为了探测在掌子面前方的位置与规模，一般采用Π字形观测就能够满足预报要求。

3.3.3.4 不同不良地质缺陷的图像特征

（1）完整岩体的雷达图像。当岩体完整时，基本不存在电磁波反射界面、地质雷达反射波反射能量很弱或基本不发生反射，在雷达记录剖面上波形均一、振幅、波长基本一致，同相轴连续。如图 3.3-8 所示。

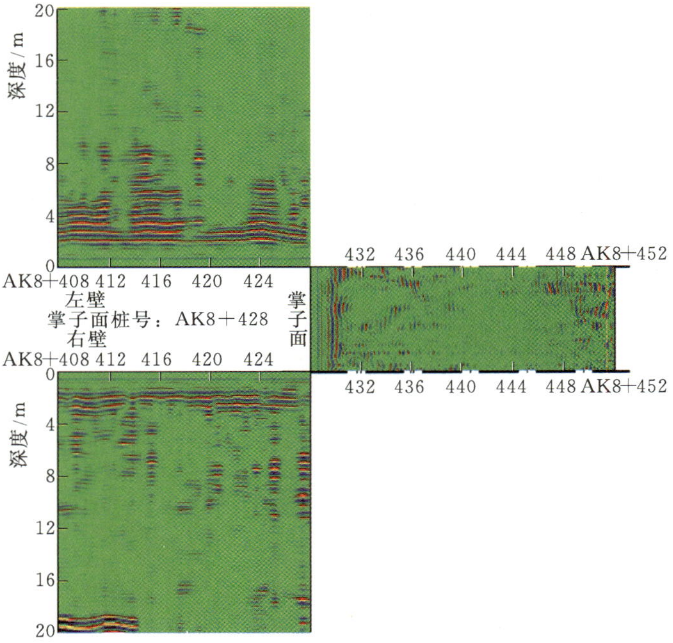

图 3.3-8 完整岩体的雷达图像

(2) 断层的雷达图像。在断层附近，岩体裂隙增多、岩体破碎、地下水发育，所以在完整岩体与断层面接触面上，电磁波反射波能量强、反射振幅增大，如图 3.3-9 所示。当断层走向垂直于洞轴线时，反射波同相轴一般连续，与完整岩石的差别在于振幅、波长的不同；当断层走向平行洞轴线时，在断层带上的雷达记录道次将形成频率低、反射能量强的雷达记录，而在其他道次的雷达记录与完整岩石的雷达记录一样。

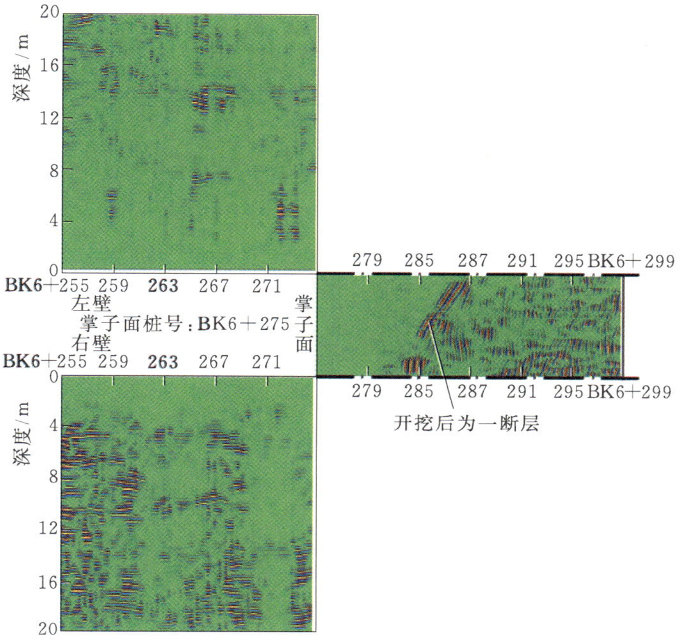

图 3.3-9　断层及破碎带的雷达图像

(3) 破碎带的雷达图像。破碎带常常是由于断层或裂隙的发育而引起的，因此，在雷达记录剖面上除了具有断层的波形特征外，常常还会形成频率低、反射能量强、波形杂乱的波形特征。因此，根据雷达记录剖面上的波形特征及地质分析，就可判断完整岩石的界面及破碎带的厚度。

(4) 裂隙密集及含水裂隙的雷达图像。裂隙密集地区主要存在于地质构造附近。由于裂隙内经常被其他物质所充填，与周边围岩就形成了物性差异。当裂隙垂直于洞轴线时，其雷达记录与断层有相似的特征；当裂隙平行于洞轴线或不规则发育时，反射波能量发生变化、频率降低，反射波同相轴连续性变差，雷达图像又具有破碎带的特征。而含水裂隙由于在裂隙界面上存在较大的波阻抗差异，常常形成反射能量很强，频率很高的雷达记录，如图 3.3-10 所示。

(5) 岩溶及岩溶管道雷达图像。岩溶的发育必须具备两个条件，一是可溶性岩石；二是有地表水的渗漏和地下水的流通通道。对岩溶及岩溶管道的探测归根到底是对断层及裂隙密集带的探测，岩溶及岩溶管道除了具备断层及裂隙密集带的雷达图像特征外，电磁波在岩溶壁上还会产生强烈的反射，形成振幅较强的弧形反射波；当部分充填岩石碎块时，与破碎区相似，表现为振幅增强、波形杂乱；当部分充填黏土时，由于黏土对电磁波的强

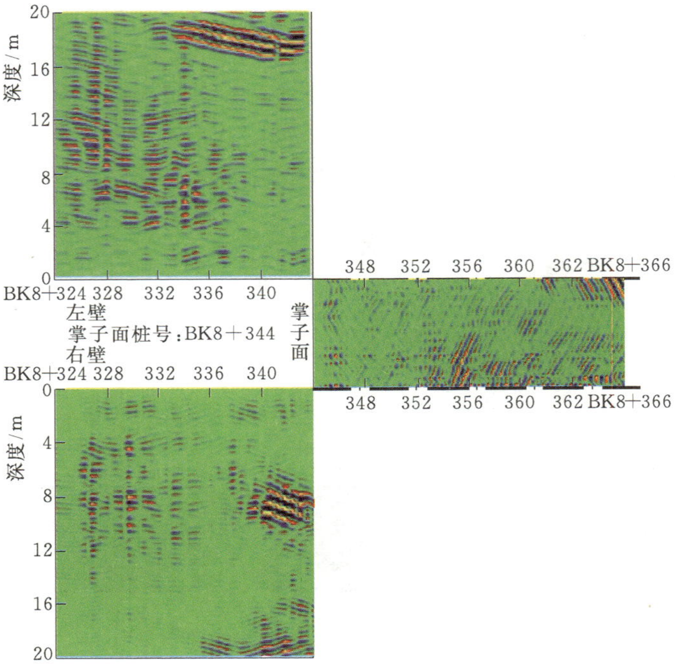

图 3.3-10　裂隙密集带的雷达图像

吸收，表现为局部反射波振幅减弱或消失，如图 3.3-11 所示。

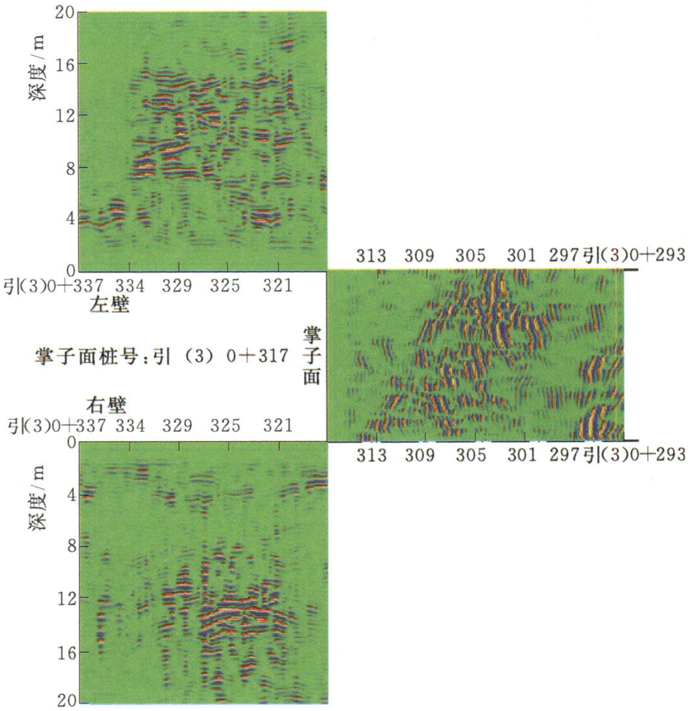

图 3.3-11　溶洞的雷达图像

3.3.3.5 同向轴与地质体的空间关系

（1）陡立正交结构面。当结构面陡立且与隧洞轴线正交进行掌子面雷达测试时，如图 3.3-12 所示，测线水平布置，其雷达记录剖面同相轴的连接线为一水平直线（即不同测点的反射点深度相同），同相轴的连线即为结构面的走向，反射点的深度即为掌子面到结构面的距离；进行钻孔雷达测试时（图 3.3-13），其雷达同相轴的连接线为 V 字形结构。V 字形的点顶即为钻孔与结构面的交点，V 字形的两翼与水平方向的夹角为 45°。结构面距隧洞的距离 l 满足下列公式：

$$l=l_1+r \tag{3.3-8}$$

式中 l_1 为掌子面距发射点的距离；r 为发射点距结构面的距离；当发射点在结构面后方时，r 为"+"，当发射点在结构面前方时，r 为"-"。

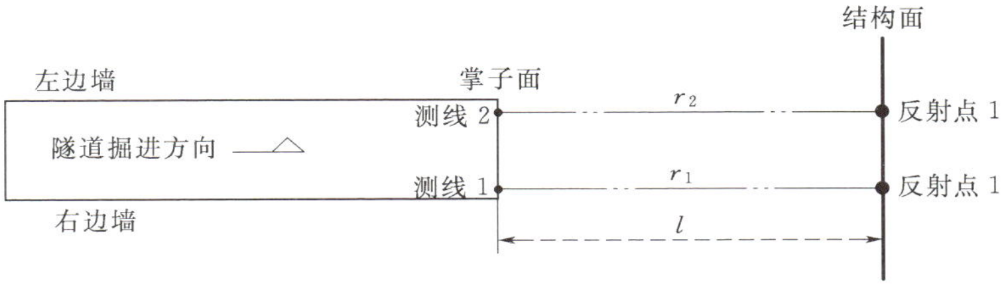

图 3.3-12 陡立正交结构面的掌子面雷达探测

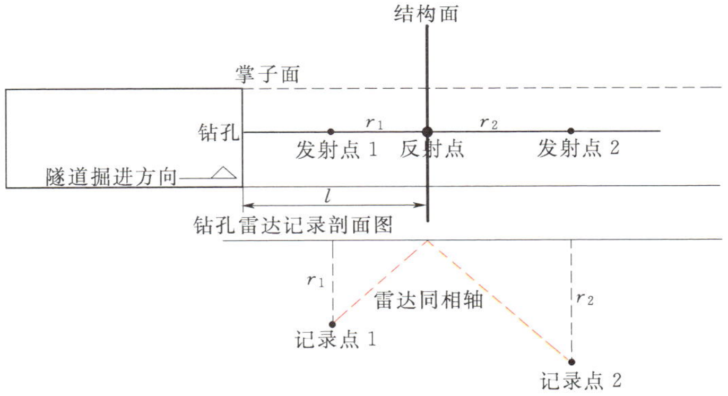

图 3.3-13 陡立正交结构面的钻孔雷达探测

（2）倾斜正交结构面。当结构面倾斜且与隧洞正交进行掌子面雷达测试时，测线在掌子面上水平布置，同一测线上不同测点对应的反射点深度相同，其同相轴的连接线仍为结构面的走向；当测线在掌子面上垂直布置时（图 3.3-14），雷达同相轴的连接线为一倾斜直线，其夹角 β 与结构面的倾角 α 存在以下关系：

$$\alpha=\arccos(\cot\beta)=\arccos\left(\frac{r_2-r_1}{R}\right) \tag{3.3-9}$$

式中 r_2 为测点 2 距结构面的距离；r_1 为测点 1 距结构面的距离，其中 $r_2>r_1$；R 为测点 1、2 的垂直距离。

进行钻孔雷达测试时（图 3.3-15），雷达同相轴的连接线仍为 V 字形结构。V 字形

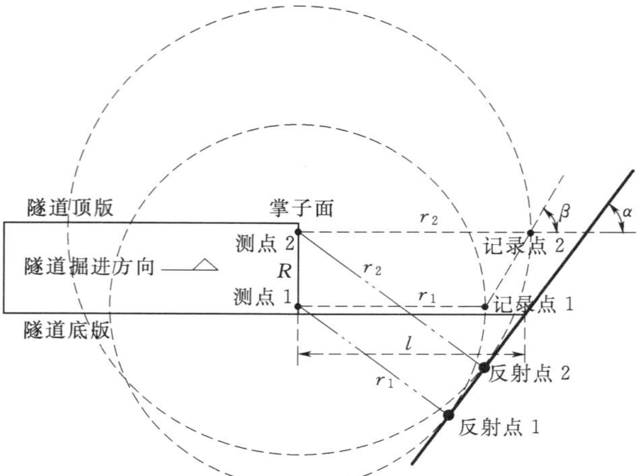

图 3.3－14　倾斜正交结构面的掌子面雷达记录

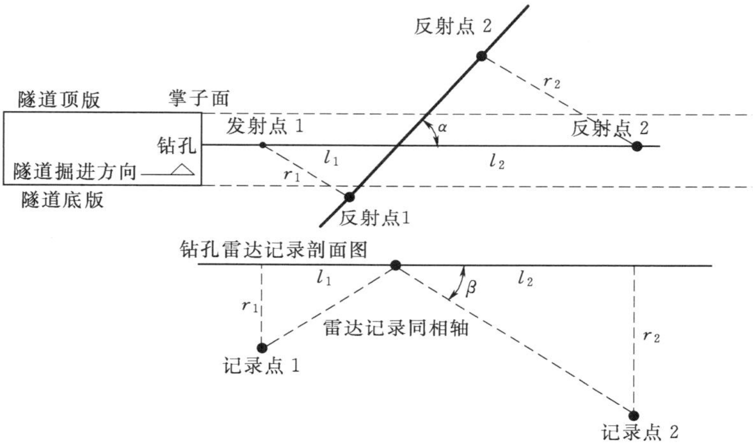

图 3.3－15　倾斜正交结构面的钻孔雷达记录

的点顶同样为钻孔与结构面的交点，V 字形的两翼与水平方向的夹角不再是 45°，其夹角 β 与结构面的倾角 α 满足：

$$\alpha=\arcsin(\tan\beta)=\arcsin\left(\frac{r}{l'}\right) \tag{3.3-10}$$

式中　r 为发射点距结构面的距离（雷达反射点深度）；l' 为结构面与钻孔的交点距发射点的距离。

（3）陡立缓交结构面。当结构面陡立且与隧洞缓交，在进行掌子面雷达测试时（图 3.3－16），当测线在边墙上水平布置时，雷达同相轴的连接线为一倾斜直线，其倾角 β 与结构面与隧洞的夹角 α 存在以下关系：

$$\alpha=\arcsin(\tan\beta)=\arcsin\left(\frac{r_2-r_1}{R}\right) \tag{3.3-11}$$

式中　r_1 为测点 1 距结构面的距离；r_2 为测点 2 距结构面的距离；R 为测点 1、2 的水平距离。

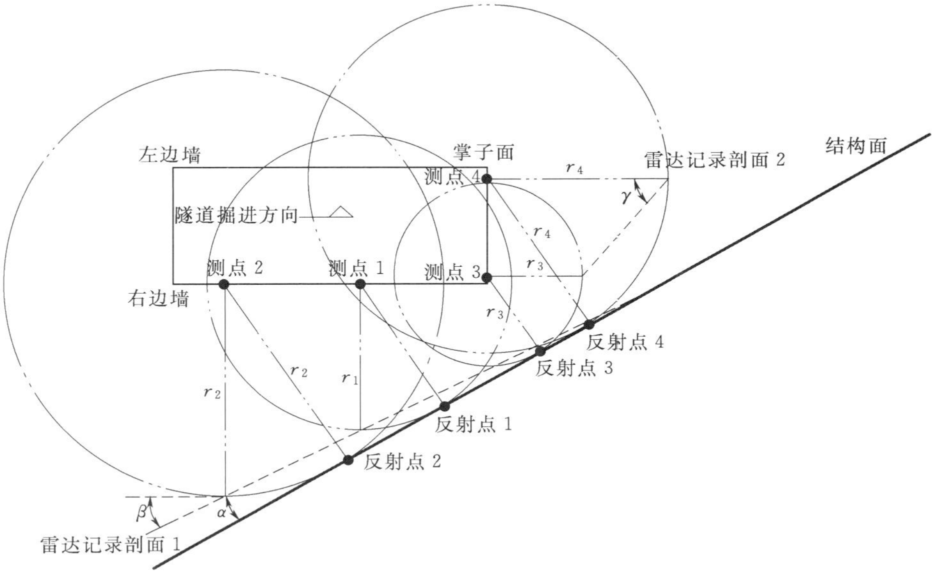

图 3.3-16 陡立缓交结构面的掌子面雷达测试及雷达记录

当测线在掌子面上水平布置时，雷达同相轴的连接线与倾斜正交结构面的雷达图像相似，都满足：$\alpha=\arccos(\cot\gamma)=\arccos\left(\frac{r_4-r_3}{R}\right)$，但其参数的意义不一样。在倾斜正交结构面中，$\alpha$ 为结构面的倾角，R 为两测点的垂直距离；而在陡立缓交结构面中，α 为结构面与隧洞轴线的夹角，R 为两测点的水平距离。当测线在掌子面上垂直布置时，其雷达同相轴为一水平直线。

在进行钻孔雷达测试时，其雷达图像与倾斜正交结构面雷达图像相似，同样满足上述关系，只是其参数的意义不一样。

(4) 倾斜缓交结构面。倾斜缓交结构面，需要在掌子面上和边墙上不同位置布置多条测线，其对施工影响较大，为了适应快速掘进的要求，在实际工作中，都未对该种结构面进行详细的探测，在此不进行详细论述。

(5) 孤立体。孤立体的探测主要包括岩溶管道及岩溶空腔（溶洞）探测。根据多年的工作经验，岩溶管道或岩溶空腔的发育常常是由于较大结构面引起的。因此，对上述孤立体的探测归根结底就是对不同结构面的探测。同时，不同的孤立体有特定的雷达图像特征，如岩溶管道的雷达同相轴的连接线是一条直线，而岩溶空腔的雷达图像常常是具有一定幅度的双曲线。

3.3.4 三维空间定位

3.3.4.1 结构面空间定位

上节讨论了雷达同相轴与地质体的空间关系，是在假设知道结构面的走向的情况下来讨论雷达同相轴。反之，如果是在只知道一条雷达同相轴的情况下，上述关系则不成立。但根据雷达发射原理，雷达探测的反射点永远垂直结构面，雷达探测反射点的位置与探测目标结构面的产状有关，根据空间几何理论，至少3条雷达测线追踪到同一结构面后，才能准确定位结构面的空间位置，确定结构面的产状，因此在分析雷达同相轴时，要考虑目标结构面的空间位置，用结构面方程求解程序计算结构面的产状，而不能简单地把一切目标结构面当作陡立结构面解释，否则必然会造成很大的误差或失误。

3.3.4.2 孤立体的空间定位

对于孤立体，在与雷达入射波垂直的法平面上会产生雷达反射波，由于雷达波发射缺乏定向性，因此雷达反射点也无法定位。同样，根据空间几何理论，目标体至少需要在3条测线上被同时识别，才能确定其空间位置。因此准确识别与判断雷达发射目标体，利用空间三点交会法确定空间位置，是实现准确预报的前提条件。

3.3.5 资料分析与判释

各种地球物理方法在野外采集得到的原始数据，需要经过数据处理，得到有助于解释的数据或图像。原始资料中既包含有用信息，也包含各种噪声，某些情况下有用信息可能被噪声掩盖。数据处理的目的是压制噪声，增强信号，提高信噪比，以便从数据中提取有用的特征信息，如速度、振幅、相位、电阻率、极化率等，帮助解释人员对资料进行地质解释。地质雷达的数据处理流程一般可分三部分。第一部分数据编辑：包括数据的连接与合并、废道的剔除、数据观测方向的一致化、飘移处理等几方面；第二部分常规处理：数字滤波、振幅处理、反褶积和偏移等；第三部分包括剖面的修饰的相干加强，以及数字图像处理技术中的一些图像分割方法等。

地质雷达测量的目的是进行地质解释，要把地下介质复杂的电磁特性分布情况转化为地质体的分布，必须把地质、钻探及其他勘探资料有机地结合起来，建立各地层的反射波组特征，识别反射波同相性、相似性与波形特征等，这些特征往往不是孤立的，有时几种特征同时存在，有些特征表现得更为突出。因此，需要建立测区的地质—地球物理模型，去伪存真，获得更为准确的地下地质信息。

3.4 TRT地震反射层析成像技术

3.4.1 探测方法

不同类型的岩土，波在其中传播具有不同的速度：地震波在完整坚硬岩体中传播速度高，在软弱裂隙发育的岩体（如空洞、破碎或风化岩、土）中传播速度低且波的衰减大。速度层析成像反映在地震波发射源与接收传感器间岩土体速度及其变化，衰减层析成像反映探测区域内地震波的相对衰减率。造成地震波速度及地震波衰减的变化因素包括：不同种类的岩土体具有不同的物性和地震波传播特性，如岩土体中应力状态、裂隙延伸、饱水状态及土的压实度的变化等。在破碎带、断层或空洞等地质体中，地震波传播速度可能较低；由于地震波绕过异常体而使传播距离增加，地震波衰减明显增大。地震波在较硬、强度较高的岩石中传播的速度比在较软、强度较低或固结程度较低的岩石中的传播速度高。

TRT采用在掌子面背后一定距离隧洞周边安设成组的三维接收传感器，传感器的布置视隧洞几何形态和 TRT 数据采集系统基本形式预先确定。按预定形式在岩石表面安设 10 个以上带前置放大功能的加速度传感器，由地震源发射的信号及隧洞掌子面前方界面反射回来的信号采用标准 24 道地震仪采集，直达波及隧洞掌子面前方异常体边界反射回来的反射波由接收传感器接收。数据采集后，在地震仪顶部计算机进行数据传输和处理，完成隧洞掌子面前方地质情况的三维反射层析成像。随着隧洞施工掌子面的前移，重复前述传感器安设和数据采集。

3.4.2 系统组成

TRT6000 系统主要由主机、基站、无线模块、传感器、触发器 5 部分构成。

（1）主机。TRT6000 主机为一台便携式笔记本电脑，主要用于显示采集的地震波信号，分析数据。

（2）基站。用于向无线模块发送采集指令，接收无线模块发送的地震波信号数据，并向主机传输（图 3.4-1）。

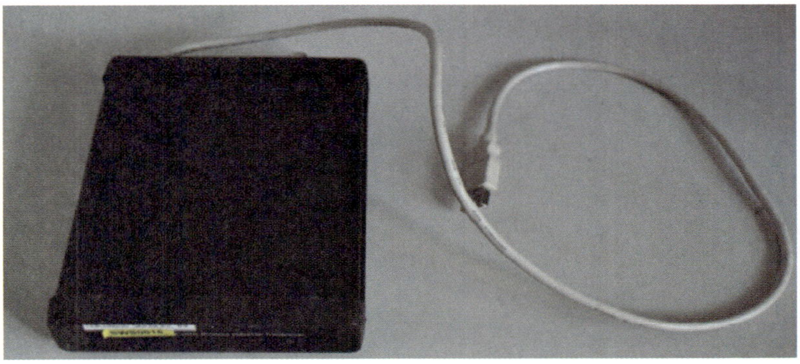

图 3.4-1　TRT 基站

（3）无线模块。数据传输采用无线模块与主机之间进行无线传输。无线模块与传感器之间用大约 3m 长的抗信号干扰的数据线连接，这样用过接收器就可以将无线模块收集到的地震波信号数据及时的传回基站，如图 3.4-2 所示。

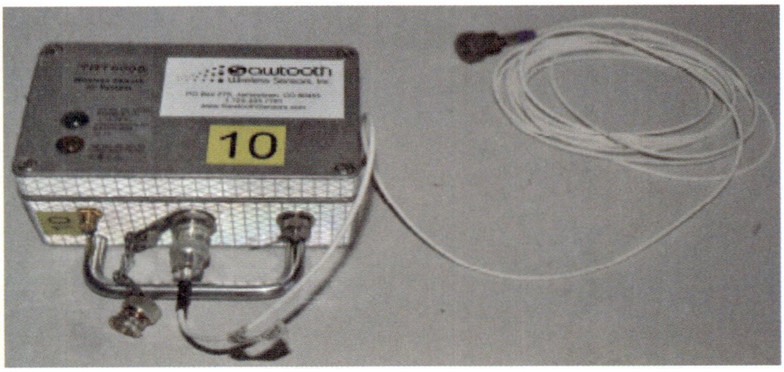

图 3.4-2　TRT 无线模块

（4）传感器（10 个）。TRT 6000 采用高精度的传感器，灵敏度高，最大限度地保留高频信号，提高了精度及探测距离（硬质岩中为 300m，软质岩中为 150m），如图 3.4－3 所示。

图 3.4－3　TRT 加速度检波器

（5）触发器。触发器通过采用回路触发方式来触发基站发送的采集指令。通过榔头锤击震源点发出地震波，将触发器连接在靠近榔头的位置，通过榔头锤击的震动，触发器被触发，主机就开始收集反射回来的地震波（图 3.4－4）。

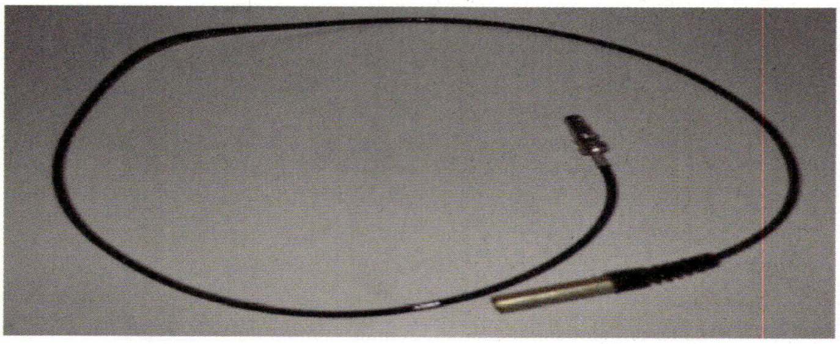

图 3.4－4　TRT 触发器

3.4.3　观测系统

TRT 系统一般布置 12 个震源点和 10 个传感器点，震源点布置在接近掌子面的左右边墙上，分两排布置，两排间隔为 2m，传感器点布置在离震源点 10～20m 的隧洞两边墙及拱顶上，分四排布置，每排相隔 5m。具体布置如图 3.4－5 所示。

TRT 当中的 10 个高灵敏度传感器为加速度传感器，其采用频率带宽为 10～8000Hz；灵敏度：1V/g。现场测试时呈三维空间分布与隧洞各个壁上，传感器方向要朝向隧洞开挖方向，用速凝剂稳固在隧洞壁上。

3.4.4　数据采集

数据采集之前，按图 3.4－5 所示选择、标记震源点，并用全站仪测量这些点的大地坐标和掌子面中心点及最后一个传感器位置横断面上中心点的坐标。传感器采用表面耦合的方式，与无线模块连接，采集的数据通过无线模块记录并数字化后传输至基站。地震波的采集过程为：在震源点上锤击，人工激发地震波，绑在锤上的触发器触发基站给所有无

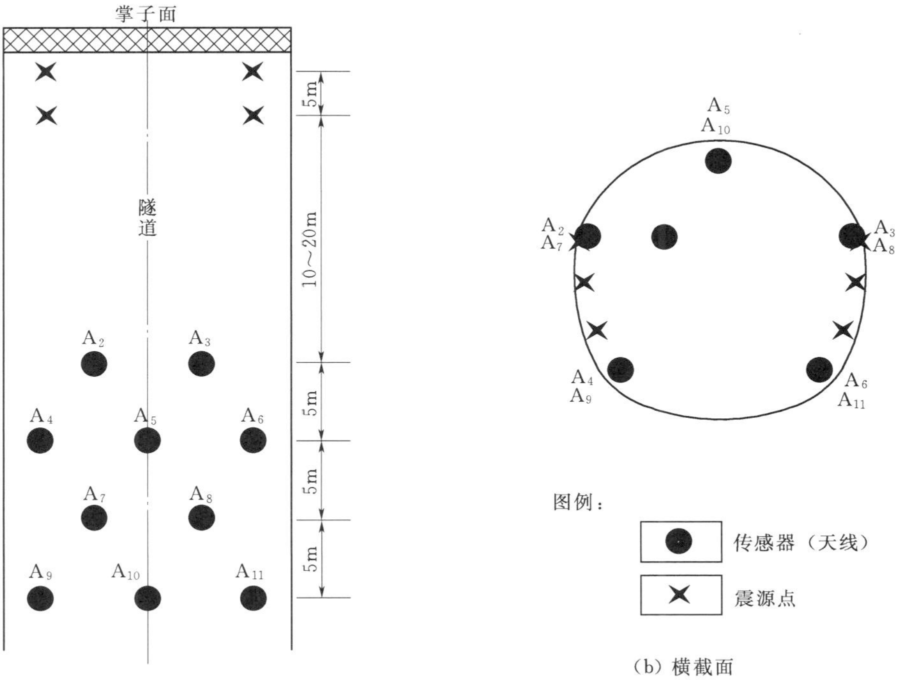

（a）俯瞰图　　（b）横截面

图 3.4-5　TRT 观测系统震源点、传感器布置图

线模块同时下达采集数据的指令，无线模块采集、记录地震波信号后发送至基站，同时显示在主机的采集软件界面中。图 3.4-6 为 TRT6000 无线超前预报系统连接示意图。

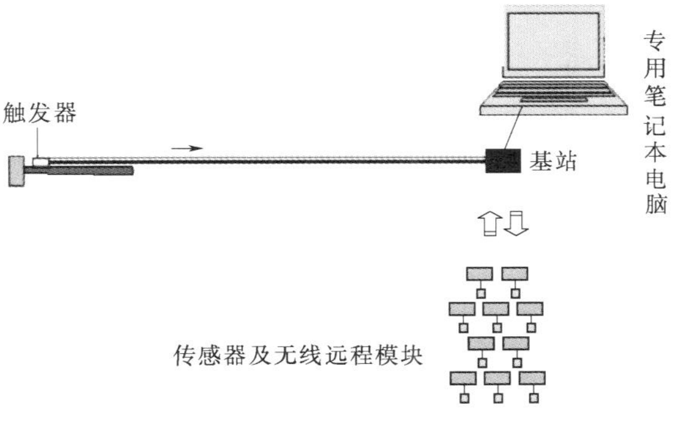

图 3.4-6　TRT6000 无线超前预报系统连接示意图

3.4.5　数据处理

（1）处理原理。反射体的空间位置采用给定的限定一个三维空间椭球体的两通道传播时间来定位。由于数量足够的地震发射源和接收传感器构成三维排列，因此每一边界地震反射波可确定成一个曲面，在该曲面上，对发射源和接收传感器，多数椭球体交切。因

此，理论上可对岩土体检定中的每一格点的反射或散射作用进行重现。就一个单独的反射或散射异常体影像，包含所有地震发射源和接收传感器的岩石场地的选择块体内的每一三维网格点均需计算。对网格中每一格点处的影像，采用叠加所有地震波来计算离散体，每一波形相应变换为由经该格点的发射源到接收传感器的总距离。对勘察块体的离散体，变换采用确定的速度模块来计算。采用这种方法，最终影像类似于全息重构。当反射由弱岩到硬岩时，计算值为正，否则为负。调整格点间距可提高影像的分辨率，记录地震波的最短波长决定分辨率的高低，控制影像范围的块体的维数与成像的期望分辨率成反比关系，这取决于控制 TRT 在预定块体内生成影像所需时间。

（2）处理步骤。TRT 数据处理主要包括以下步骤：

1）下载地震波数据和震源、传感器的位置坐标；

2）设定地层成像区域和最佳精度；

3）进行初至拾取，获取直达波的波速，建立波速模型；

4）设定滤波器；

5）进行反演计算。

3.4.6 资料分析与判译

TRT 处理成果的解释遵循下述准则：

1）异常体的结构，反射体越多，越离散，则岩体完整性越差，极性空间中变化越频繁和杂乱，岩体越破碎；

2）地震波反射出现错断或局部消逝为断层；

3）低阻呈现集中且边界明显可能围岩溶；

4）低阻在空间中连通性强且集中，可能为富水区。

3.5 BEAM 探测技术

3.5.1 探测方法

BEAM（Bore - Tunneling Electrical Ahead Monitoring）测试技术是通过对岩层视电阻率进行测试来探知岩石质量、空洞和水体的一种物探技术。

地下岩体在人工电场作用下会发生复杂的电化学过程，并形成一个随时间增加而增长的极化电场，它叠加在人工电场以及由于岩体电性差异而产生的异常电场之上。习惯上把人工电场以及因岩体电性差异而产生的电场称为一次场，而把极化电场称为二次场，它们的叠加称为总场。总场经数分钟后趋于饱和，如果切断电源，一次场随即消失，但二次场仍然存在，并随时间增加而逐渐衰减，几十秒至几分钟后衰减至零，这种现象称为激发极化效应。常规电法勘探中的激发极化法就是通过研究激发极化电场的分布以达到找矿、找水或解决其他地质问题的一种物探方法。早期的激发极化法应用主要以直流激电法为主，但是由于直流激电法断电后的二次场易受外界电磁干扰，激电法后来的发展以交流激发极化法为主，BEAM 测试系统就是以交流激发极化为理论基础的一种全新电法勘探技术[25]。

3.5.2 观测系统

3.5.2.1 BEAM 系统安装在 TBM 上

BEAM 系统主要在以 TBM 掘进的隧洞中使用，国外已经有很多的应用实例，包括意大利的 Ginori 隧洞、Prisnig 隧洞、西班牙的 Guadartama - North - Tunnel、Metro Barcelona linia 9、德国 Nurem berg - Ingolstandt 铁路隧洞等，图 3.5 - 1 是 BEAM 系统在 TBM 机上工作示意图。

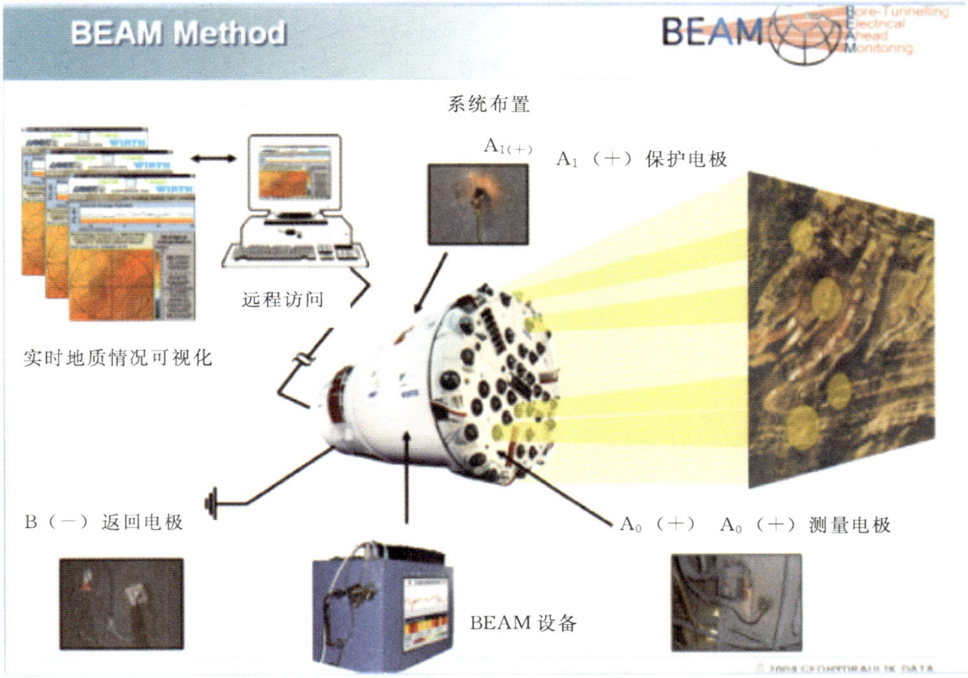

图 3.5 - 1 BEAM 系统在 TBM 机上工作示意图

3.5.2.2 BEAM 系统安装在多臂钻上

BEAM 系统在国外钻爆法施工隧洞也有广泛的应用，如瑞士的 Gotthard Base Tunnel、Lotschberg Base Tunnelden 等，我国在四川锦屏二级水电站辅助洞和沪蓉国道垫江至邻水铜锣山隧洞中得到了应用，取得了较好的地质效果。图 3.5 - 2 是 BEAM 系统在钻爆法施工隧洞中工作示意图。

3.5.3 数据采集

BEAM 是专门用于隧洞超前预报的一种手段，与常规地面电法相比，BEAM 利用了同性电极相排斥的原理，使用同极（正极 A_1、A_0）环型电极供电，无穷远作负极（B 极），从而形成流向掌子面前方、类似聚光效应的聚集电流场，以便有效、精确测量掌子面前方一定范围的岩石的电性变化（图 3.5 - 3）。

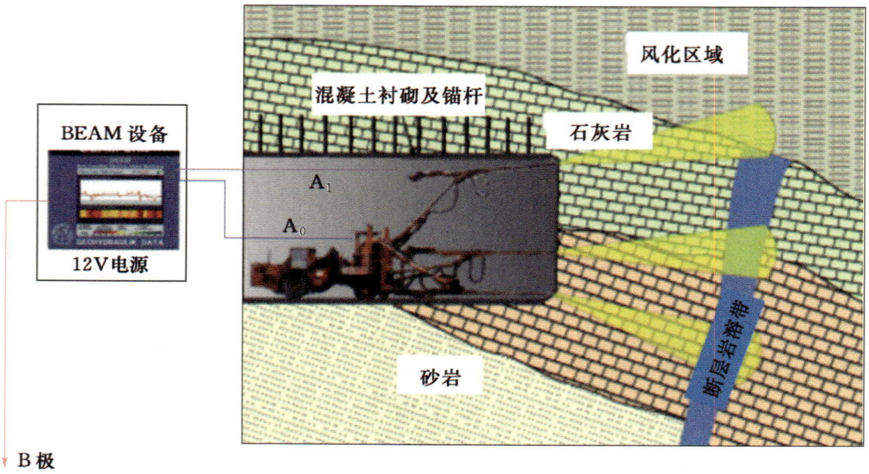

图3.5-2 BEAM系统在钻爆法施工隧洞中工作示意图

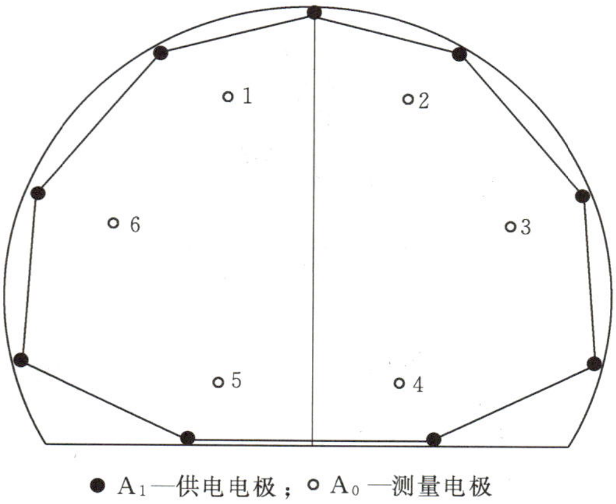

图3.5-3 供电电极 A_1 及测量电极 A_0 布置图

在掌子面四周或离掌子面5m处布置一圈 A_1 极发射互斥的电流，环型供电电极不少于9支，等间距布置在掌子面外沿，打孔安置并注少量水耦合；测量电极（A_0 极）也按环型布置，共6支，半径小于供电环1m左右（A_1、A_0 布在同一个掌子面时）；离掌子面300～600m远处布置一根负极（即B极）作为无穷远极，与 A_1、A_0 极构成回路。该环型电极接入一个组合控制开关，由BEAM仪器按一定的程序进行控制测量，从而得到一组与该掌子面前方一定范围内的电阻率和极化率数值空间分布情况，供电电流采用多频方式供电，测量不同频率下的观测数据。

3.5.4 反演技术

BEAM系统供电提供了两个频率的电流分别是 f_1 和 f_2；测量之后通过下列公式计算视电阻率 $R(\Omega \cdot m)$ 和频率效应百分比 $PFE(\%)$：

$$R_{f1}=\frac{U_1}{I_1} \tag{3.5-1}$$

$$R_{f2}=\frac{U_2}{I_2} \tag{3.5-2}$$

$$PFE=\frac{R_{f1}-R_{f2}}{R_{f1}}\times 100\% \tag{3.5-3}$$

岩体含水量多少及空洞的存在会影响岩体视电阻率值和极化率的高低，而 *PFE* 值代表极化信息，因此，实时测量掌子面前方岩体的 *PFE* 值及 *R* 值，进行综合分析，从而了解掌子面前方的水文地质情况，判断前方的岩体类型和含水情况，而不同的工区由于地质条件的差异，针对同一类型的地质体常常有着不同的 *PFE* 值及 *R* 值，因此，在进行 BEAM 预报时，需要有针对性地进行试验，总结出适合该工区的岩体类型和含水情况与 *PFE* 及 *R* 值的关系图。

3.5.5 资料分析

上节中提到在进行 BEAM 预报时，需要有针对性地进行试验，总结出适合该工区的岩体类型和含水情况与 *PFE* 及 *R* 值的关系图。图 3.5-4 是德国 GD 公司通过大量实验给出岩体类型和含水情况与 *PFE* 及电阻率对应关系，通过定义 *PFE*（Percentage Frequency Effect）频率效应百分比这种与岩体储存电能的能力相关的岩石学特性，以 *PFE* 对各种不同种类不同质量岩体以及孔隙、断层、水体、空洞的测试数据为依据制定出针对具体工程的解译指南，综合电阻率的值解译能够对隧洞前方 3～5 倍洞径内的岩体质量、不良地质体进行预测。

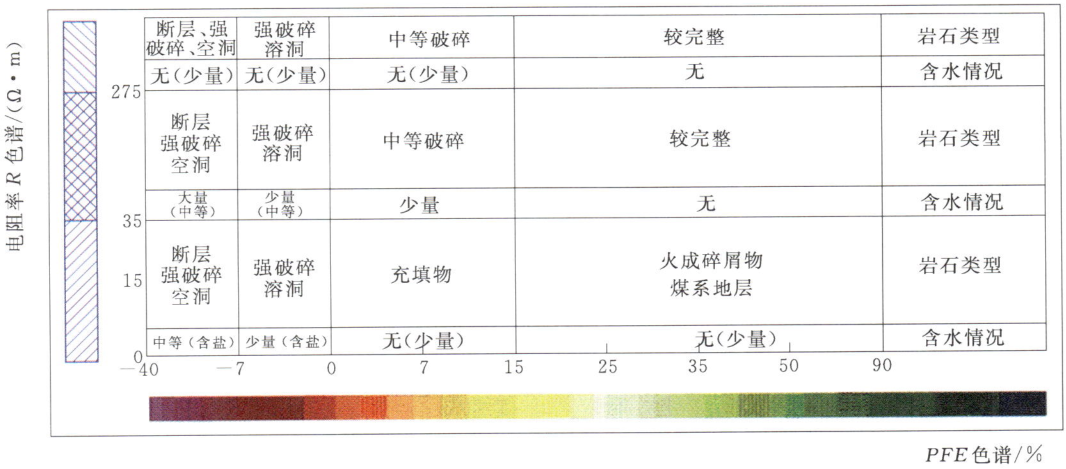

图 3.5-4 岩体类型和含水情况与 *PFE* 及电阻率关系

3.6 岩体温度法测试（红外线探测）

3.6.1 基本原理

地下岩体或水体由于分子振动，每时每刻都由内向外发射红外波段的电磁波，从而形成红外辐射场。地质体内的地质信息以场变化的形式传播出来。当隧洞外围介质正常时，所探测的场为正常场，其物理意义在于隧洞外围没有灾害源；当掘进断面前方或隧洞外围任一空间存在含水构造时，含水构造自身产生的红外场就要产生叠加，使正常场产生畸变，探测曲线上的畸变段称作异常场，其物理意义在于隧洞外围存在灾害源。灾害源是指隐蔽的含水体或含水构造，灾害场是指灾害实体所形成的红外辐射异常场。灾害源与灾害场是同时存在的，有灾害源必有灾害场，有灾害场也必有灾害源。对地下工程而言，灾害源即灾害实体是隐蔽的，肉眼无法触及，而与之对应的灾害场虽然也是隐蔽的，但可通过红外探测仪把它探测出来。由于灾害场在介质中传播的范围远远大于灾害实体，即“场”远远大于“源”，因而在安全距离之外，利用红外探测仪可提前发现灾害场，继而发现灾害源的存在，在施工中可提前采取防范措施，避免地质灾害的发生。

3.6.2 探测方法

全空间全方位探测地下水体时，首先在当前开挖掌子面上布置 3～4 条测线，每条布置 3～5 个测点；其次需在顶拱、左右拱腰、左右边墙、隧底位置沿隧洞轴向布置 7 条测线，测点间距应小于 5m，发现异常时，可加密点距；测线应自当前开挖掌子面往洞口方向布置，长度通常为 60m，不得小于 50m。

3.6.3 能解决的问题

红外探测是根据红外辐射原理，通过接收和分析红外辐射信号进行超前地质预报。适用于定性判断探测点前方有无水体存在及其方位。

3.6.4 主要优缺点

（1）主要优点：探测快速、基本不占用施工时间，探测距离在 20～30m 左右；资料分析快，探测完毕，即可得出初步结论，室内整理及编写报告也可在 2h 内完成；可对隧洞的左右壁、顶底探测，以利对隐伏水体及时加固。

（2）主要缺点：对水量、水压等重要参数无法预测；隧洞的施工活动及地下水活动等对探测成果都会产生较大干扰（洞内积水、渗流水、通风、灯光、台车、钢纤维喷护等）。

3.6.5 资料分析

（1）通过对比分析掌子面各测点的场强，判定掘进掌子面是否存在含水构造体。当掌子面上测点中最大场强和最小场强的能量差大约或等于 $10\mu W/cm^2$，可判定掌子面前方存在含水构造体，否则不存在含水构造。

（2）通过建立各测点的场强（y 轴）与测点到掘进掌子面的距离（x 轴）的函数关系，并绘制出函数图形，根据函数图形特征进行超前探水预报。

1）如果 5 条测线的函数曲线图形均为近似水平直线，表明掌子面前方不存在含水构造。

2）如果 5 条测线的函数曲线图形离掌子面越近，均统一上升或统一下降，表明掌子面前方存在具有含水构造的可能性。

3.6.6 应用与效果

2009 年在贵广高速铁路高兴隧洞进行预报时，为探明当时的掌子面 DK208＋210 里程前方 30m 范围内的岩层含水情况，实施了红外探水探测。

（1）在掌子面上布置四条测线（图 3.6－1）（每条测线上均匀布置 5 个测点，从左至右、从上到下）20 个测点的红外辐射场强数值（表 3.6－1），可知其最小值为 334$\mu W/cm^2$，最大值为 342$\mu W/cm^2$，差值为 7$\mu W/cm^2$，小于允许的安全值 10$\mu W/cm^2$。

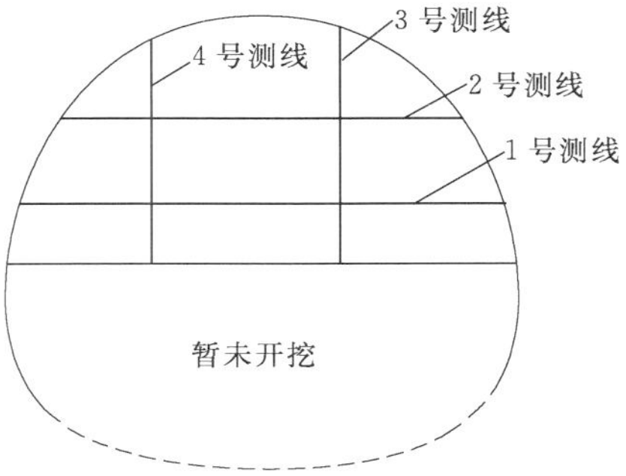

图 3.6－1　红外探测掌子面测线布置图

表 3.6－1　贵广铁路高兴隧洞 DK208＋210 掌子面红外探测记录表　单位：$\mu W/cm^2$

测线编号	1 号测点	2 号测点	3 号测点	4 号测点	5 号测点
1 号测线	334	340	340	341	341
2 号测线	342	341	340	338	338
3 号测线	339	337	339	337	338
4 号测线	338	339	338	336	336

（2）根据现场所测左边墙脚、左边墙、拱顶、右边墙、右边墙脚的辐射场强值（表 3.6－2）（从掌子面往已开挖段每隔 5m 布置一个测点），绘制曲线如图 3.6－2 所示。可以看出：往掌子面方向，靠近掌子面附近红外辐射场强值曲线无明显变化。

表 3.6－2　贵广铁路高兴隧洞 DK208＋210 掌子面沿隧洞走向红外探测数据记录表

单位：$\mu W/cm^2$

序号	左边墙脚	左边墙	顶拱	右边墙	右边墙脚
1	340	339	340	339	339
2	342	337	339	337	340
3	342	339	340	337	339
4	342	338	339	338	338
5	340	341	341	341	339
6	338	342	338	342	338
7	339	343	340	343	337
8	337	342	337	342	338
9	337	340	337	340	339
10	341	339	336	339	337

根据上述两种判别方法，结合已开挖揭示的围岩情况，可以判定 DK208＋210～＋240段不存在大规模含水体，但存在裂隙水，主要以渗、滴为主。

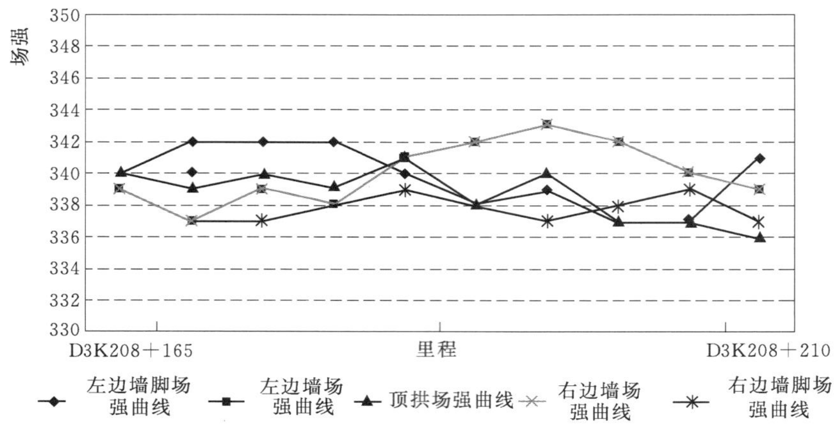

图 3.6-2　红外探测沿洞轴线探测辐射场强曲线图

3.7　超前水平钻探

3.7.1　探测方法

超前水平钻探法、即平行隧洞中心施作钻孔，通过该钻孔揭露的地质情况来获取掌子面前方的地层岩性、构造、地下水、岩溶洞穴充填物及其性质、岩石的可钻性、岩体完整程度等信息，还可通过岩芯试验获取岩石强度等岩体定量指标。超前水平钻探一般是在掌子面前方可能存在较大不良地质体的情况下使用，由于该方法占用施工时间较长，没有重大不良地质缺陷，不宜全线采用。

超前水平钻探根据钻探深度的不同，可分为短距离（20～30m）、中距离（50～80m）和长距离预报（>80m）。

3.7.2　工艺要求

超前水平钻孔方法是在隧洞内安放水平钻机进行水平钻进，根据隧洞中线水平方向上钻孔资料来推断隧洞前方的地质情况。钻孔的数量、角度及钻孔长度可人为设计和控制。一般可根据钻进速度的变化、钻孔取芯鉴定、钻孔冲洗液的颜色、气味、岩粉以及在钻探过程中遇到的其他情况来判断。这种方法可以反映岩体的大概情况，比较直观，施工人员可根据现场的地质情况来安排下一步的施工组织。

一般而言，在坚硬岩石中，钻进速度低；在软质岩石中，钻进速度高；在节理裂隙发育岩体和断层两侧破碎带岩体中钻进，易发生卡钻现象，钻进速度相对较低；遇到空洞时，钻进速度突然急剧加快。长距离水平钻探应采用套管跟进，取芯采用钢丝绳取样式、或反循环双套管式。钻机转速不得低于 350r/min；钻孔长度超过 20m 后需配潜孔锤。对于砂砾岩或软硬岩石错综复杂的围岩，宜采用旋转式—钢丝绳—拼合管取芯方式或采用冲击式—潜孔锤—钢丝绳取芯方式。

3.7.3 主要优缺点

（1）主要优点：①预报准确性较高，可以反映掌子面前方一定距离的地层岩性、岩体完整程度、裂隙、溶洞大小、是否含水以及水压大小；②煤系地层可进行煤气与瓦斯测定、以便加以防范措施，防止煤气与瓦斯突出；③与其余物探方法相比，它具有直观的特点，不像物探手段那样存在多解性问题，资料可信度高。

（2）主要缺点：①在复杂地质条件下预报效果较差，很难预测到正洞掌子面前方的小断层和贯穿性大节理，特别是与隧洞轴线平行的结构面，其预报无反映；②钻孔与钻孔之间的地质情况反映不出来；③速度慢，需大量占用掌子面进行工作，影响隧洞开挖进度。④其探测成果只是一孔之见，难以形成“面”的概念，需要和其他预报方法综合解释。

3.7.4 资料分析

超前水平钻孔可以根据钻进速度、冲洗液颜色、返渣颗粒、钻进速度顺畅程度等判断围岩情况，具体如下：

（1）钻进速度判定：一般情况下，硬岩钻进速度较慢，磨损较大；软岩钻进速度较快，磨损较小。

（2）冲洗液颜色判定：一般情况下灰色砂岩、灰岩冲洗液颜色为乳白色；紫红色泥岩、泥砂岩冲洗液的颜色为黄褐色，较浑浊；充填型溶洞，破碎带冲洗液的颜色为黄灰色，较浑浊。

（3）返渣颗粒形状、大小、成分判定：返渣颗粒较大、片状，说明岩石强度较低，较脆，泥质胶结；返渣颗粒较小，说明岩石较坚硬，钙质胶结。

（4）钻进速度顺畅程度判定：卡钻时岩体较破碎，一般为大裂缝或石质充填性破碎带；跳钻时一般为软岩、泥沙充填性溶洞、无充填型溶洞或充填型破碎带。

（5）水压、水量情况判定：返水量大小、压力大小可判断充水情况，返水是否均匀可判断出水通道是否通畅。

（6）注水、充气判定：可通过注水、充气判断节理裂隙发育情况。注水、充气后临近钻孔或裂缝内有出水、气泡溢出，说明节理裂隙发育，连通性好；反之则连通性差。

（7）钻进声响判断：钻进冲击器的声响可粗略判断岩体的强度变化，声音清脆响亮的，一般为硬质岩，声音沉闷而软弱的一般为软质岩或土层。

（8）岩芯或钻孔全景数字成像判断：可通过芯样及钻孔全景数字成像，直观判断围岩的节理、裂隙发育情况、围岩溶蚀溶腔发育情况等。

3.7.5 超前水平钻探的运用

2009年在贵广高速铁路岩山隧洞进行预报时，为了探明前方下穿河床段岩体的完整情况和赋水情况，在掌子面里程DK219＋465处布置了1个超前钻孔。

钻孔情况：灰色、浅灰色、灰黄色薄至中厚层强风化砂质板岩，裂隙发育，岩体破碎。钻进过程中速度不均，进尺时快时慢，孔内卡钻，垮孔现象严重。说明该探测洞段裂隙发育密集，岩体破碎，岩质软硬不均，围岩稳定性较差，孔口返水呈灰黄色，返水量明显增大，水量在 7～8L/s 左右。

结论：根据钻孔情况，结合掌子面编录及地表分析，地表为一河床，隧洞埋深较浅。桩号 DK219＋465～＋499 段岩性为薄层强风化砂质板岩，处于破碎带内，岩质软硬不均，岩体破碎，局部挤压破碎，推测开挖暴露后易加快风化速度，遇水易软化崩解，围岩稳定性较差。在开挖过程中，掌子面会发生垮塌或掉块现象，从孔口返水情况推测该洞段已进入浅埋段，地表为河床，在开挖时可能会有大量河水沿隧洞顶部及边墙往隧洞内渗出。建议做好排水准备工作，围岩级别为Ⅴ级。

该探测结果为突破地表河床段施工提供了可靠的依据。

3.8 其他探测技术

3.8.1 瞬变电磁法技术

3.8.1.1 基本原理

瞬变电磁法是利用不接地回天线向掌子面前方发射一次脉冲电磁场，在一次脉冲磁场的间歇期（断电），观测两次涡流场的方法。当发射回线中的电流突然断开时，在介质中激励二次涡流场（激发激化场），在二次涡流场的衰减过程中，早期反映浅层信息，晚期反映深部信息，研究瞬变电磁场随时间的变化规律，即可了解不同导电介质的垂向分布[26]。

瞬变电磁法的预报深度与线圈的大小、匝数有关，线圈越大，匝数越多，探测深度越大。在隧洞（洞）中预报时，一般采用 2m×2m 的方形线框，探测距离 50m 左右。如图 3.8-1 所示。

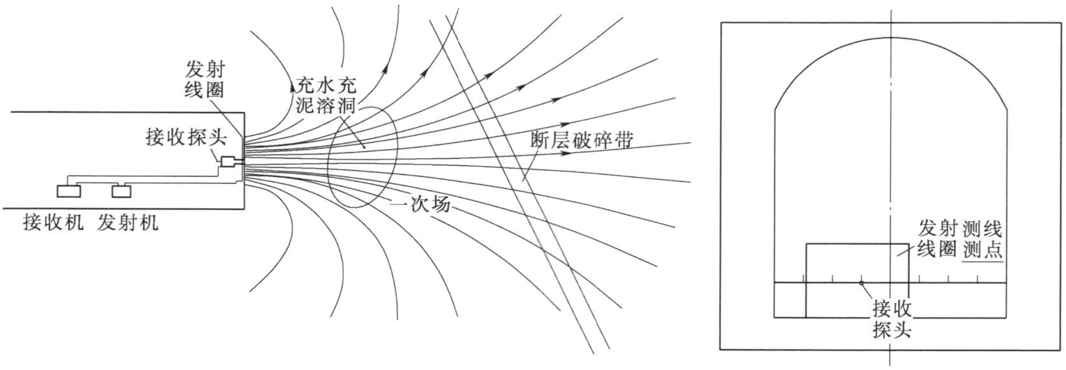

图 3.8-1　瞬变电磁法探测原理及测点布置图

由于瞬变场的强度及延迟时间是与地下地质目标体的电性、规模及产状等参数有关的，地质体的导电性越好，瞬变场的强度就越大且热损耗就越小，故衰减越慢，延迟时间越长。因此，根据瞬变场的特征，就可以判断地下地质体的电性和规模，根据剖面测量结果可推断出其赋存位置、埋深及产状等。

3.8.1.2 测试工艺

在掌子面上挂一个方形电缆发射接收天线，采用中心装置，接收用探头，发射机线圈给一个脉冲电流，由瞬变电磁仪接收，测量脉冲电流断去后，不同时刻的感应电动势值，以 $e(t)/I$ 表示，式中 I 为脉冲电流强度（以安为单位），$e(t)$ 表示脉冲电流断去（t）秒的场强，以微伏表示。

经数值处理，绘制成瞬变电磁多测道图、视电阻率断面等值线图、视纵向电导断面图、视纵向电导微分成像图。对上述各图的综合分析结合隧洞地质编录成果，即可预测掌面前方 50m 左右不良地质体的位置和规模及性质。

3.8.2 地震陆地声呐法技术

陆地声呐法全名为“陆上极小偏移距超宽带弹性波反射连续剖面法”，此法具有分辨率高、反射能量大、抗干扰能力强、现场施工简单方便等特点，能满足地下小构造及狭窄工作环境的高分辨率探测精度的要求。其特点和要点如下。

3.8.2.1 主要特点

（1）在隧洞（洞）掌子面上水平、垂直交叉布设两测线，每 0.2m 设一测点，用锤击方式激发弹性波，向掌子面前方传播，遇到大断层、大节理、岩层分界面、岩脉、含水层、溶洞等产生反射，在激震点旁设检波器，接收被测物体的反射波。通过接收仪器将各测点的时间曲线拼接成剖面图像，据图像异常点结合地质情况综合分析后，即可解释出被测物体的地质含义，并计算出它们的空间位置，如图 3.8-2 所示。

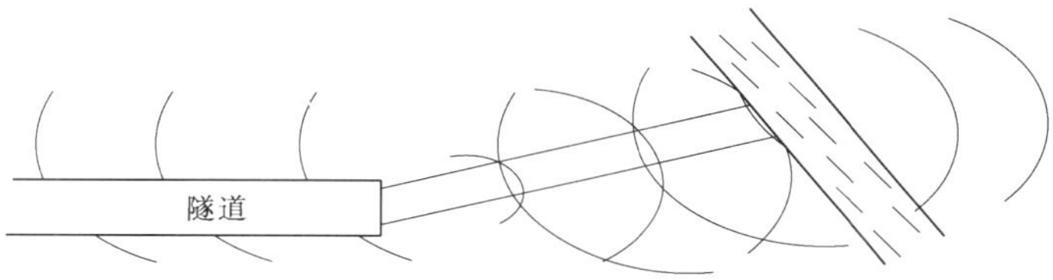

图 3.8-2　陆地声呐在掌子面上作超前地质预报示意图

（2）陆地声呐法必须紧密结合地质及地质工作，这是正确的定性解释的关键；对陆地声呐资料的处理应当和定性定量解释同步进行，资料分析中要注意频谱、相位、振幅相邻同相轴的对比；有必要引入横波的激发和反射系统。

3.8.2.2 测试工艺

地震陆地声呐法采用十字剖面测线布置，用锤击、爆炸、电火花作为震源，用工程地震仪和压电式高频检波器采集从几赫兹到几千赫兹的宽频反射波信号，用分段带通滤波方法处理提取不同频率信号，计算反射界面的空间位置，预报隧洞施工掌子面前方不良地质体的位置。适用于对断层、岩脉、岩溶、洞穴等不良地质的较长期地质预报。

陆地声呐法超前地质预报技术的要求有：

（1）一般要求最浅探测层的反射角小于 30°。

（2）为了便于解释，当剖面构造复杂时，可进行偏移归位处理等。

（3）应尽量采用能产生高频弹性波的锤击、爆炸、电火花等震源，反射波的频率应大于 4000Hz。

（4）采集系统应具有超短余振的功能，反射波延续周期不大于 1.0～1.5 个周期。

（5）为提取不同频率的信号，应采用分段带通滤波的方法处理数据。

（6）测线布置应采用十字剖面的形式。

3.8.3　水平声波剖面法（HSP）技术

岩土声波探测是基于向岩土体中辐射一定频率的声波，并研究其传播特征，进而判断岩土体工程地质特性的一种技术方法，是弹性波探测系列中的一种方法。理论研究和实践证明，声波在岩土体中的传播速度及幅度等参数和岩土体的组成成分、密度、弹性模量及岩体的结构状态等有关。不良地质体（带），如断层、风化破碎带岩溶洞穴、地下室富集带等，与周边地质体的声学特性差异明显，因此采用声波法探测不良地质体（带）有充分的物理前提。

隧洞 HSP 的探测方式可描述为孔内布置的"水平钻孔声波剖面法"（the Method of Horizontal & Holes Sound Probing in Tunnel），分为超前水平布置和双侧水平布置。超前水平布置将发射源、接收检波器分别置于掌子面前方的两个超前水平钻孔中；双侧水平布置则是将发射源、接收检波器分别置于靠近掌子面的隧洞两侧边墙的两排水平钻孔中。发射源、接收检波器同步相错斜交移动，从而完成一次 HSP 数据的采集工作。HSP 的探测方式减小或排除了隧洞围岩爆破松动圈的影响，可获得面波少、信噪比高的数据，能取得高精度的测试效果。

3.8.4　CT 层析成像技术

声波层析成像法移植于混凝土声波 CT 层析成像（Computer Tomography，简称 CT 成像或 CT）。混凝土声波 CT 层析成像法借助医学 X 射线断层扫描的基本手段，结合其物理力学性质的相关分析，采用射线走时和振幅来重构混凝土内部声速值及衰减系数的场分布，通过像素、色谱、立体网络的综合展示，以达到直观反映混凝土内部结构图像之目的。应用到隧洞超前地质预报工作中，则能直观反映掌子面前方岩体的内部结构特征。此方法的缺点是，耗时较长，对施工造成影响较大。

3.8.5　震电效应法

在地球物理勘探理论中，震电效应是特指在弹性波场作用下大地电磁场特性发生变化，具体地说，就是当孔隙饱和介质内传播着弹性波时，介质中会出现交变电位差和岩石电导率变化，这完全是在弹性波激发下才产生的，其逆效应亦存在。这种场的相互作用效应是地球物理勘探领域中正在研究和开发的一个新的方向，在隧洞超前地质预报领域，利用该特性结合隧洞开挖产生的爆破震动弹性波场引起的隧洞前方电磁波场变化，探明预测隧洞前方不良地质现象。此方法对施工影响较少。

第 4 章　复杂地质条件预报体系的建立

4.1　地质条件

工程地质条件是指与工程建设有关的地质条件，包括地形地貌、地层岩性、地质构造、水文地质条件、不良地质作用等。

4.1.1　地质因素

地质因素主要包括：

（1）地层的岩性：是最基本的工程地质因素，包括它们的成因、时代、岩性、产状、成岩作用特点、变质程度、风化特征、软弱夹层和接触带以及物理力学性质等。

（2）地质构造：也是工程地质工作研究的基本对象，包括褶皱、断层、节理构造的分布和特征、地质构造，特别是形成时代新、规模大的优势断裂，对地震等灾害具有控制作用，因而对隧洞的安全稳定、沉降变形等具有重要影响。

（3）水文地质条件：是重要的工程地质因素，包括地下水的成因、埋藏、分布、动态和化学成分等。

（4）地表地质作用：是现代地表地质作用的反映，与隧洞区地形、气候、岩性、构造、地下水和地表水作用密切相关，主要包括滑坡、崩塌、岩溶、泥石流、风沙移动、河流冲刷与沉积等，对预测隧洞工程地质条件的变化意义重大。

（5）地形地貌：地形是指地表高低起伏状况、山坡陡缓程度与沟谷宽窄及形态特征等；地貌则说明地形形成的原因、过程和时代。平原区、丘陵区和山岳地区的地形起伏、土层厚薄和基岩出露情况、地下水埋藏特征和地表地质作用现象都具有不同的特征，这些因素都影响到隧洞路线的选择。

4.1.2　隧洞围岩质量分级

围岩是隧洞开挖后其周围产生的应力场分布范围内的岩体或指隧洞开挖后对其稳定性产生影响的那部分岩体[27]。在不同的岩体中开挖隧洞后所表现出的性态是不同的，可大致分为稳定、基本稳定、暂时稳定和不稳定四种。围岩分级主要是依据各种围岩的物理性质之间存在一定的内在联系和规律，依据这些联系和规律，可将围岩分为若干级[26]。隧洞围岩分级是设计、施工的基础，围岩分级的基本因素有岩石的坚硬程度、岩石的完整程度、结构面状态、地下水状态、主要结构面产状等。隧洞围岩完整性分级见表 4.1－1，隧洞围岩质量分级见表 4.1－2。

表 4.1-1　隧洞围岩岩体完整性划分

完整程度	结构面特征	结构类型	岩体完整性指数 K_v
完整	结构面 1～2 组，以构造型节理或层面为主，密闭型	巨块状整体结构	$K_v>0.75$
较完整	结构面 2～3 组，以构造型节理、层面为主，裂隙多呈密闭型，部分为微张型，少有充填物	块状结构	$0.75\geqslant K_v>0.55$
较破碎	结构面一般为 3 组，以节理及风化裂隙为主，在断层附近受构造影响较大，裂隙以微张型和张开型为主，多有充填物	层状结构，块石、碎石状结构	$0.55\geqslant K_v>0.35$
破碎	结构面大于 3 组，多以风化型裂隙为主，在断层附近受构造作用影响大，裂隙宽度以张开型为主，多有充填物	碎石角砾状结构	$0.35\geqslant K_v>0.15$
极破碎	结构面杂乱无序，在断层附近受断层作用影响大，宽张裂隙全为泥质或泥夹岩屑充填，充填物厚度大	散体状结构	$K_v\leqslant 0.15$

表 4.1-2　隧洞围岩质量分级

级别	岩体特征	土体特征	围岩弹性纵波速度/(m/s)
Ⅰ	极硬岩，岩体完整	—	>4500
Ⅱ	极硬岩，岩体较完整； 硬岩，岩体完整	—	3500～4500
Ⅲ	极硬岩，岩体较破碎； 硬岩或软硬岩互层，岩体较完整； 较软岩，岩体完整	—	2500～4000
Ⅳ	极硬岩，岩体破碎； 硬岩，岩体较破碎或破碎； 较软岩或软硬岩互层，且以软岩为主，岩体较完整或较破碎； 软岩，岩体完整或较完整	具压密或成岩作用的黏性土、粉土及砂类土，一般钙质、铁质胶结的粗角砾土、粗圆砾土、碎石土、卵石土、大块石土，黄土（Q_1、Q_2）	1500～3000
Ⅴ	软岩，岩体破碎至极破碎； 全部极软岩及全部极破碎岩（包括受构造影响严重的破碎带）	一般第四系坚硬、硬塑黏性土，稍密及以上、稍湿、潮湿的碎（卵）石土、粗圆砾土、细圆砾土、粗角砾土、细角砾土、粉土及黄土（Q_3、Q_4）	1000～2000
Ⅵ	受构造影响很严重呈碎石、角砾及粉末、泥土状的断层带	软塑状黏性土、饱和的粉土、砂类土等	<1000 （饱和状态的土<1500）

4.2　复杂地质条件分类

隧洞超前地质预报设计前，应根据隧洞的工程地质与水文地质条件、可能发生的地质灾害对隧洞施工及环境的影响程度，对隧洞分段进行地质复杂程度评价、分级，为隧洞超前地质预报设计提供依据，不同级别的地段采取不同的预报方法。隧洞地质条件复杂程度可划分为很复杂、复杂、中等复杂、简单四级，具体如下：

（1）很复杂：可能存在重大地质灾害隐患的地段，如大型暗河系统，软弱、破碎、富水、导水性良好的地层和大型断层破碎带，重大物探异常地段，可能产生大型、特大型突水突泥地段，特殊地质地段，可能诱发重大环境地质灾害的地段；高地应力、高有毒有害气体、高放射性、高地温、存在人为坑洞可能性的地段；

（2）复杂：地形与地貌类型复杂，地质构造复杂，岩性岩相变化大，岩土体工程地质性质、水文地质条件较差，可能发生中、小型突水突泥地段，存在较大物探异常、断裂带等地段；

（3）中等复杂：地形与地貌类型中等复杂，地质构造中等复杂，岩性岩相变化一般，岩土体工程地质性质、水文地质条件一般复杂，地下水不发育的碳酸盐岩及碎屑岩地段、小型断层破碎带，发生突水突泥的可能性较小；

（4）简单：地形简单，地貌类型单一；地质构造简单，岩性单一，岩土体工程地质性质良好；工程地质、水文地质条件良好；非可溶岩地段，发生突水突泥的可能性极小。

隧洞地质条件复杂程度具体分级见表4.2-1。

表4.2-1　　隧洞地质条件复杂程度分级

分析因素 \ 复杂程度		很复杂	复杂	中等复杂	简单
地质条件复杂程度	岩溶发育程度	强烈发育，以大型暗河、廊道、较大规模溶洞、竖井和落水洞为主，地下洞穴系统基本形成	中等发育，沿断层、层面、不整合面等有显著溶蚀，中小型串珠状洞穴发育，地下洞穴系统未形成，有小型暗河或集中径流	弱发育，沿裂隙、层面溶蚀扩大为岩溶化裂隙或小型洞穴，裂隙连通性差，少见集中径流，常有裂隙水流	微弱发育，以裂隙状岩溶或溶孔为主，裂隙不连通，裂隙透水性差
	涌水涌泥程度	特大型涌突水（涌水量>100000m^3/d）、大型涌突水（涌水量10000～100000m^3/d）、突泥，高水压	大型涌突水（涌水量1000～10000m^3/d）、突泥	中型涌水（涌水量100～1000m^3/d）、涌泥	小型涌水（涌水量<100m^3/d），涌突水可能性极小
	断层稳定程度	大型断层破碎带、自稳能力差、富水，可能引起大型失稳坍塌	中型断层带，软弱，中—弱富水，可能引起中型坍塌	中小型断层，弱富水，可能引起小型坍塌	中小型断层，无水，掉块
	地应力影响程度	极高应力（$R_c/\sigma_{max}<4$），开挖过程中硬质岩时有岩爆发生，有岩块弹出；软质岩岩芯常有饼化现象，岩体有剥离，位移极为显著	高应力（$R_c/\sigma_{max}=4\sim7$），开挖过程中硬质岩可能出现岩爆，岩体有剥离和掉块现象；软质岩岩芯时有饼化现象，岩体位移显著	—	—
	瓦斯影响程度	瓦斯突出：瓦斯压力$P\geqslant0.74$MPa，瓦斯放散初速度$\Delta P\geqslant10$，煤的坚固性系数$f\leqslant0.5$，煤的破坏类型为Ⅲ类及以上	高瓦斯：全工区的瓦斯涌出量$\geqslant0.5m^3/min$	低瓦斯：全工区的瓦斯涌出量$<0.5m^3/min$	无

续表

复杂程度 / 分析因素	很　复　杂	复　杂	中 等 复 杂	简　单
地质因素对隧洞施工影响程度	危及施工安全，可能造成重大安全事故	存在安全隐患	可能存在安全问题	局部可能存在安全问题
诱发环境问题的程度	可能造成重大环境灾害	施工、防治不当，可能诱发一般环境问题	特殊情况下可能出现一般环境问题	无

注　R_c 为岩石单轴饱和抗压强度，MPa；σ_{max} 为最大地应力值，MPa。

隧洞地质复杂程度分级是动态变化的过程，可根据开挖过程中的超前地质预报成果和实际地质条件进行调整。

4.3　预报的基本思路

4.3.1　预报基本原则

隧洞超前地质预报应以地质分析为基础、物探方法为手段，多种方法相互印证和补充的综合预报体系进行预报。通过采取宏观地质预报、中长距离预报、短距离预报，特殊方法预报相结合和由“由未知到已知、由粗略到精细、由定性到定量”的思路来达到预报的目的。

4.3.2　宏观预报

地质法宏观地质预报是对一座隧洞地质条件的整体性把握，是以各种区域地质资料分析和深入的地面地质调查为基础，通过地质分析，宏观预报洞体施工可能遇到的不良地质类型、规模、位置和方向以及发生施工地质灾害的类型和发生的可能性。以指导中期、短期预报工作并为工程动态设计、安全施工、防灾措施的制定提供地质依据，有效地避免设计、施工的盲目性；指导中短期超前地质预报的顺利进行，并为选择物探手段和物探方法的优化组合提供依据；同时使隧洞预报工作突出重点。

(1) 宏观预报的主要方法。宏观预报以收集区域地质资料、勘测设计资料和地表地质调查为主，必要时可作地表补充勘测（包括 EH4、高密度电法、瞬变电磁法等地面物探及地表钻探）。

(2) 宏观预报的主要步骤：

1) 收集研究隧洞所在地区的区域地质资料并进行区域地质分析，这是宏观预报的基础；

2) 收集研究隧洞勘探资料和对隧洞轴线左右 500m 范围内进行地表地质调查，获取地表第一手资料；

3) 通过上述分析，对隧洞施工阶段可能遇到的不良地质体进行宏观地质预报，指导中长距离及短距离预报。

(3) 宏观地质预报的主要内容:

1) 区域主要构造方位、力学性质和构造特征及其不同方位构造对隧洞围岩稳定性的影响程度;

2) 隧洞施工可能遇到的主要不良地质类型,特别是可能够引发施工地质灾害的主要不良地质类型,包括它们在地表出露的位置、分布状态、规模及产状变化等;

3) 隧洞主要不良地质体的空间发育特征、发育程度、分布规律,分布方位特征等;

4) 隧洞主要施工地质灾害,特别是施工地质灾害与主要不良地质的关系;

5) 地表水及岩溶的发育情况,包括地表出露位置、发育规模及分布特征等。

(4) 宏观预报需要达到的主要目的:

1) 通过研究区域地质,弄清隧洞所在地的构造环境、构造体系、构造复合和构造演化过程,初步评价区域构造对隧洞围岩稳定性的影响程度;

2) 通过收集前期勘探资料和地表调查,弄清隧洞地层结构,尤其是特殊地质结构;地质构造体系、构造型式和构造分布规律;岩溶、暗河、泉眼的展布情况和分布规律等等。在此基础上,利用地质学理论,尤其是地质力学理论对整个隧洞工程地质及水文地质情况进行综合分析判断;

3) 在上述分析的基础上,根据隧洞的工程地质、水文地质条件及可能发生的地质灾害对隧洞施工及环境的影响程度,对隧洞分段进行地质复杂程度评价、分级;

4) 根据预报分级情况,将预报等级按预报需要重视程度划分为"常规预报""加强预报""重点预报"三个预报级别。确定预报难点、重点,编写预报方案,指导中期、短期超前预报顺利进行及物探手段的优化组合。

4.3.3 中长距离预报

中长距离预报是建立在宏观预报的基础上。其目的除了为短期预报提供指导意义外,还能够为施工单位制定一个相对长期的施工计划提供科学依据。

(1) 中长距离预报的主要方法。中长距离预报一般指预报距离在80～150m之间的预报,目前主要的物探方法有:

1) 弹性波法:主要包括TSP、TST、TRT、TGP和地震负视角法;

2) 电磁法:主要包括瞬变电磁、陆地声呐。

(2) 中长距离预报的主要内容:

1) 地层岩性预报:特别是软弱夹层、破碎地层、煤层及特殊地层的大致位置与规模;

2) 较大规模地质构造的位置预报,特别是大断层及断层破碎带、节理裂隙密集带等;

3) 地下水赋存的大致位置与形态的预报,特别是富水断层、富水褶皱、富水裂隙、岩溶管道、地下暗河等;

4) 围岩类别及围岩稳定性。

(3) 中长距离预报的主要目的:

1) 复核宏观预报成果,确认短距离预报的重点;

2) 基本查清隧洞掌子面前方的工程地质及水文地质条件,指导隧洞施工;

3）初步评价不良地质体的规模、位置、产状及其围岩结构的完整性与地下水赋存情况，初步判断不良地质体的危害程度；

4）根据预报成果，提供隧洞开挖断面、支护参数和优化施工方案的建议。

4.3.4 短距离预报

短距离预报是建立在宏观预报和中长距离预报的基础上。它是地质预报技术体系中的攻坚阶段，如果说中长距离预报具有战略意义，而短距离预报则具有战术的特点，做好短距离预报对确保超前地质预报的准确率具有决定性的作用。

（1）短距离预报的主要方法。短距离预报探测距离一般为 20～30m，目前的主要物探方法有：

1）电磁波法，主要是地质雷达；

2）电法：BEAM 法、激发激化法；

3）其他：红外探水、超前水平钻、超前炮孔等。

（2）短距离预报的主要内容：

1）地层岩性的预报，特别是软弱夹层、破碎地层、煤层及特殊地层的具体位置与规模；

2）地质构造的具体位置和规模的预报，特别是断层及断层破碎带、节理裂隙密集带等；

3）不良地质体的具体位置与规模，特别是岩溶、人为坑洞；

4）地下水赋存具体位置，特别是富水断层、富水褶皱、富水裂隙、岩溶管道、地下暗河等。

（3）短距离预报的目的：

1）对掌子面前方岩体质量进行评价，尤其是评价不良地质体的危险等级；

2）在中等复杂地质条件下，查清隧洞掌子面前方的工程地质及水文地质情况，指导隧洞施工；

3）在复杂地质条件下，基本查清隧洞掌子面前方的工程地质与水文地质情况，指导特殊方法预报及超前钻孔预报；

4）成灾预警：短距离预报应根据预报成果，提供预警等级。一般预警等级分三级："正常""警报""紧急警报"。

"正常"：指掌子面前方预报范围内无明显不良地质缺陷，不会对施工安全造成影响，可以正常施工。

"警报"：指掌子面前方预报范围内存在不良地质缺陷，但规模不大，不会对施工安全造成影响或经过简单处理，就能进行安全施工。

"紧急警报"：指掌子面前方预报范围内存在较大规模的不良地质缺陷，对施工安全可能造成较大的安全隐患，需停止施工并进行相应的处理后方能进行下一步工作。

4.3.5 特殊方法预报

特殊方法预报主要用于复杂地质条件下，短距离预报由于受工作环境限制，无法对其异常体规模进行全方位判断的缺点。它充分利用超前钻孔，将目前地球物理领域较新的孔内物探技术用于预报。目前孔内主要物探技术有：钻孔雷达、钻孔全景数字成像、电磁波CT、钻孔雷达CT及钻孔声波CT等。

钻孔雷达：钻孔雷达原理与地质雷达原理一样，不同的是钻孔雷达是将雷达天线放入孔中进行探测，它的主要优点是能探测以钻孔为中心，15～20m半径范围内的不良地质体缺陷，它解决了目前超前预报在掌子面上工作，不能探测隧洞临近区域不良地质缺陷的缺点。

钻孔全景数字成像：目前的超前钻孔预报一般均采用潜孔钻，潜孔钻是无法取芯的，为了获取钻孔孔壁的地质信息，就需要采用钻孔全景数字成像技术。钻孔全景数字成像通过堆面反射光学变换实现将360°钻孔孔壁图像转换成为二维平面图像，以视觉感观直接获取孔壁地质信息的一种物探方法。

电磁波CT、钻孔雷达CT及钻孔声波CT：是通过两钻孔间不同地质体对电磁波或声波吸收强弱的不同再现两钻孔间地质异常的一种物探方法。该方法目前已广泛应用于地表钻孔间不良地质体的精细勘探。

4.4 预报的工艺流程

隧洞超前地质预报应该按照“由未知到已知、由粗略到精细、由定性到定量”的思路来进行，在实施过程中应遵循“地质先行、物探紧随、开挖验证、动态调整”的流程。具体如下：

（1）首先进行宏观地质分析与预报。宏观预报应以区域地质为基础，通过分析已有的地质资料、设计阶段的勘探资料和地表地质调查资料，推测隧洞全洞段不良地质体的发育情况，尤其是发育规模、范围、类型和严重程度。重点给出断层、岩溶等不良地质体在隧洞洞身可能赋存的段落，为后续中长距离和短距离预报提供依据。

（2）应根据宏观预报成果以及隧洞的工程地质与水文地质条件、可能发生的地质灾害对隧洞施工及环境的影响程度，对隧洞分段进行地质复杂程度评价、分级。隧洞地质条件复杂程度可划分为“简单”“中等复杂”“复杂”“很复杂”四级，具体分级见表4.2-1。

（3）编制预报大纲。根据宏观预报成果，完成隧洞地质复杂程度分级后，针对不同的地质复杂程度等级，建立对应的预报体系等级。预报体系等级分为“常规预报”“加强预报”“重点预报”三个预报等级。地质复杂程度为“很复杂”“复杂”的洞段；相应的预报等级为“重点预报”；地质复杂程度为“中等”的洞段，相应的预报等级为“加强预报”；地质复杂程度为“简单”的洞段，相应的预报等级为“常规预报”。

（4）预报的实施。针对不同的地质复杂程度等级，实施相应的预报体系等级。同时在实施工程中，还应根据隧洞开挖实际揭露的地质实际情况，动态调整预报体系等级，以使预报能较好地适应现场条件，发挥最佳的探测效果。

（5）施工方案的确定。根据预报结果，及时调整、优化施工方案，确保施工安全。

（6）施工跟进。在施工过程中，应对开挖洞段揭露的地质情况及时进行地质编录，及时开展预报成果与开挖揭露情况对比，对发现存在差异的地方，及时分析、总结原因并改进后期的预报方案，不断提高预报质量和水平。

超前预报工作流程图如图 4.4－1 所示。

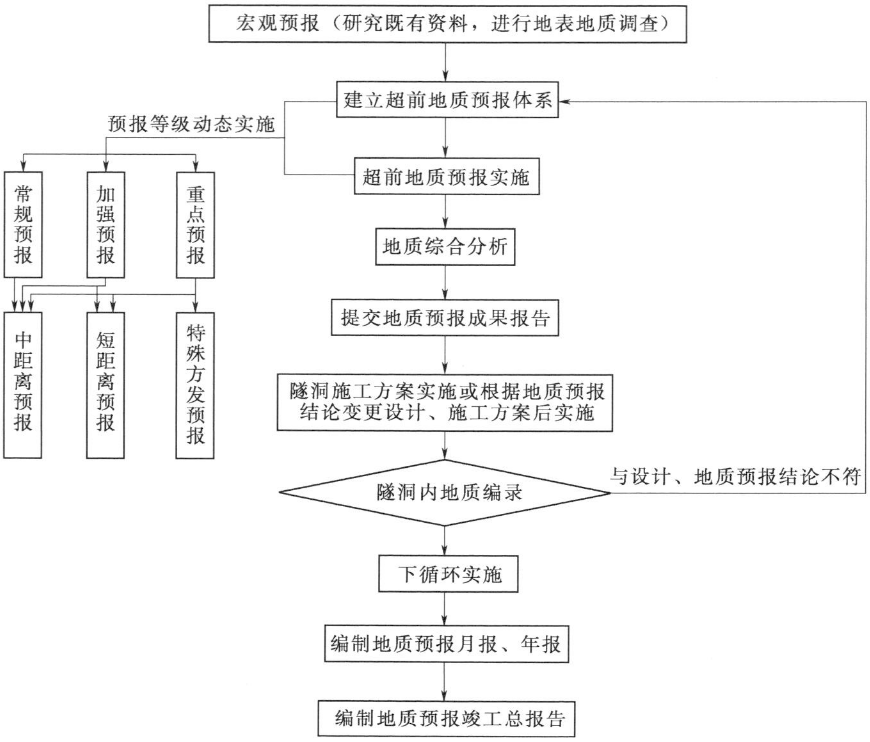

图 4.4－1　超前预报工作流程图

4.5　预报体系的建立

由于物探方法的多解性和局限性，不同的物探方法均有其自身的适应范围、探测优势和预报距离。同时不同种类的地质体可以引起强度和形态相近的物探异常，同一地质体也可以产生强度不一、形状不同的物探异常，而单一的物探技术只能获取某一方面的物理性质，对某些地质条件简单，岩性单一的隧洞，一种物探方法常常就可以解决预报问题。但对于复杂地质条件下的隧洞工程，由于物探技术的特点，加之地质构造的复杂性，单一的预报技术的准确性并不十分可靠，常常存在漏报、错报等问题。为了较全面准确地获得地质异常体的空间位置、赋存形态及围岩质量等诸多信息，就需要从异常体多方面的物理性质来刻画和描述。解决这一问题就需要从地质体的不同物理性质入手，以地质分析为基础，物探方法为手段，并根据工程自身的工程地质及水文地质特点，选择多种方法进行预报，扬长补短、相互补充、相互验证、相互约束，通过多种预报结果的综合对比和联合解译实现掌子面前方不良地质体的定性和定量解释，并分析可能发生的地质灾害，同时提出相应的处理措施和避险方案，确保施工安全。

在实际工作中，应根据隧洞自身的工程地质特点，针对不同隧洞的工程地质和水文地质条件，对隧洞分段进行地质复杂程度评价、分级，建立不同地质条件下的超前预报体系，避免多种预报方法“一哄而上”的局面，虽投入了大量的人力物力，却没有取得预期的效果。作者团队较早地开展了隧洞综合超前地质预报工作的研究，提出了以地质分析为基础、物探方法为手段，多种方法相互印证和补充的综合预报体系，在实际工作中，取得了不错的效果。

4.5.1 常规预报体系的建立

常规预报体系是以地质分析为基础，物探方法为手段，宏观预报（区域地质调查、地表调查、洞内地质素描）、中长距离预报（地震反射法）为主、视情况增加短距离预报相结合的预报体系。主要针对以下隧洞：

（1）地形简单，地貌类型单一，埋深较浅的隧洞。

（2）地质构造简单，岩性单一，岩土体工程地质性质良好的隧洞。

（3）工程地质、水文地质条件良好，通过分析已有地质资料或通过地表调查，能完全查清隧洞的工程地质和水文地质状况，并通过评估认为不良地质体不会对施工安全造成影响的隧洞。

（4）非可溶岩地段，发生突水突泥的可能性极小的隧洞。

常规预报体系如图4.5-1所示。在实施常规预报体系过程中，如果发现常规预报体系不能满足预报的需要，可将预报等级提升为加强预报。

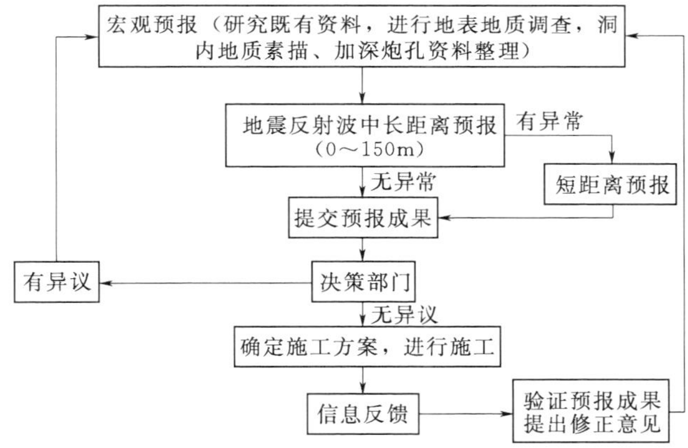

图4.5-1 常规预报体系工艺流程图

4.5.2 加强预报体系的建立

加强预报主要采取以地质分析为基础、物探方法为手段，宏观预报（区域地质调查、地表调查、洞内地质素描）、中长距离预报（地震反射法、TSP预报）、短期预报（以地质雷达为主）为主，视情况增加特殊方法预报相结合的预报体系，主要针对以下隧洞：

（1）地形与地貌类型中等复杂，隧洞埋深有一定规模。

（2）地质构造中等复杂，岩性变化一般，岩土体工程地质性质、水文地质条件一般复杂，通过分析已有地质资料或通过地表调查，能基本查清隧洞的工程地质和水文地质状况，并通过评估认为不良地质体对施工会有一定影响，但不会造成灾害性事故的隧洞。

（3）地下水不发育的碳酸盐岩地段、小型断层破碎带，通过评估认为发生突水突泥、塌方的可能性较小的隧洞。

加强预报体系工艺流程图如图 4.5－2 所示。在实施常规加强预报体系过程中，如果发现加强预报体系不能满足预报的需要，可将预报等级提升为重点预报。

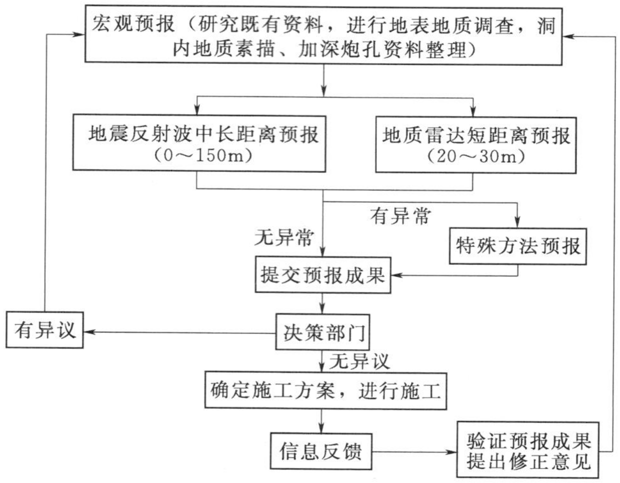

图 4.5－2　加强预报体系工艺流程图

4.5.3　重点预报体系的建立

重点预报主要采取以地质分析为基础、物探方法为手段，宏观预报（地区域地质调查、地表调查、洞内地质素描）、中长距离预报（地震反射法、TSP 预报）、短期预报（表面地质雷达、红外探水、加深炮孔、超前钻孔等）、特殊方法预报（钻孔地质雷达、钻孔全景数字成像、钻孔声波及钻孔声波 CT 等新技术新方法）相结合的综合预报体系。主要针对以下隧洞：

（1）地形与地貌类型、地质构造复杂，岩性岩相变化大，岩土体工程地质性质、水文地质条件较差，可能发生重大环境地质灾害的隧洞。

（2）可能存在重大地质灾害隐患的隧洞，如大型暗河系统，软弱、破碎、富水、导水性良好的地层和存在大型断层破碎带的隧洞。

（3）前期勘探存在重大物探异常的隧洞，可能产生大型、特大型突水突泥的隧洞。

重点预报体系工艺流程如图 4.5－3 所示。

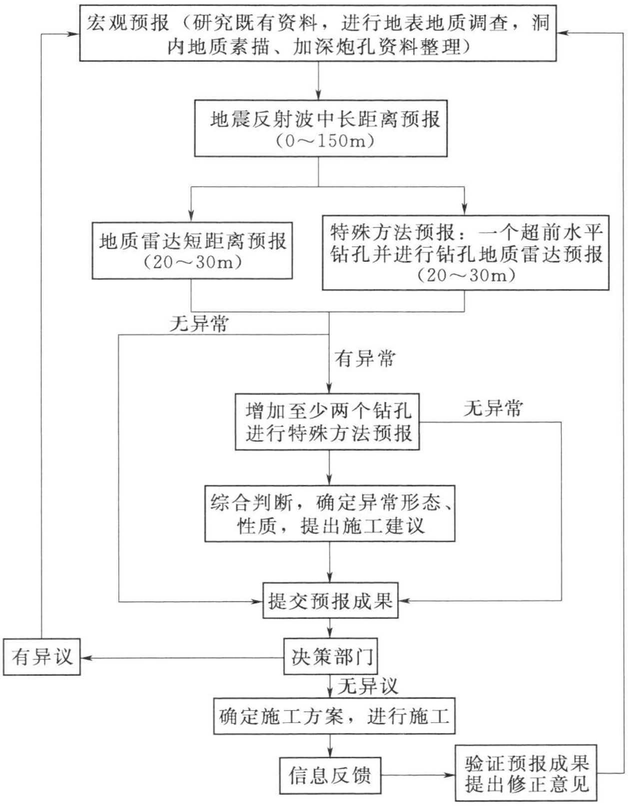

图 4.5-3　重点预报体系工艺流程图

第 5 章　复杂地质条件预报现场技术

现场技术是隧洞超前地质预报的第一个工作阶段，原始资料的好坏和数据处理参数选择是否合理，直接影响解释成果的准确性。

5.1　TSP 现场技术

5.1.1　采集准备

(1) 在进行 TSP 测量前，应先进行踏勘，踏勘需确定以下内容：

1) 确定工区是否满足预报条件。

2) 收集并分析前期地质资料，尤其是预报范围的地质资料，初步确定预报范围内可能存在的不良地质缺陷。

3) 初步确定炮孔及接收孔布设位置。

4) 初步确定工区可能存在的干扰源，并在测试前制定消除或压制干扰源的措施及方案。

5) 根据岩体质量，初步确定炸药用量。

6) 应根据踏勘情况，编制单次预报技术方案。

(2) 观测系统的设计。

1) 断层带观测系统设计。如果探测范围内存在潜在的断层，在进行观测系统的设计时，需根据断层可能的产状设计观测系统，如果潜在的断层最先出现在隧洞的左边，在这种情况下，在面对掌子面的方向，炮点应布在隧洞的左侧。这样做的目的有利于地质反射信号的接收。如图 5.1-1 所示，如果布置在另外一侧，根据反射定律，不利于地质反射信号的接收。

2) 岩溶地区观测系统设计。如果探测范围内存在潜在的岩溶，在进行观测系统的设

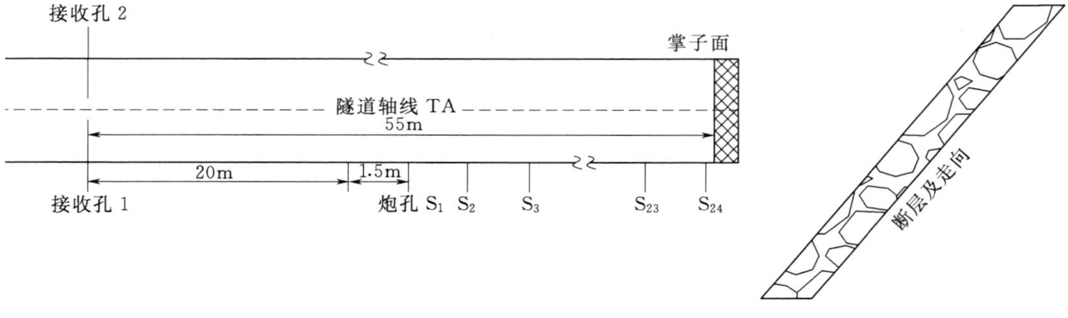

图 5.1-1　断层带观测系统布置示意图

计时，必须充分考虑岩溶发育的无规律性和随机性，在进行观测系统的设计时，一般要求在左右边墙都安装接收器。而炮孔一般选择在岩溶不发育的边墙，如图5.1-2所示。因为如果炮孔一侧边墙存在岩溶空腔，那么地震波在传播过程中必然要产生绕射，从而增加直达波的传播时间，降低直达波速度。而直达波的速度是后续处理的基础，它对后续处理中横波直达波速 V_s、横波质量因子 Q_s 及岩石传播地震波能力参数 Q 的确定影响都很大，并会对最终的岩石特性和反射面特征确定产生较大误差。

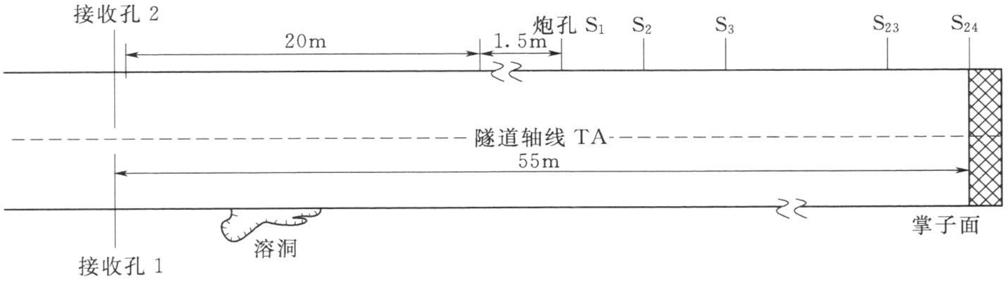

图5.1-2 接收段存在岩溶破碎带观测系统布置示意图

3）涌水突泥的观测系统设计。隧洞涌水突泥常常是由于前方存在断层、破碎带、溶洞等不良地质体，这些不良地质体中充填大量的地下水和泥体，时常与地表水和暗河存在水力联系，其涌水突泥灾害源主要分为裂隙型、断层型、溶洞溶腔型和暗河型。

涌水突泥的观测系统设计应结合潜在风险，结合断层及岩溶地区的观测系统综合布置，如果隧洞地质条件极为复杂，可以在隧洞两侧均布置炮孔及接收孔，这样就可以对采集数据进行综合分析。

4）煤层瓦斯的观测系统设计。煤层瓦斯的观测系统应首先了解煤层的走向等基本地质信息，并根据这些信息，参照断层观测系统进行设计。

（3）观测系统的现场布置。观测系统的现场布置应按以下步骤进行：

1）测定掌子面处的里程；

2）从掌子面后移大约55m，确定接收器的位置，接收器应尽量布置在岩体完整的地方；

3）接收器位置确定后，沿隧洞前进方向布置炮孔（炮孔编号沿隧洞方向建议按1～24号依次编号并在墙上进行标注），接收器孔到第一个炮孔之间的距离应在20m以内且不能小于15m；

4）炮点距一般为1.5m，特殊情况下可以小于1.5m但不能大于2m；

5）接收孔布置洞段附近不应有工业电缆尤其是变压器，因为如果布置在电缆或变压器附近，会使检波器感应到50Hz的电压，使TSP采集数据记录上形成50Hz的正弦波干扰。

观测系统布置如图5.1-3所示。

（4）造孔。

1）接收孔：接收孔应在左右墙垂直隧洞各布置一个，直径为42～45mm，孔深为1.85～1.95m，任何情况下不应超过2m，离地面高度大约1m，向上倾斜5°～10°，如图

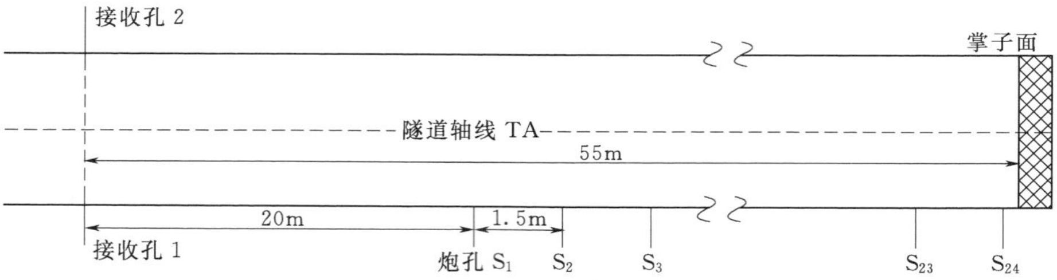

图 5.1-3　TSP 观测系统的布设

5.1-4（a）所示。

2）炮孔：炮孔应根据设计的观测系统布置，数量为 24 个，有效炮孔数不应少于 18 个，直径为 38mm，孔深通常为 1.5m（孔深不能小于 0.8m，不宜大于 2m），垂直隧洞并向下倾斜 10°～20°，高度应与接收孔一致，如图 5.1-4（b）所示。

3）对围岩较差的隧洞，应采用 PVC 管对接收孔和炮孔进行保护。

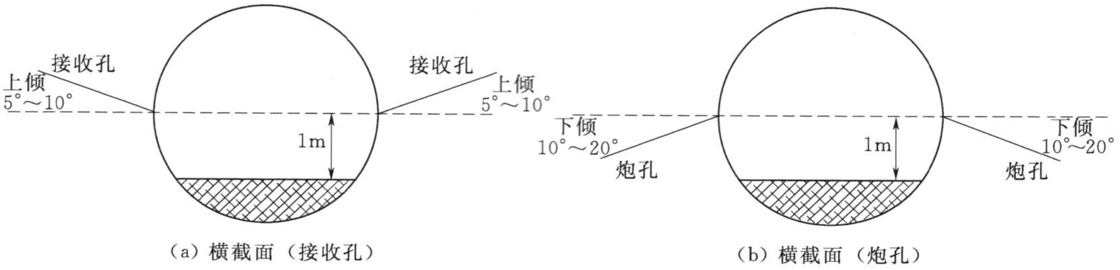

图 5.1-4　接收孔与炮孔角度示意图

（5）其他。

1）人员配备：TSP 数据采集应至少配备技术员 1 名（数据采集），爆破员 1 名、安全员 1 名，其他辅助人员 3 名。

2）设备配备：除 TSP203 设备本身配备的必要设备外，数据采集时还应该配备必要的灌水设备（为方便用水封堵炮孔），对讲机 3 个，2 根 2.5m 长、直径 20mm 的 PVC 管，用于装配炸药。

3）震源的选择：准备满足要求的炸药量及瞬发电雷管，如 TSP 设备配有多功能触发器，可以使用毫秒管。

5.1.2　数据采集

打完钻孔后，应立即进行 TSP 数据采集，防止塌孔，数据采集步骤如下：

（1）接收孔及炮孔的测量：在进行数据采集之前，应准确测量各接收孔与炮孔的深度、倾斜方向及倾斜角度、准确里程等基本信息，如图 5.1-5 所示。

（2）套管及接收器的安装。

1）套管的安装：应将足够的环氧树脂放入接收孔内，再将套管用相应的适配器推入接收孔，套管必须深入孔底，套管凹槽必须和水平方向垂直；如图 5.1-6 所示，环氧树

TSP 数据采集野外记录表

工程名称	[illegible]			
隧道名称	B洞		标段	
参考位置TM	BK5+019		隧道剖面：	
掌子面位置TM	BK5+072		高度	6
	接收器1	接收器2	半径	5.5
倾角	-12	-10		
方位角	0	0	隧道参考点：	
距参考点的高度	1	1	向右	0
与参考点的距离	0	0	向下	0

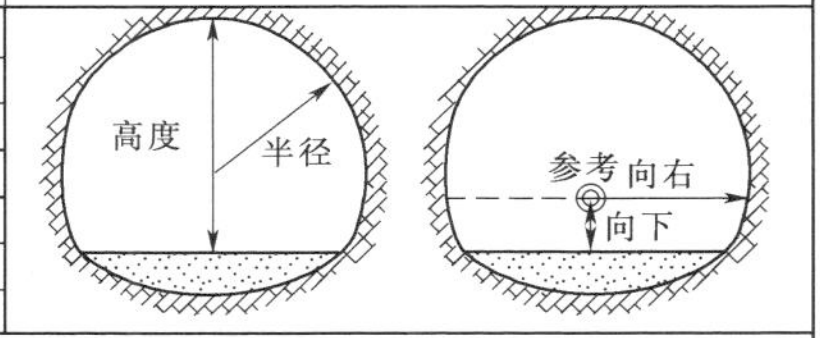

炮孔序号	放炮序号	药量/g	与前一个炮孔的距离/m	距参考点的距离/m	深度/m	高度/m	倾角/(°)	方位角/(°)	记录时间/(h:m)	最大振幅/mV	备注
1	1	50	0	55	1.57	1	5.09	-1.2			
2	2	50	1.50	56.5	1.57	1	7.80	-1.7			
3	3	50	1.52	58.02	1.60	1	10.2	0			
4	4	50	1.48	59.48	1.47	1	15.3	+4.2			
5	5	50	1.50	61.0	1.48	1	11.4	-1.5			
6	6	50	1.47	62.53	1.62	1	9.8	+3.2			
7	7	50	1.50	64.0	1.58	1	13.5	+0			
8	8	50	1.47	65.47	1.45	1	16.7	+1.0			
9	9	60	1.47	66.97	1.50	1	10.2	-6.2			
10	10	60	1.47	68.42	1.52	1	14.0	+1.1			
11	11	60	1.50	70.0	1.50	1	9.7	0			
12	12	60	1.50	71.50	1.47	1	6.5	0			
13	13	60	1.55	73.05	1.66	1	4.3	0			
14	14	60	1.50	74.50	1.58	1	7.2	-4.3			
15	15	60	1.52	76.02	1.50	1	10.4	+2.7			
16	16	60	1.37	77.37	1.48	1	8.9	0			
17	17	70	1.62	79.12	1.50	1	13.7	0			
18	18	70	1.51	80.51	1.52	1	10.6	-2.4			
19	19	70	1.48	81.99	1.50	1	14.2	-4.5			
20	20	70	1.55	83.55	1.49	1	9.1	+1			
21	21	70	1.55	84.75	1.57	1	8.7	+1.2			
22	22	70	1.54	86.54	1.57	1	10.3	-1.0			
23	23	70	1.54	88.00	1.52	1	15.1	+3			
24	24	70	1.50	89.5	1.50	1	12.1	0			
25	8	50	1.47	65.47	1.45	1	16.7	+1			补炮
26	22	70	1.55	81.55	1.43	1	9.1	+1			补炮
27											
28											
29											
30											

日期		操作员	[illegible]

图 5.1-5　TSP203 数据原始记录实例

脂的凝固时间为 5～10min，套管必须在 5～10min 内安装完成，套管安装完毕后用清洁杆将套管内部清理干净。

2）接收器的安装：TSP 系统的接收单元是一个极为敏感的三分量加速度检波器，由三部分组成，总长 2m，每部分长 670mm，安装过程需将三部分连接起来，连接需小心谨慎，不要折断连接头，接收传感器上有一个黑色磁铁，安装时，黑色磁铁片必须面对掌子面。

（3）探测噪音监控：TSP 数据采集时，为最大限度获取高质量的原始记录，隧洞应

图 5.1-6 TSP203 套管安装示意图

停止施工，防止现场施工的机械噪声对采集数据形成干扰，数据采集时，噪声监控显示的噪声应小于－36dB。

（4）在正式采集前，应先用第一个炮孔进行试炮，试炮的目的：

1）检测炸药量是否满足测量要求。TSP 检波器信号电平在 100～5000mV 之间，如果炸药量过大，信号电平超过 5000mV，会使记录的信号不真实，如图 5.1-7 所示；如果炸药量过少，记录信号电平小于 100mV，能量太小不利于反射波的接收，第一炮的信号电平在 3000～4000mV 最为理想。

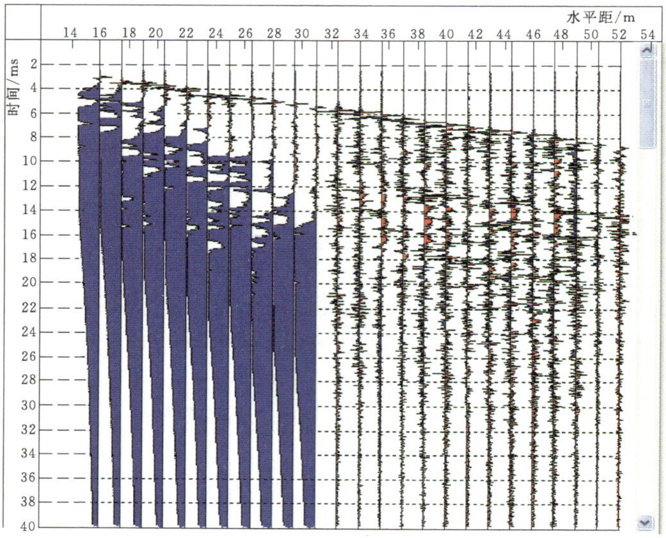

图 5.1-7 信号输入过载示例图

2）检测现场噪声是否满足测量要求，尤其是声波噪声和面波噪声，如果噪声较强，应想办法消除噪声，声波和面波噪声有如下特征：

A. 声波的特点是在地震记录上形成尖锐的强初至波，频率高，延伸短，速度稳定

(330～350m/s)。声波噪声常常是由于炮孔没封堵好造成的，要最大限度消除声波干扰，应该在爆破前用水对炮孔进行封堵，如果炮孔漏水较快，可以使用"锚固剂＋水"进行共同封堵。

B. 面波的特点是频率低、速度低，随着传播距离的增大，振动延长时间也增长，在地震记录上形成"扫帚状"。面波能量的强弱与激发点岩性、激发深度等因素有关，在疏松的低速岩层中激发或炸药量过大会造成激发频率降低，使面波增强，爆破孔太浅时，面波也会比较发育。

(5) 试炮满足要求后，开始正式采集数据。如果现场人手不足，可以将剩余炮孔的炸药一次性装完后再进行采集，炸药必须装入孔底，但需随着炮孔远离接收孔，炸药量应该逐步增加，如果现场人手比较充足，炸药可以放一炮装一炮，这样有利于控制炸药量。

(6) 爆破与数据接收：现场满足测试要求、仪器测量准备完毕后，所有人员撤离到安全距离内，技术人员向爆破员发出可以放炮指令，爆破员再次确定安全后方可放炮，设备自动接收数据并上传至笔记本。

(7) 单道数据接收完成后，技术人员应对数据质量进行初判，判断数据质量是否满足要求，如果不满足，需重新补炮，如果满足，可进行下一炮的数据采集。

5.1.3 数据处理

(1) TSP203数据处理前的准备工作：

1) 隧洞几何参数输入：应根据现场实测情况，准确输入隧洞几何参数。隧洞的几何参数包括掌子面里程、接收点里程、隧洞半径、隧洞高度、炮孔离地面的距离、检波器和炮点参数包括与参考点的距离、深度、高度、方位角与倾角等基本信息，炮孔还包括单炮药量，如图5.1-8所示。参数输入应满足下列要求：

A. TSP203坐标系统应用左手法则来确定坐标轴的正负值，具体如图5.1-9所示：食指方向为隧洞前进方向，中指和大拇指指向为"正"，反方向为"负"。

B. 如果隧洞前进方向为小桩号时，掌子面里程和接收点里程应输入负值。

C. 检波器和炮点倾角向上时应输入负值、向下时为正值，方位角沿隧洞前进方向应输入负值，否则为正值。

2) 坏道的删除：在数据处理前，对于一些信噪比较低的炮或用药量过大使振幅溢出，从而使信号产生非线性和失真结果的记录道进行删除，如图5.1-10所示。

3) 其他设置：其他设置包括地震显示设置、频谱显示设置、速度显示设置、偏移显示设置四个步骤，这些设置除偏移显示设置需根据现场实际情况设置外，其他参数一般选用默认参数即可。

(2) TSP203波场处理。TSP203波场处理包括：数据设置→带通滤波→(纵波)初至拾取→(横波)拾取处理→炮能量均衡→Q因子估算→反射波提取→Q滤波→纵、横波分离→速度分析→深度偏移→反射层提取共12个步骤。

1) 数据设置：包括数据长度设置、归零设置和平均振幅谱设置。

A. 数据长度设置：数据长度设置需根据预报距离，原始记录质量的好坏进行设置。数据长度设置的目的是：为后续处理流程节约计算时间、内存和存储空间。

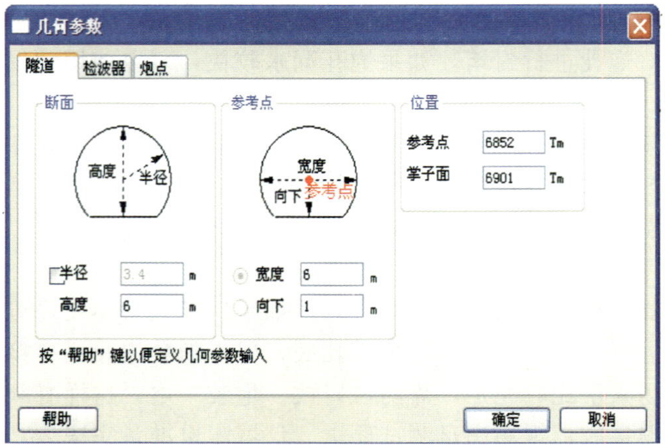

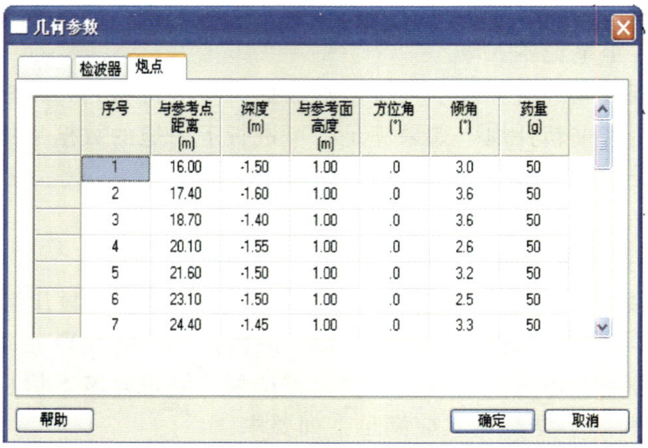

序号	与参考点距离 (m)	深度 (m)	与参考面高度 (m)	方位角 (°)	倾角 (°)	药量 (g)
1	16.00	-1.50	1.00	.0	3.0	50
2	17.40	-1.60	1.00	.0	3.6	50
3	18.70	-1.40	1.00	.0	3.6	50
4	20.10	-1.55	1.00	.0	2.6	50
5	21.60	-1.50	1.00	.0	3.2	50
6	23.10	-1.50	1.00	.0	2.5	50
7	24.40	-1.45	1.00	.0	3.3	50

图 5.1-8　隧洞几何参数与炮点基本信息参数输入界面

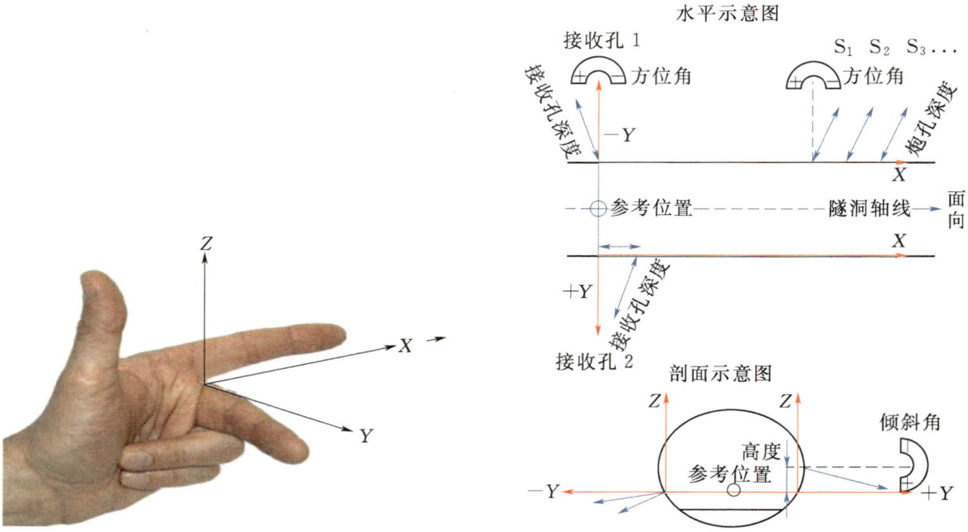

图 5.1-9　TSP203 坐标系统左手法则示意图

$$L_d=(L_m\times2\times2.5)/V_p \qquad (5.1-1)$$

式中 L_d 为数据记录长度，ms；L_m 为预报距离；V_p 为纵波速度，可通过现场试验或经验大致获取；2.5 为安全因子；2 为双程传播时间。

B. 归零设置：由于炸药的延迟效应和 TSP203 仪器自身原因，会在数据记录开始区域产生一个类似地震信号的尖脉冲干扰信号。需要在数据处理时将这几个样点数据充零，以免影响后面参数的合理设置。具体设置数据为第一炮直达波初至时间。

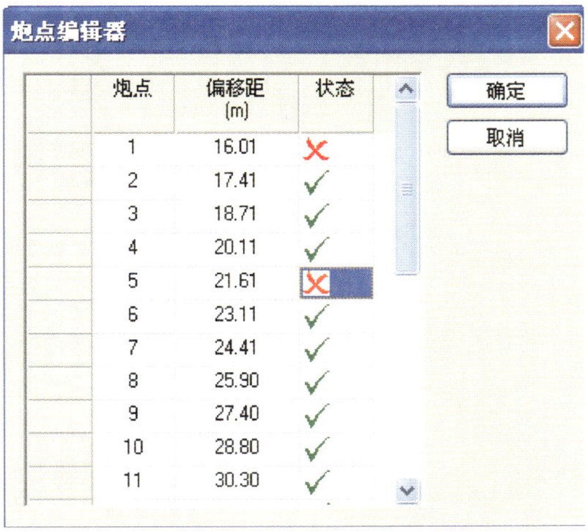

炮点	偏移距 (m)	状态
1	16.01	✗
2	17.41	✓
3	18.71	✓
4	20.11	✓
5	21.61	✗
6	23.11	✓
7	24.41	✓
8	25.90	✓
9	27.40	✓
10	28.80	✓
11	30.30	✓

图 5.1-10　坏道删除示意图

C. 平均振幅谱设置：平均振幅谱描述了地震道中主要频率的分布情况。从平均振幅谱中，可以自动提取合适的信号频率范围作为后续带通滤波参数设置的缺省值。

2）带通滤波：TSP 数据采集的信号可以分为有效信号和干扰信号，有利于数据分析的信号为有效信号，妨碍信号处理和资料解释的信号为干扰信号，带通滤波就是将干扰信号从有效信号中分离，以消除有效信号频率范围以外的信号，它是 TSP203 数据处理中最为重要的一步，对后续处理和最终结果有很大影响，由此，该参数设置要尽量合理。带通滤波信号频谱将信号加以约束，使有效信号从干扰信号中分离出来。有效的信号频率显示在地震平均振幅频谱中地震振幅大量集中的区域。通过确定四个频率值来确定近似梯形通频带的四个点，如图 5.1-11 所示。较高的通频带比低通频带具有更平滑的滤波功能，因此要选择较大的滤波下限值和较小的滤波上限值以维持数字化的稳定性。

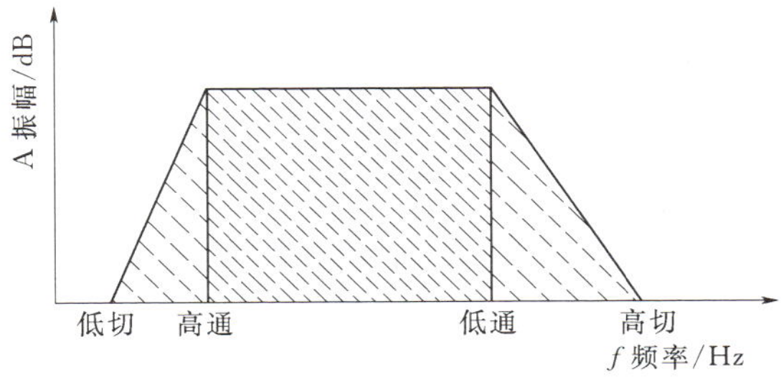

图 5.1-11　带通滤波梯形图

在预报工程中，常见的波形有：反射波、折射波和面波等；常见的干扰信号有：施工用电干扰（包括 220V 或 380V 施工用电），隧洞通风干扰和声波干扰以及机械设备产生的随机干扰。这些常见干扰信号都有自己的频率范围，如图 5.1-12 所示。

3）（纵波）初至拾取：其目的是确定每一地震道直达纵波到达的传播时间，以此确定直达波的速度。由于炮点时成等间距排列，通常情况下，初至信号在记录剖面上以某一斜率成直线排列，依据炮点与接收点之间的间距和初至信号到达时间就可以确定直达波的速度。如图 5.1-13 所示。

A. 在数据采集过程中，有些道的初至时间出现偏移，使初至时间明显偏离正常值，为了消除这一影响，需要在数据处理时将这一些炮点的初至时间屏蔽，使直达波速度与实际速度尽量吻合。如图 5.1-14 所示。

B. 理论上，直达波初至时间应该为一直线，但由于隧洞开挖对岩体应力场的扰动，

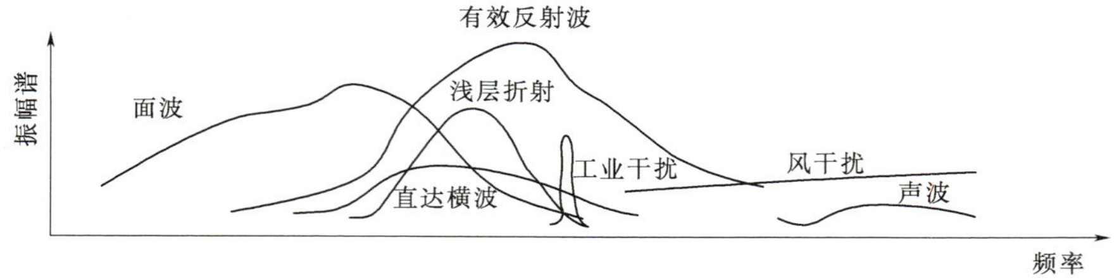

图 5.1-12　各种波形及干扰信号的频率分布图

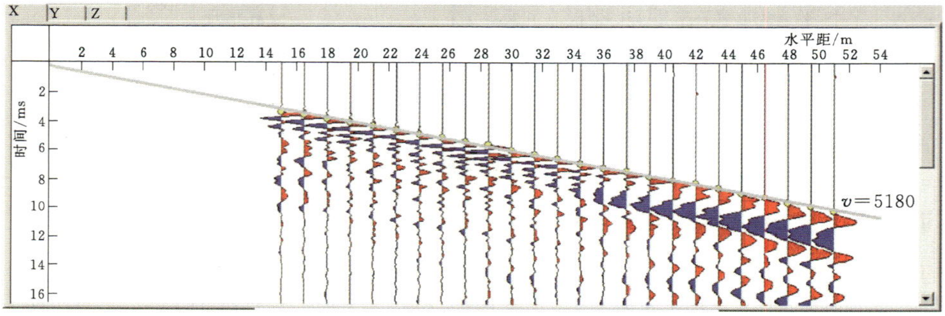

图 5.1-13　初至拾取示意图

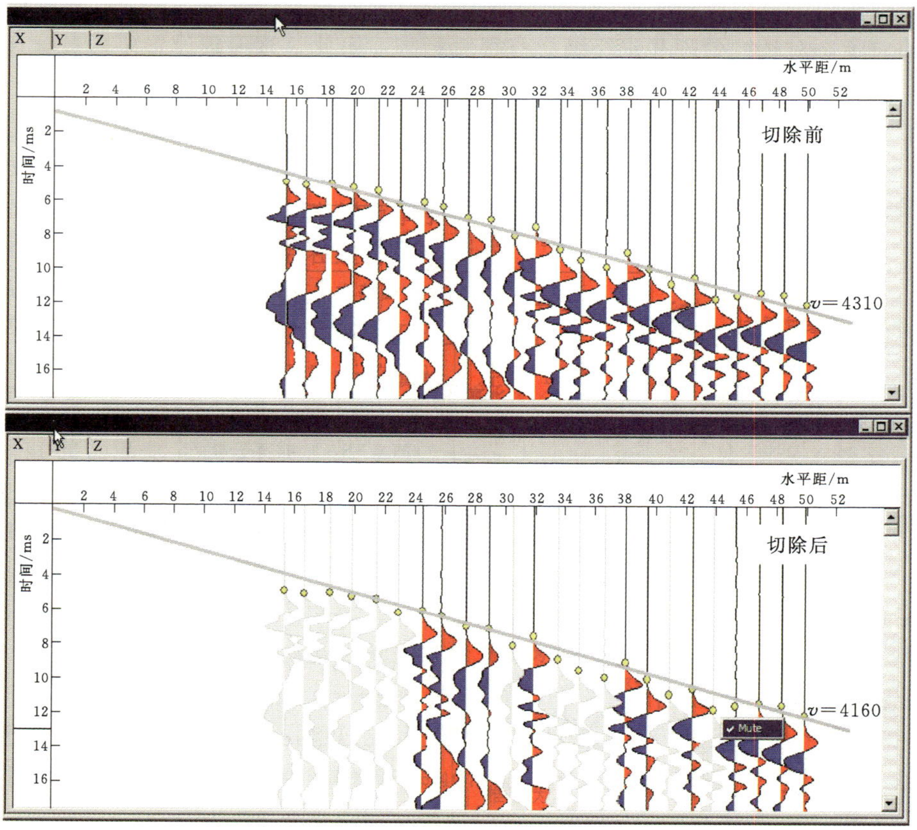

图 5.1-14　切除初至偏移道前后初至拾取示意图

导致隧洞周围会出现一个明显的松弛带，偏移距越小，松弛带对直达波的影响越大，导致直达波形成曲线而非直线。这样的话由线性回归线所计算出的波速就比实际值大，由此，为消除这一影响，可以切除一些偏移距较小的道。如图5.1-15所示。

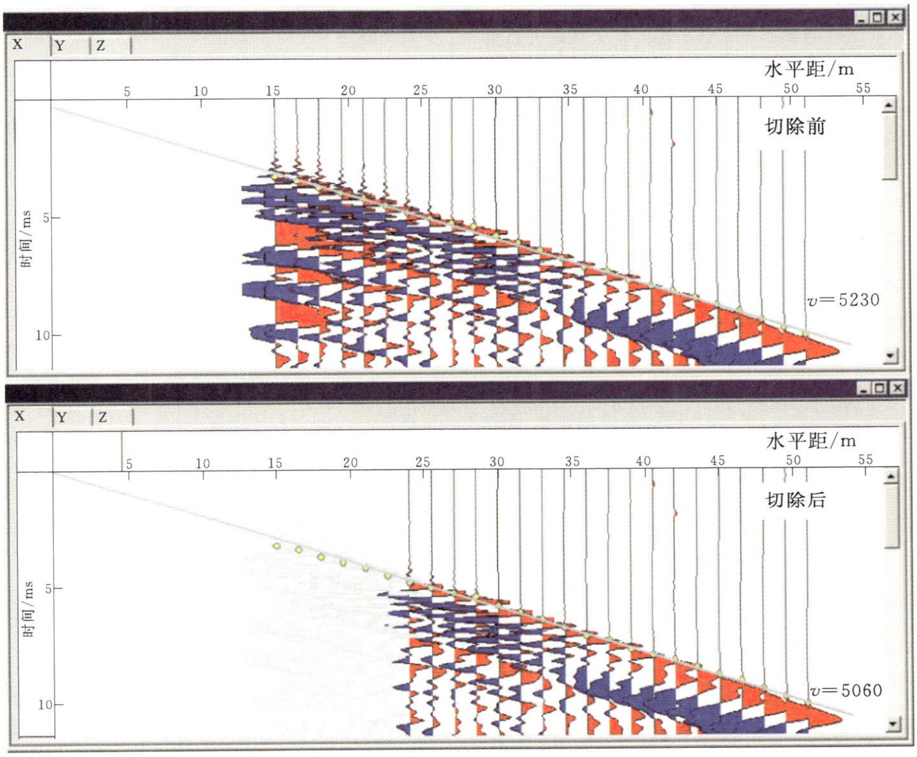

图5.1-15 切除偏移距较小的到后的初至拾取示意图

4）（横波初至）拾取处理：TSPwin软件需要横波的初至时间来计算直达横波的速度，同时，需要在直达横波波形周围设置一个小分析时窗，来估算后面的质量因子Q。一般由假设的v_p/v_s比来计算推导横波的近似初至。系统通常默认$v_p/v_s=1.73$，这是一个以世界范围内获得的以经验为基础得到的值，普遍适用于大部分岩石，但是对于特定的某种岩石，精度无法保证，因为该值不仅与岩性有关，还与岩体的孔隙度、孔隙中的充填物、埋藏深度和地质年代有关，如在完整灰岩地区：v_p/v_s一般在1.85左右。为此，在数据处理时，需要对默认值进行修改，针对不同地质环境，不同岩性，纵横波波速比值v_p/v_s的确定需建立在区域地质和地面物探资料、试验结果以及实践经验的基础上。在TSP203预报跟进过程中应及时对比预报情况与实际开挖情况，以判断设定参数是否合理，及时进行修正和调整。表5.1-1是几种常见岩体的纵横波波速比。

5）炮能量均衡：激发释放的能量与装药量，装药结构、爆炸环境、偏移距以及炸药实际引爆程度的影响有关，同时也与相邻岩石的性质，例如孔隙度、孔隙充填程度和充填介质性质等都有关，能量均衡的目的就是为了补偿每个炮孔所释放的弹性能量的变化，是反射振幅不再受激发能量的影响，而是把各炮的能量进行加权平均，使各炮的能量被限制

表 5.1-1　　几种常见岩体的纵横波波速比

岩体类型	纵横直达波速比	岩体类型	纵横直达波速比
灰岩	1.82～1.88	石灰岩	1.80～2.00
白云岩	1.78～1.82	页岩	>2.00
砂岩	1.60～1.76		

在一定的范围内。

6）Q 因子估算：Q 因子是一个类似于衡量无线电路中损耗的参数，是岩石传播地震波能力的体现，通常表示为：

$$Q=\pi f/av \tag{5.1-2}$$

式中　f 为频率；a 为衰减系数；v 为传播速度。

Q 值反映岩石的微观结构，其量值范围在 10～1000，但典型的 TSP 数据揭示的 Q 值范围在 20～50。

7）反射波提取：TSP 接收器记录的各种类型的波中，只有隧洞掌子面前方和隧洞旁边反射的地震波携带了岩石非均质性的信息，并在后续处理中成像，TSPwin 软件采用 Radon 变换倾角滤波来提取反射波。倾角约束值取决于最大倾角值，而最大倾角则由空间离散和信号频率来确定。最大倾角约束值根据基本的假频定律得出，通过离散的采样值来表示连续的信号。倾角越大，最大道间距和最大信号频率就越小。TSPwin 中的缺省 Pmax 值等同于 Radon 变换中最大无假频时差，它由系统设定，且设在对话框中的最小时差值由 TSPwin 提供。

A. Radon 变换：从几何条件方面分析，TSP 探测要求目标体具有一定的横向延伸性，即要求目标体具有一定的线性特征。在数据处理过程中，反射波的提取采用的是 Radon 变换。而 Radon 变换可以理解为图像在 $\rho\theta$ 空间的投影，$\rho\theta$ 空间的每一点对应一条直线，而 Radon 变换是图像像素点在每一条直线上的积分。因此，图像中高灰度值的直线会在 $\rho\theta$ 空间形成亮点，而低灰度值的线段在 $\rho\theta$ 空间形成暗点，直线的检测转化为在变换域对亮点、暗点的检测。根据 Radon 变换的定义式，Radon 变换检测直线属于一种全局性的算子，与以模板卷积作为基本算法模式的局部算子相比，Radon 变换检测法在理论上具有更强的 Robustness（鲁棒性）。Radon 变换的积分运算环节抵消了噪声所引起的亮度起伏，因此，Radon 变换域 $\rho\theta$ 空间较原信号空间域的 SNR 高，更适于低 SNR 信号放出，有利于具有直线特征的目标体的提取，这也是 TSP 为什么适用于具有直线特征（要求溶洞具有一定横向延伸性）的目标体探测的原因。

B. Q 滤波：衰减使信号带宽中高频成分的能量受到损失，尤其当距离较远时会限制地震分辨率。通过步骤 6 估算的岩石 Q 值因子，通过反 Q 滤波恢复部分损失的振幅。图 5.1-16 所示两组不同反射面的倾角和时间不同时的传播时间曲线。

8）纵、横波分离：TSP 的 X 分量以纵波为主，而 Y 和 Z 分量以横波为主。对于直达波，旋转角较小；对于反射波，情况相当复杂，因为入射角随反射位置而变化，TSPwin 通过旋转坐标系统的时间轴来实现波的分离。通常通过带通滤波中的频率值来设置旋转时窗。图 5.1-17 是纵横波分离后获取的 P、SH、SV 分量。

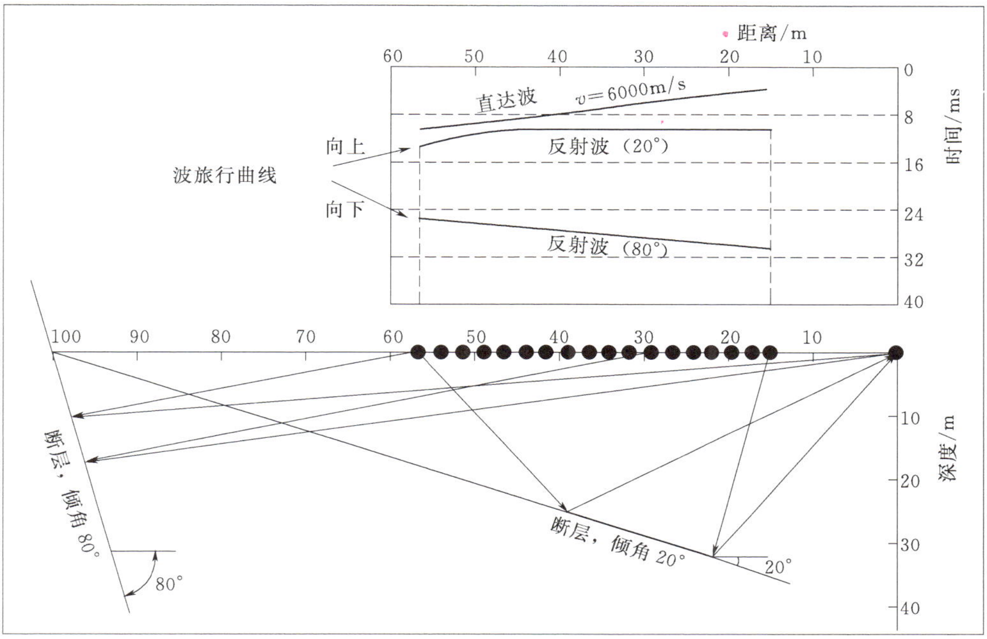

图 5.1-16　两组不同反射面的倾角和时间不同时的传播时间曲线

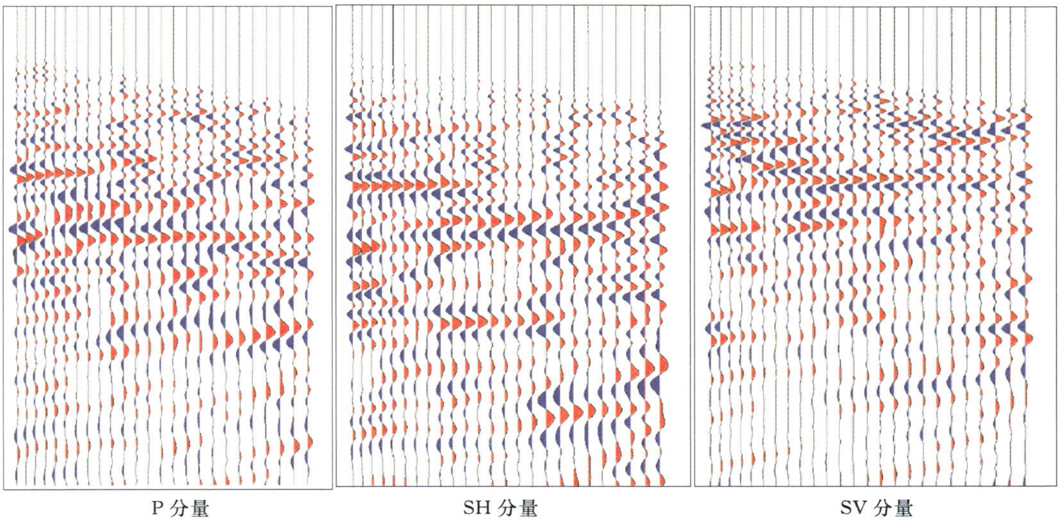

图 5.1-17　P-S 波分离的 P、SH、SV 分量

9）速度分析：TSPwin 速度分析包括四个步骤：

A. 模型建立：创建一个纵波和横波传播速度的 2D 网格模型，模拟由震源和接收器到每一个潜在的反射界面上波传播的离散速度网格。

B. 传播时间：由此模型计算传播时间，在当前的纵、横波 2D 速度模型中，计算从炮点和接收器位置到网格点上的传播时间。

C. 偏移归位：通过偏移将反射振幅由时间域映射到物理模型空间。

D. 速度提取：如果速度模型与实际岩石速度非常接近的话，则所有偏移反射单元将出现在相同位置，而与反射距离无关。如果不是这样，则应改进速度模型。TSPwin 将计算出的偏移的反射单元错误位置的数量作为反射波传播距离的函数。从位置错误的点中，TSPwin 修改纵、横波速度模型，用于下一步的迭代或最终传播时间的计算和偏移（图 5.1-18）。

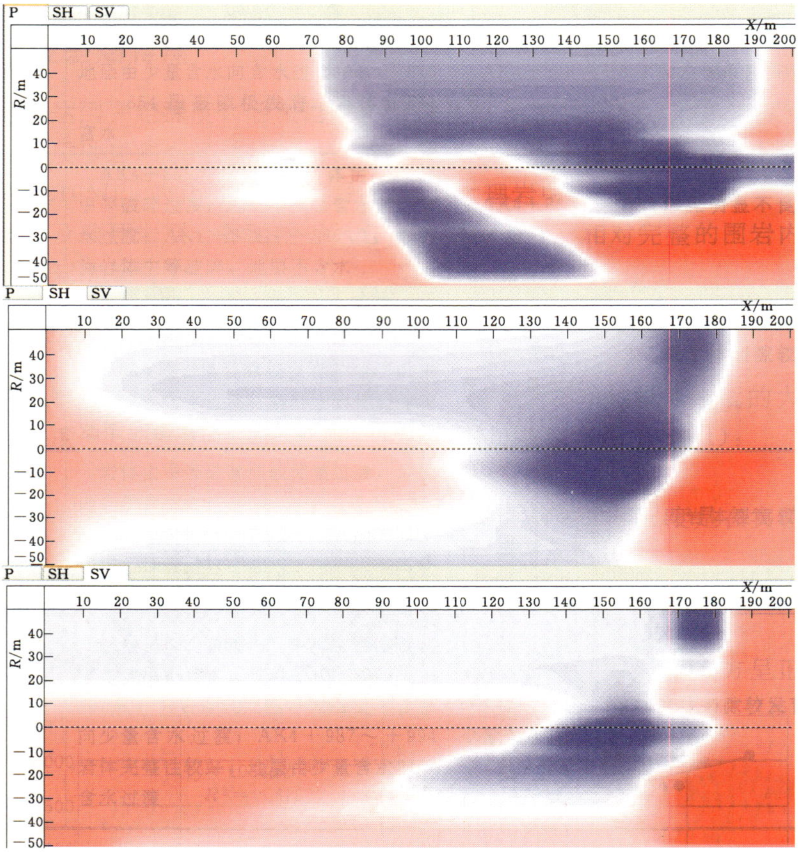

图 5.1-18　速度分析成果图

10）深度偏移：TSPwin 深度偏移包括两个步骤：①传播时间：在速度模型中，由炮点和接收器到每一个离散网格点的传播时间，在偏移时都需要将反射位置由时间域映射到物理模型空间。在速度分析时，TSPwin 会通过对射线追踪方程的数解，模拟波前在速度模型中沿射线路径的传播；②偏移处理是利用波传播到速度模型的传播时间将记录的地震振幅作为时间函数映射到物理模型空间，使用了与速度分析相同的算法，但此次仅仅计算了每个纵、横波单独的偏移剖面，在剖面中可以看到类似椭圆的反射图形（图 5.1-19）。

11）反射层提取：经过数据处理后的最终偏移结果表现为许多类似椭圆的曲线，分别代表不同的反射层振幅影像，对于隧洞工程来说，只有那些最为显著的反射元素才具有实际关注的价值。由此，TSPwin 软件通过相应的算法提取工程施工所需要的最有价值的纵

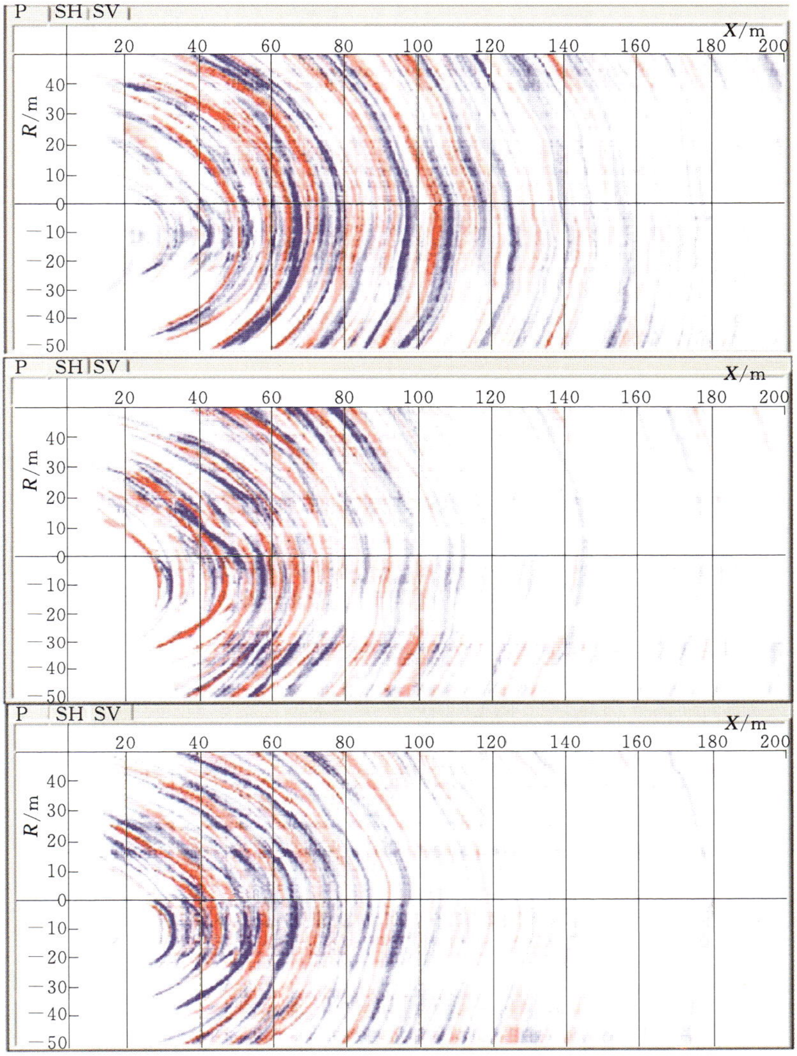

图5.1-19 深度偏移成果图

波与横波的反射面（图5.1-20）。

5.1.4 数据解译

在完成TSP203的波场处理后，可获取预报范围内的反射层剖面和岩体的物理力学参数曲线，通过分析反射层剖面和岩体的物理力学曲线，就可以实现对掌子面前方的地质情况进行预报的目的。

（1）反射层的地球物理意义。反射层主要反映预报范围内岩体几何空间上的构造信息，这些反射层的物理性质包括反射强度和极性，其主要物理意义如下：

1）反射振幅越强，说明反射系数越大，岩石的弹性波阻抗差越大。弹性阻抗是岩石密度与速度的乘积。

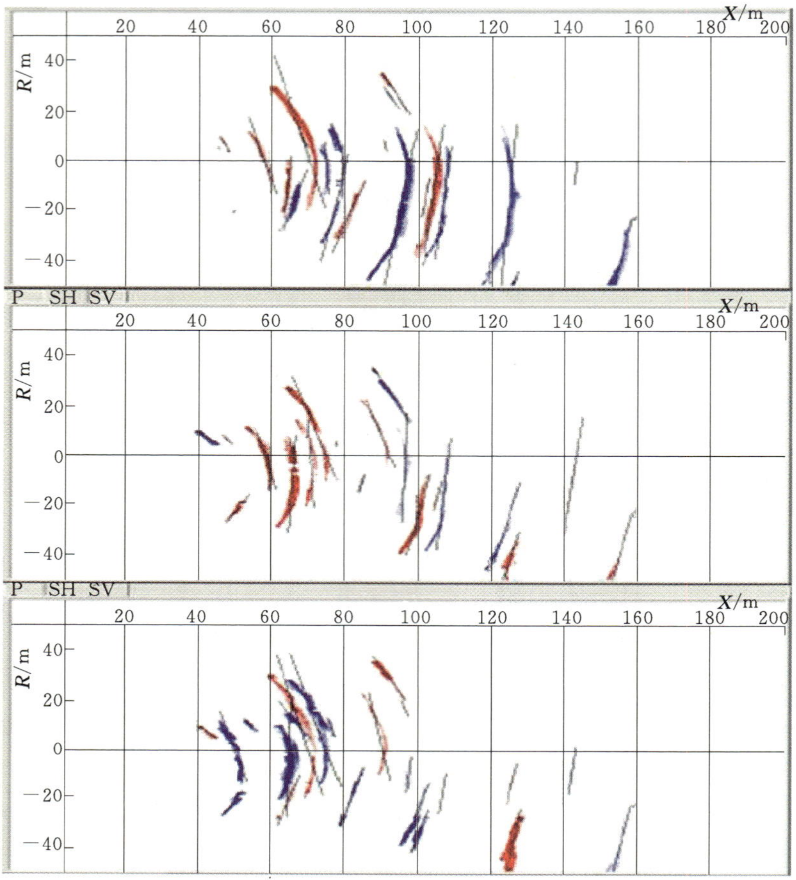

图 5.1-20 反射层提取成果图

2）正的反射振幅表明正的反射系数，也就是坚硬岩石；负的反射振幅则表明是软弱岩石。对于同一个构造，进行纵波和横波反射振幅的比较非常有用。

3）对于来自同一构造的纵波和横波反射信号振幅进行比较有助于判断反射面的特征，如果横波反射比纵波反射强，则表明在发生反射的地方岩石富含饱和水。

（2）物理力学参数曲线地球物理意义：

1）提取的反射层可以显示小范围内岩石构造的显著变化，岩石特性的大幅度变化通常用速度函数来评估，TSPwin 通过纵横波的速度并借助于经验关系式来计算岩石力学参数。

2）泊松比：当杆被纵向拉伸时，其横向应变与纵向应变的比即为泊松比；它在 0～0.5 变化。含流体岩石的泊松比是 0.5，而致密的结晶岩石的泊松比是 0.25。

3）密度：TSPwin 中的岩石密度 ρ 是通过纵横波速度的经验公式计算得出的。知道了密度，就可以计算出体积模量 k、拉梅参数 μ、拉梅系数常量 λ 以及动态杨氏模量 E_{dyn}。

4）纵横波速度比的大幅度上升或泊松比的突然上升通常是由于岩石中存在流体。

5）如果纵波速度一直减小，则表明岩石中的裂缝密度或孔隙度增大。

6）固结的岩石 $v_p/v_s<2.0$，泊松比 $\delta<0.33$；当岩石的孔隙充满水时，v_p/v_s 从 1.4→2.0；当岩石的孔隙充满气时，v_p/v_s 从 1.3→1.7；水饱和的未固结地层 $v_p/v_s>2.0$。

7）当岩石中含流体时，v_p 与孔隙度 φ 和孔隙中流体的性质有关，v_p 会明显降低；v_s 只与骨架速度有关而与孔隙中流体无关，v_s 不发生明显变化。

（3）解译需要注意的事项。岩体的动态特性不等同于静态条件下测得的特性，一般来说岩体的静态特性小于岩体的动态特性，并且遵从下面的规律：岩体中包含的裂隙越多、岩石越软，则静态参数相对于动态参数就越低。如果能将振动测量获得的有关岩体的动态特性经过适当的修正换算成岩体的静态特性，更能反映围岩的特性，对隧洞的稳定性及变形的评价起到了积极的作用。在此基础上进行力学分析，将能更准确和有效地指导隧洞的施工和支护。在 TSP 资料解释时必须注意以下几个方面：

1）超深埋隧洞的物理参数，如纵波速度、杨氏模量等的高低，在不同的工程环境中难以反映或判断出掌子面前方是否有不良地质结构面存在和具体的岩性是什么；

2）超深埋大理岩环境中，受断层、岩层产状的性质不同影响，即便在大的结构面、断层与破碎带，地下水并非随时都存在；

3）纵波速度的高低可以识别岩石是否完整，能给深埋工程地质环境中岩爆预防提供有价值的物理信息；

4）TSPwin 部分物理力学参数来自于经验公式，经验公式来源于地球物理相关文献。其中大多数建立在实验室内对岩石样品的测试。对于变质岩、火山岩、火成岩、沉积岩四大岩类来说，不同类型的岩石使用不同的经验公式。对于所有的由经验公式计算出的弹性参数，取由两种公式所求得结果的平均值。

5.1.5 成果报告

TSP203 成果一般提供岩体物理力学参数曲线、提取的反射层图以及对应的解释。也可以根据需要提供深度偏移图、反射层数据等。岩石物理力学曲线图一般包括 v_p、v_s 速度、v_p/v_s 速度比、泊松比、密度、动态杨氏模量和静态杨氏模量等。也需要提供切变模量、拉梅系数、体积模量等相关参数。

5.2 地质雷达现场技术

5.2.1 采集准备

在进行地质雷达数据采集之前应对预报洞段的地质情况和掌子面的情况进行充分的了解和分析，以确定预报成果是否能达到预期效果，采集准备工作主要包括以下几个方面：

（1）对仪器进行全面检查，保证仪器采集到的数据正常可靠。

（2）收集预报洞段的勘察报告，认真分析预报洞段的地质构造，地层岩性及存在的主要工程地质问题，作为后序工作的指导。

（3）根据收集到的地质资料及现场围岩情况，确定预报时的各项参数，包括介电常数、测点点距、记录长度、中心频率、采样率、数据采集方式及测线布置形式。

(4) 了解掌子面的工作环境，当测区范围内存在大规模的金属构件或电磁干扰时，应尽量避开或消除。当掌子面上有水时，应详细记录掌子面上的出水点及掌子面上的渗水情况，为后期数据及成果解释作指导。

5.2.2　数据采集

(1) 测线布置。为了能够最大限度地降低雷达探测对施工的影响和保证预报的准确率，雷达探测分初步探测和精确探测。

初步探测的观测系统为Ⅱ字形观测系统，其具体做法是在掌子面底部及临近开挖洞段两边墙底部约 1m 高位置作一条测线进行雷达探测。如图 5.2-1 所示，根据其初探结果，确定是否进行精确探测。如果在初探结果中掌子面前方或边墙未发现明显异常，则不进行精细探测，隧洞正常掘进；如果发现存在明显异常，根据初探结果，大致判断异常性质及异常位置，然后针对可能存在的不良地质体不同的性质在掌子面上增加“井”字形测线，进行精细探测，如图 5.2-2 所示。

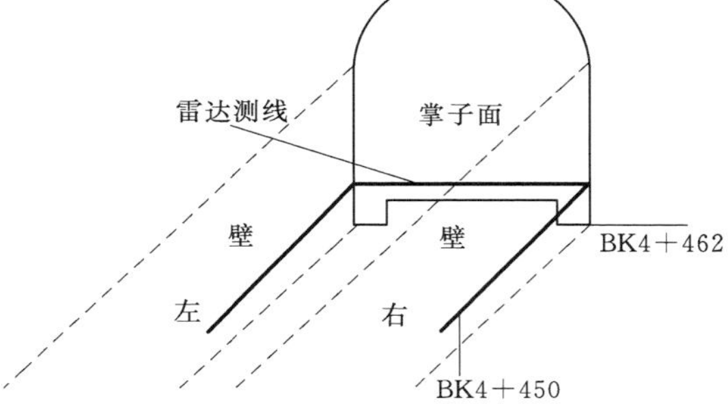

图 5.2-1　Ⅱ字形测线布置

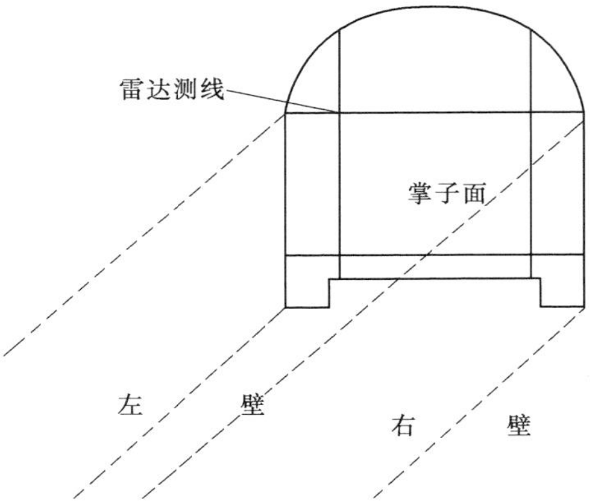

图 5.2-2　“井”字形测线布置

(2) 参数选定。地质雷达的参数要根据预报洞段的工作选择合适的探测参数，参数的合理与否直接影响到室内数据处理及雷达数据解释，超前预报的探测参数包括以下几个方面：

1) 介电常数。探测过程中介电常数的设定直接关系到探测深度的准确性，不同工区介电常数差异很大，介电常数通常要通过现场试验或在实验室内介电常数测定仪得出。当现场无试验条件时可根据现场的地质条件及围岩岩性取经验值，并在预报过程中通过对比预报成果与开挖实际地质情况动态调整介电常数。表 5.2-1 列出了常见介质的介电常数。

2) 记录长度。记录长度主要取决于最大探测深度 H 与电磁波在介质中的传播速度 v，记录长度 W 可由下式估算：

$$W=1.3\frac{2H}{v} \tag{5.2-1}$$

建议在实际使用中应在实际计算记录长度值的基础上增加 30%，为电磁波在介质中的传播速度和异常体深度的变化留出空间。

表 5.2-1　　常见介质的介电常数

介质	介电常数（相对值）	介质	介电常数（相对值）
空气	1	白云岩	8
页岩	7	砂岩	6
花岗岩	6	黏土	8～12
玄武岩	8	干砂	4～6
灰岩	7	水	81

3）采样率。采样率越大，现场采集到的数据就会越多，越有利于数据处理和成果解释，采样率由尼奎斯特（Nyquist）采样定律控制，即在现场探测中采样率最少应为反射波最高频率的 2 倍。以 SIR—3000 探地雷达为例，其天线发射的频率为中心频率的 0.5～1.5 倍。由 Nyquist 定律可知，采样频率应为中心频率的 3 倍，为记录完整的波形，建议采样率至少为 6 倍的中心频率。采样率应满足下式：

$$\Delta t=\frac{1000}{6f} \tag{5.2-2}$$

式中　Δt 为采样率，ns；f 为中心频率，MHz。

4）采集增益控制。电磁波在介质中传播过程中，其能量被介质吸收，并在介电常数分界面上发生反射和折射。随着深度的增加，电磁波能量减弱，信号幅度相应地减小，不利于信号识别和辨认。为了能更好地识别信号特征，采用增益（gain）函数来提高信号的幅度，使得信号的细微变化更容易显示和识别。

地质雷达的增益控制一般分为手动和自动两种方式，在增益设置过程时应将天线与预报段围岩紧密相贴。当选择自动增益设置时，主机自动调整增益函数的大小，使信号的振幅合适。当选择手动增益设置时，现场采集人员可根据现场环境及采集到的数据增加或减少增益点多少，并且可以手动调整各增益点的函数大小，进而调整信号增幅。

5）测点点距。点测时，测点点距是指相邻两个测点之间的距离。天线的中心频率和介质的介电常数是决定点距的重要因素。为确保探测到的异常体在空间上不重叠，测点点距（n_x）应为电磁波波长的 25%，测点点距（n_x）应满足下式：

$$n_x=\frac{75}{f\sqrt{\varepsilon_r}} \tag{5.2-3}$$

式中　f 为天线中心频率，MHz；ε_r 为介质的介电常数。

5.2.3 数据处理

现场采集的数据往往包含各种干扰波（噪声、多次反射波、杂波），只有通过数据处理压制干扰波，增强有效波信号，提高原始数据的信噪比，为数据解释提供可靠的基础资料。原始数据处理的好坏直接影响了预报成果的准确性。

以美国地球物理测量系统公司开发的 RADAN5 软件为例，地质雷达的数据处理流程如图 5.2-3 所示。

（1）数据预处理。

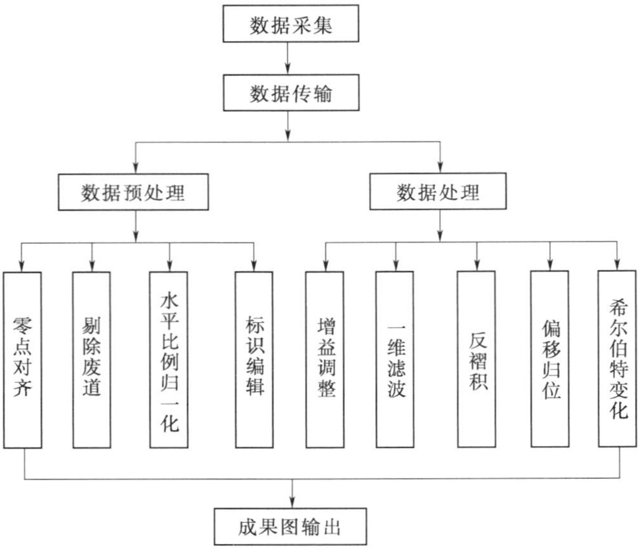

图 5.2-3　地质雷达数据处理流程图

1）零点对齐。地质雷达最先接收到的信号是由发射到接收的系统直达波和掌子面的反射波，为准确探测目标体的位置，需将零点移至直达波的波峰位置处。

2）剔除废道。在超前预报过程中常常出现诸多原因导致采集到的数据与正常数据明显不同，比如：掌子面凹凸不平处、绕过障碍物处、大量出水点和炮杆干扰处等，在进行下一步数据处理前必须将其进行剔除，以免影响下一步数据处理和成果解释。

3）标识编辑。地质雷达在进行野外数据采集时，由于现场环境的复杂性可能会出现在同一个位置打两个标识，也可能出现漏打标识的情况，需对标识进行编辑为水平比例归一化做准备。

4）水平比例归一化。地质雷达在进行连续探测的整个过程中，由于天线的移动速度做不到绝对的匀速，为了确定目标体的准确性需将原始数据进行归一化处理。

（2）数据处理。

1）增益调整。由于在进行野外数据采集时一般采用的是自动增益，得到的是相对较为合理的增益，要想得到合理的增益就需要在数据处理时根据实际情况进行调整。通过对信号振幅大小的调整，使目标体的反射信号更加易于辨识。

在增益调整窗口选择手动调整，根据需要选择增益点数与放大倍数（一般为 2.5）。根据反射波情况确定目标体的位置并调整目标体处的增益使其更加易于辨识。

2）一维滤波。不同的介质对电磁波的响应特征不同，主要表现为能量吸收、波长变化和频率变化。原始数据中存在不同频率干扰，通过滤波处理突出有效信号，压制干扰信号，提高分辨率。一维滤波参数主要有 FIR 滤波和 IIR 滤波和背景去噪等。如果单位脉冲响应是一个有限长序列，这种系统称为“有限长单位脉冲响应系统”，简写为 FIR 系统。相反地，如果响应是一个无限长序列时，则称为“无限长单位脉冲响应系统”，简称为 IIR 系统。FIR 滤波和 IIR 滤波均包含了水平滤波和垂直滤波。在应用滤波处理时，最为重要的就是滤波参数的选取，在地质雷达数据处理中常采用带通滤波。可根据噪音中高频成分和低频成分设置带通滤波的低通值和高通值，使有用信号更加易于辨识，图 5.2－4 为 IIR 水平高通滤波对比图。

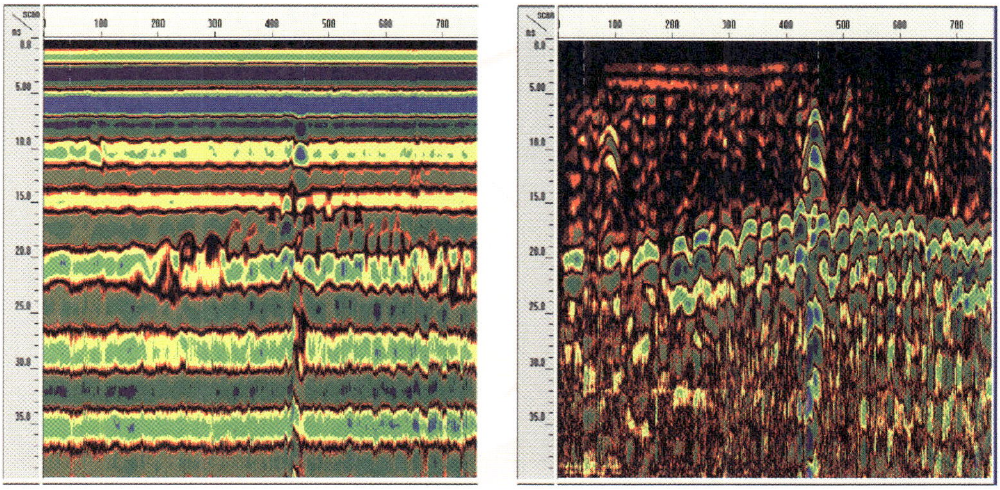

图 5.2－4 IIR 水平高通滤波对比图

3）反褶积。由于雷达发射的脉冲波实际是一个拥有一定时间延续的子波 $b(t)$。所以地质雷达记录 $x(t)$ 可以看做是反射系数 $r(t)$ 和子波的褶积：

$$x(t)=b(t)r(t) \tag{5.2-4}$$

雷达记录过程中，两个相邻的反射面的到达时间仅相差几个纳秒，在雷达剖面中难以区分开，利用反褶积将雷达记录 $x(t)$ 转换为反射数列序列 $\varepsilon(t)$，即令

$$\varepsilon(t)=a(t)x(t) \tag{5.2-5}$$

由式（5.2－4）和式（5.2－5）可知：

$$a(t)b(t)=1 \tag{5.2-6}$$

已知 $b(t)$，可求出 $a(t)$，利用式（5.2－5），把反子波 $a(t)$ 与雷达记录 $x(t)$ 褶积，即可求出反射数系列 $\varepsilon(t)$。

反射子波明显影响了雷达成果的解释，通过反褶积这种特殊的滤波过程，很好地压制了多次反射波、压缩反射子波，从而提高了垂直方向上的分辨率，为后期雷达数据的解释打下了良好的基础。

4）偏移归位。偏移归位处理，在地震数据处理中是一种重要的提高分辨率的处理手段，由于地质雷达和地震资料的相似性，偏移技术对于提高地质雷达资料的分辨率也能起到较好的作用。

地质雷达接收到的数据与地震弹性波类似，都是来自地下介质交界面的反射波，在实际探测时，偏离测点的地下介质或交界面上的反射点，只要其平面经过测点，都会影响原始数据。因此，在处理资料的过程中需要将雷达记录中的每一个反射点移到原本的位置上。这种处理方法就被称为偏移归位。通过偏移归位使地质雷达剖面更加真实地反映地下

介质的分布情况。

图 5.2－5 反映了在倾斜界面中，地质雷达记录剖面与实际界面之间的关系，图中 A'' 和 B'' 点的反射在雷达图像中分别记录在 A 和 B 点垂直方向上的 A' 和 B' 点。地层的真倾角为 A'' 和 B'' 两点连线的倾角 θ''_x，但在雷达剖面中 A' 和 B' 点连线的倾角 θ_x。如果原始数据不经过偏移归位处理将导致成果解释的偏差变大。进行偏移归位就能真实反映目标体的位置。

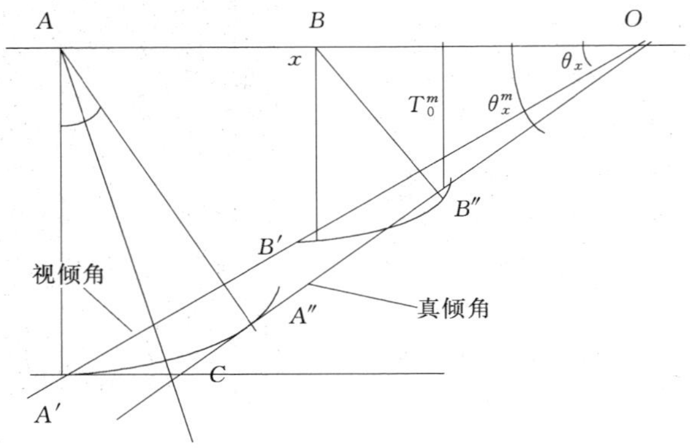

图 5.2－5　反射界面倾斜时雷达记录剖面与真实界面的关系

5.2.4　数据解译

地质雷达的数据解译必须要在充分了解和掌握预报洞段的地质资料的基础上进行，充分利用时间剖面的直观性和范围大的特点，重点研究同相轴不连续、同相轴局部缺失、反射波波形发生畸变、反射波频率发生变化的重要波组，它们一般都是介质分界面的有效波，其特征明显，易于识别。通过对同相轴的追踪，确定反射波组的地质含义，同时结合勘探资料和一些其他物探资料，获得最接近真实情况的解译成果，常见地质体在地质雷达剖面上的反映特征见表 5.2－2。

表 5.2－2　　常见地质体在地质雷达时间剖面上的反映特征

异常类型		雷达波波形特征
完整岩体		无反射波或反射波能量很小，反射波的主频主要集中在天线的中心频率附近，电磁波波形均匀，波幅逐渐减小，同相轴连续
溶蚀裂隙区		反射波明显，频率降低，电磁波振幅衰减较快，与完整围岩反射波差异明显，同相轴明显错断
节理裂隙密集带	与掌子面平行发育	反射波明显，同相轴平直、连续，反射波振幅、频率增大
	与掌子面成一定角度发育	反射波明显，同相轴倾斜，反射波振幅、频率增大
溶洞	全充填型	洞顶反射面明显，由于内部充填物对电磁波具有较强吸收，使得电磁波衰减严重
	半充填型	有明显反射面，反射面杂乱，振幅增强
	无充填型	有明显反射面，反射面表现为双曲线形态

5.3 BEAM 现场技术

BEAM 预报系统可同时用于钻爆法施工和 TBM 施工条件下的预报。用于 TBM 施工条件下的隧洞超前预报能随着隧洞掘进，自动进行测量，并实时处理得出掌子面前方的测量结果。

5.3.1 钻爆法施工

(1) 在掌子面四周或离掌子面 5m 处布置一圈 A_1 极发射互斥的电流，环型供电电极不少于 9 支，等间距布置在掌子面外沿，打孔安置并注少量水耦合。

(2) 测量电极（A_0 极）按环型布置，共 6 支，半径小于供电环 1m 左右（A_1、A_0 布在同一个掌子面时），如图 3.5-3 所示。

(3) 离掌子面 300～600m 远处布置一根负极（即 B 极）作为无穷远极，与 A_1、A_0 极构成回路。该环型电极接入 1 个组合控制开关，由 BEAM 仪器按一定程序进行控制测量，从而得到掌子面前方一定范围内的视电阻率和极化率数值空间分布情况。供电电流采用多频方式供电，测量不同频率下的观测数据。

(4) 由于 BEAM 预报需要获取连续的数据，钻爆法条件下的 BEAM 预报需要隧洞每掘进 20～30m 就要进行一次测量。

5.3.2 TBM 施工

(1) 在预报开始前，需将 BEAM 系统安装在 TBM 控制室内，需 220V 电源。

(2) 将接地电极“B_1”和“B_2”固定在隧洞外或 TBM 后面的边墙上；且随着 TBM 的不断掘进，连接“B_1”和“B_2”的电缆线应可以不断延长，最大延伸应根据干扰程度和地质条件确定。在施工过程中，需要保护连接线不被破坏。

(3)“A_1”作为保护电流电极，连接位置为护盾的边墙或掌子面处，接触点由螺栓或螺丝焊接在 TBM 的金属件上；“A_0”为测量电流，连接点位置应尽可能靠前面且位置居中，并固定在 TBM 不旋转的部件，“A_1”和“A_0”电极输出电压为 24V。

(4) TBM 施工条件下的 BEAM 预报是全自动化的测量，当 BAEM 系统接收到来自 TBM 导向系统发出的 PLC 激发信号时（激发信号电压 V=24V 时），表明 TBM 在进行掘进，系统自动进行测量，否则系统停止数据采集。

(5) 为实现远程控制的目的，BEAM 系统采用专用电话线或局域网通过注册的管理员登录连接，实现远程控制，如图 5.3-1 所示。

5.4 岩体温度测试现场技术

岩体温度测试主要通过探测掌子面岩体温度场强的变化差异值和隧洞开挖段围岩温度场强沿隧洞前进方向的变化规律，来推断前方是否存在隐伏含水构造体，有无发生突涌水的可能的一种物探方法。

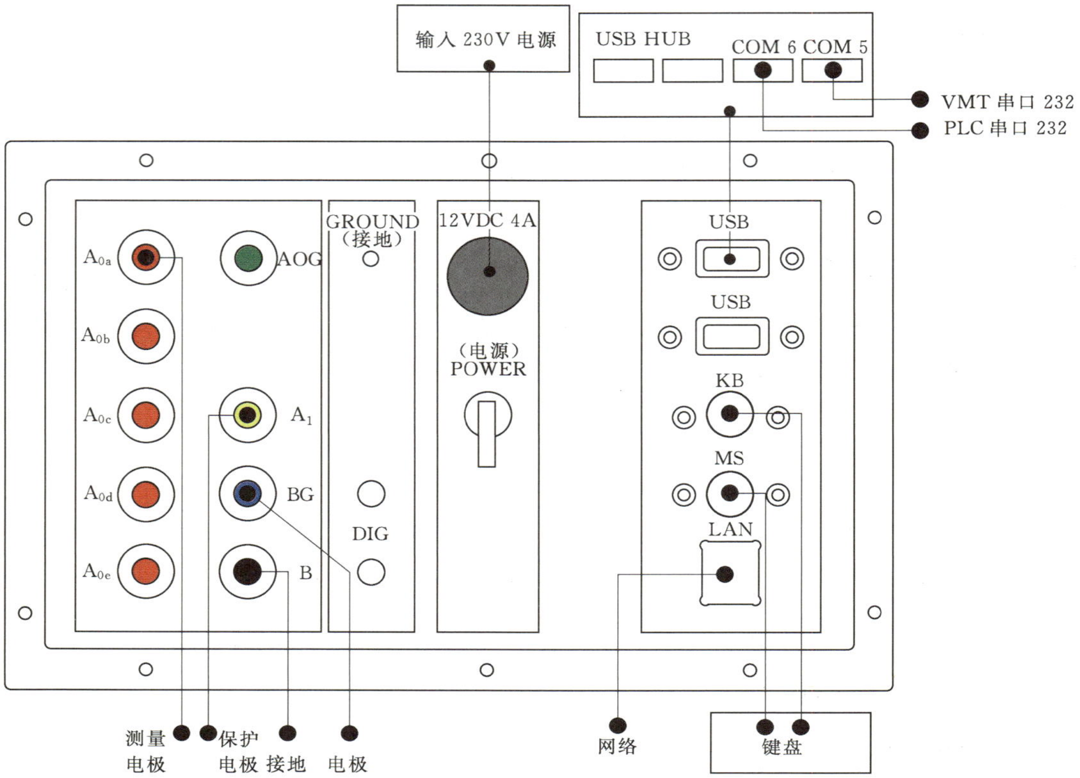

图 5.3-1　TBM 施工条件下 BEAM 系统连接图

5.4.1　测点布置

（1）沿隧洞前进方向测点的布置。沿已开挖隧洞边墙纵向进行测点布置时，分别在两侧边墙不同高度各布置两条测线，在隧洞顶拱布置一条测线，间隔 5m 设置一个测点，测点数目不少于 12 个点。

（2）掌子面上测点的布置。根据掌子面的大小，一般将掌子面均匀划分成 9～16 个区域，每个区域设定一个测点。

5.4.2　成果解译

（1）通过对比分析掌子面各测点的场强，判定掘进掌子面是否存在含水构造体。当掌子面上测点中最大场强和最小场强的能量差大约或等于 $10\mu W/cm^2$，可判定掌子面前方存在含水构造体，否则不存在含水构造。

（2）通过建立各测点的场强（y 轴）与测点到掘进掌子面的距离（x 轴）的函数关系，并绘制出函数图形，根据函数图形特征进行超前探水预报。

1）如果 5 条测线的函数曲线图形均为近似水平直线，表明掌子面前方不存在含水构造，如图 5.4-1（a）所示。

2）如果5条测线的函数曲线图形离掌子面越近，均统一上升或统一下降，表明掌子面前方存在具有含水构造的可能性；如图5.4-1（b）所示。

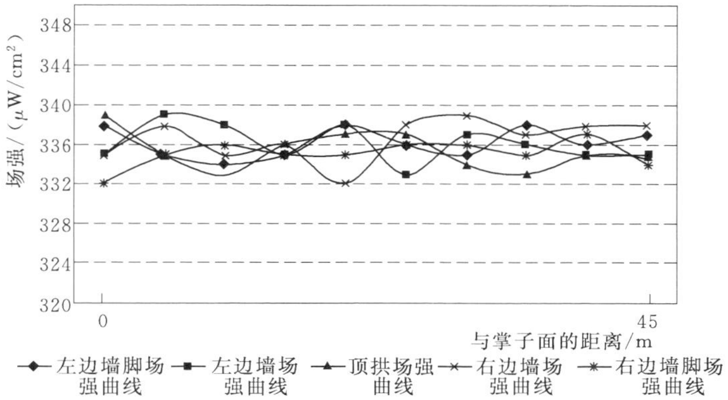

（a）无含水构造

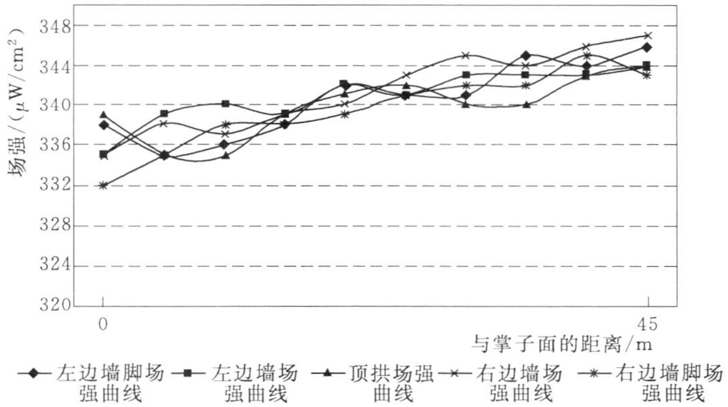

（b）有含水构造

图5.4-1　典型红外线场强曲线

5.5　超前水平钻现场技术

5.5.1　钻进方式

超前钻探钻进方式一般存在两种方式：冲击钻和回旋取芯钻。

冲击钻：钻进速度较快，占用掌子面工作时间较少，但无法获取芯样，只能通过一些间接指标判断隧洞掌子面前方围岩变化情况。如需了解芯样情况，可采用钻孔全景数字成像对钻孔孔壁进行录像。

回旋取芯钻：可获取围岩芯样，可通过芯样较准确判断掌子面前方围岩情况，但钻进速度较慢，占用掌子面时间太长。

实际工作中，应根据预报情况，合理选择钻进方式。

5.5.2 技术要求

在进行超前钻孔前，应根据短距离预报成果，有针对性地布置钻孔，钻孔数目和孔深应根据地质特点及探测目的确认。具体要求如下。

(1) 孔数：断层、节理裂隙密集带或其他富水破碎带地层一般布置 1 个钻孔；富水岩溶发育地层一般布置 3～5 个钻孔，具体孔数可根据现场情况动态调整，以查清溶洞规模及保证施工安全为原则。

(2) 孔深：钻孔深度一般控制在 30～50m 之间，连续钻探时，两次搭接长度应大于 3m，具体孔深可根据现场情况和探测目的动态调整。

(3) 孔径：孔径不应小于 75mm。

(4) 角度：应根据物探预报情况，合理布置钻孔角度。

5.5.3 钻孔实施

(1) 超前钻探过程中，应由专业预报人员现场记录，记录内容包括钻孔位置、开孔时间、终孔时间、孔深、钻进压力、钻进速度随钻孔深度变化情况、冲洗液颜色和流量变化、涌砂、空洞、震动、卡钻位置、突进里程、冲击器声音的变化等。

(2) 在钻进过程中要及时鉴定岩粉、岩芯、岩石类别，对于断层带，溶洞充填物、煤层等应拍摄照片并选择代表性的芯样进行保存。

(3) 在富水地段进行钻孔时，需安装孔口管和压力阀，连接压力表，压力表读数稳定后再进行读数。

5.5.4 质量控制

(1) 超前钻探按如下步骤进行：孔位布置→设备就位→设备安装、准备→开口、安装孔口管→钻进→成孔验收。

(2) 钻进定位完毕后，需对钻机进行加固，防止钻机在钻进过程中因振动而偏移，在钻进过程中，钻具的导向装置应尽可能加长，并选择刚度较强的钻杆，减少钻具的下沉。

5.5.5 安全控制

(1) 钻进使用的高压风、高压水的各连接部位应牢固，防止脱落；电力连接应由专业电工负责，并满足相关规程规范。

(2) 钻进前方应设置挡板，后方严禁站人。

(3) 钻孔应安装牢固的孔口管和安全阀，防止高压水喷出伤人。

(4) 钻进过程中，如果发现有岩壁松软、片帮或水压、水量突然增大时，必须停止钻进，防止水压撑破掌子面而发生安全事故。

5.6 TRT 现场技术

5.6.1 采集准备

(1) 观测系统设计。TRT 在三维空间内布置传感器，接收右震源参数的地震波信号。

图 3.4－5 为 TRT 观测系统布置示意图。

（2）传感器的安装。

1）传感器要用速凝剂固定到隧洞初期支护上，还要保证初期支护与后方岩体没有空洞；

2）保证传感器的最高点与最低点之间的高差不小于 2.5m，具体布置方法：先用冲击钻在初期支护上打一个深浅为 5cm 的小孔，然后将已经搅拌好的速凝剂涂抹在传感器上，将传感器上的小棒迅速插进冲击钻钻出的小孔中，再用手压紧让传感器能与隧洞初期支护达到无间隙结合状态；

3）根据以上方法再逐一安装其他的传感器，隧洞拱顶的传感器需要等到速凝剂完全凝固方能放手，以保证传感器与隧洞初期支护无间隙的接触。

（3）震源的选择。

1）震源点的布置位置要尽量靠近掌子面，不要离得太远，左右边墙各 6 个对称布置；

2）震源点的布置位置应该保证初期支护完全凝固后，且应该布置在坚硬的围岩上，避开初期支护有水的地方；

3）震源点不得少于 12 个。

（4）坐标点的测量。需要准确测量 11 个震源点的坐标和 10 个接收器的坐标，坐标误差要小于 5cm。

5.6.2 数据采集

（1）震源的激发。

1）使用重量为 5kg 的榔头按顺序锤击震源点，同时采集闭合触发方式同时触发仪器，使仪器同时接收信号；

2）每个震源点锤击的次数不小于 3 次，并且每一组锤击的坐标变化控制在 5cm 以内；

3）用力锤击震源点，保证榔头的锤面与隧洞震源点的面尽量完全接触，以保证弹性波传播能量。

（2）数据的采集：建立基站，并将基站与电脑连接，开启无线模块，当无线模块的指示灯均是绿色闪烁时，打开收集信号的软件开始采集数据。

5.6.3 数据处理

（1）数据处理流程：TRT 数据处理分 8 个步骤，详细流程如图 5.6－1 所示。

（2）数据的录入。

1）拷贝地震波数据：据将“Generic－XRT”文件从“0－tool _ Bay”的文件中复制出来并粘贴在 C\0－RV3D 目录下；把现场采集到文件夹 C\Sawtooth\Seg2 _ Files 下的数据拷到自己新建文件夹中的“2－Raw _ Data”文件夹里面，并录入软件中；把文件夹 C\Sawtooth\Seg2 _ Files 下的地震波数据拷到和“0－Tool－Bay\Data－Bay”文件夹下。

2）下载数据：打开项目文件夹下“Basic\0－Para _ Set”中的 Test input－Mu _

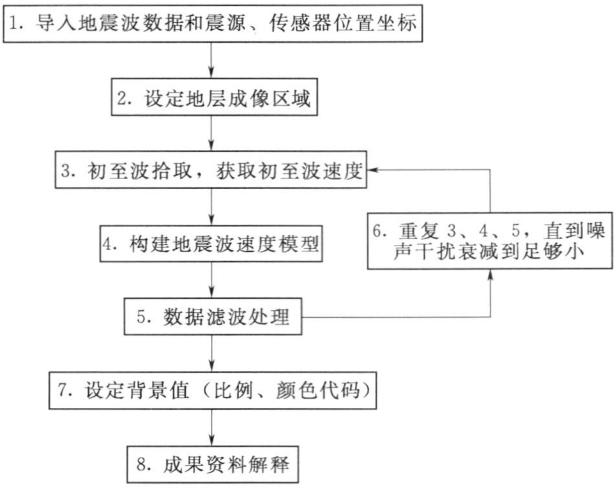

图 5.6-1　TRT 数据处理流程

ling-orig，将隧洞施工现场所测得的坐标（震源点坐标、接收器点的坐标、再加两个断面的坐标）录入到 Test input-Mu _ ling-orig 表中，使用 RV3D 软件生成的接收到的地震波序列号，再将序列号录入到 Test input-Mu _ ling-orig 表的勘测日志及操作日志中。

3）处理数据：插入处理数据的电子狗，打开 RV-Interface 软件（设定隧洞的断面大小，预测距离等等），根据隧洞的实际情况输入隧洞的断面大小、测点坐标和预测距离等等，并按步骤提示进行操作。

4）输出数据：最后点击下载按钮，通过提示，将每次面板的内容粘贴到相应的单元格中。

（3）使用 RV3D 进行地质三维成像。

1）下载数据转到 Signals 窗口，将数据录入软件当中，即只需单击 Load 等数据下载完成后再次点击 Load 选项。

2）评估波速：

A. 转到 RV-3D 软件当中的 Site 窗口，按住 Ctrl 键的时候单击日期，就可以进行数据更新了；

B. 单击软件 View 菜单下面的第二个选项"Time vs. Amplitude"命令，勾选 Signal 和 Pnts 两个选项；

C. 单击在 View 菜单下面第三个选项"signal Waveforms"命令，就会弹出一个窗口，在窗口中的 Mode 标签中勾选 Pick 选项，然后在一下 10 个通道中突变点，将这个突变点作为下一次的起震点，依次选择合计 360 次；

D. 转到 Rays 标签窗口，点击 Load Picks 命令。

5.6.4　数据解译

（1）TRT 地震波法成像法解释三维图不是单一的，而是通过与隧洞掌子面的围岩情况进行比较的。以隧洞掌子面作为地质背景，隧洞掌子面前方的地质情况的解译都是相对于掌子面的背景值进行，如果前方有异常区域，则背景值就会发生改变，颜色会发生变化，这样就可以根据颜色的分布和颜色的变化针对地质情况进行解释。

（2）TRT 软件将蓝色作为软弱地质体的代表，将黄色为坚硬地质体的代表，通过颜色就可以判断出岩体的软硬。

（3）对于三维图的解释要全面整体的观察，不能从一个局部来进行参照，不能舍本逐末。

判断围岩类别遵循以下原则：

1）根据黄色和绿色的分布及大小，再结合不同围岩对应的不同地震波波速相结合进行综合判断；

2）断定围岩的级别不要单一的根据 TRT 图上显示的蓝绿色来判断，应该结合当前的实际情况来判定。

第6章　技术成果运用

6.1　实例一

6.1.1　工程概况

贵广铁路GGTJ-1标某隧洞设计时速250km/h，预留提速条件。隧洞起止里程为D3K98＋840～D3K106＋210，全长7.37km，位于贵州省黔南州都匀市西郊，地处苗岭山脉的腹部。隧洞为单洞双线隧洞，最大埋深470m。

6.1.2　地质概况

（1）地层岩性：①志留系中统翁项组（Swx）分布于调查区南部山脊一带，地层岩性为灰绿色、黄绿色黏土质页岩夹钙质粉砂岩、泥质灰岩，地层产状为125°∠15°；②奥陶系下统桐梓组红花园组［$O_1(t+h)$］分布于调查区中部沟谷及北部山脊一带，主要为浅灰色—灰色，中厚层状夹薄层状，隐晶质—微晶质结构白云岩，质坚性脆，地表普见刀砍状裂隙，灰岩为隐晶质结构，以白云质灰岩居多，地层产状为245°∠25°。

（2）地质构造：隧洞进口发育硝洞1号正断层，与隧洞呈65°左右斜交，倾角80°～90°，断层上盘为砂页岩地层，下盘为灰岩地层，断层破碎带宽5～10m，断层带物质为胶结紧密的断层角砾岩、构造压碎岩，原岩为灰岩、页岩，粒径2～50mm，呈尖棱状，上下盘岩层裂隙间大量充填方解石脉。沿断层线地表为一宽大深沟，雨季沟内有山洪汇集排泄，冲洪积物较厚，隧洞顶板距沟底45m左右，断层带内岩体破碎，且可能顺断层带沿可溶岩一侧发育溶洞，施工中可能发生大规模的涌水、涌泥情况。

（3）水文地质：主要为第四系孔隙潜水、碳酸盐岩岩溶水及基岩裂隙水。

6.1.3　预报体系

根据该隧洞的工程地质和水文地质条件，本隧洞地质复杂等级为很复杂，相应的预报等级为重点预报。即采取以地质分析为基础，物探方法为手段，宏观预报（区域地质调查和地表补充调查）、中长距离预报（TSP203和瞬变电磁预报）、短距离预报（地质雷达）、特殊方法预报（超前水平钻探）相结合的综合超前预报体系。

（1）宏观预报：通过地质分析及地表补充调查，宏观预报洞体施工可能遇到的不良地质类型、规模、位置和方向以及发生施工地质灾害的类型和发生的可能性，以指导中期、短期预报。

（2）中长距离预报：主要以TSP超前预报系统为主，瞬变电磁等方法为辅，初步判断掌子面前方0～150m范围内可能存在的较大异常情况及岩体的完整状况。

（3）短期预报：主要以地质雷达预报为主，红外探水为辅，每次预报掌子面前方0～25m范围内的地质情况，在宏观预报和中长距离预报基础上，针对重点部位，可加强预报频度和洞内地质素描。

（4）特殊方法预报：当短距离预报发现前方可能存在较大含水层带或通道时，通过水平超前钻孔查明其形态、规模及发育方向，钻孔数量根据预报成果现场确认。

预报体系如图6.1-1所示。

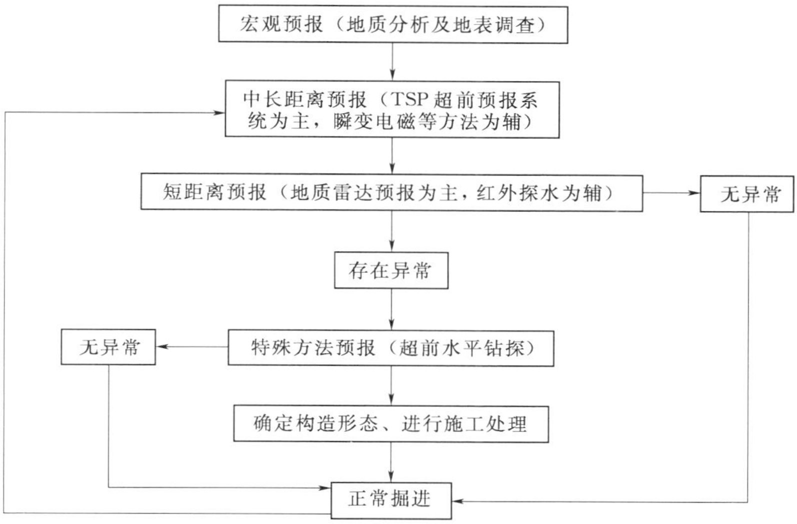

图6.1-1 预报体系

6.1.4 D3K100+765掌子面预报实例

6.1.4.1 预报成果

（1）宏观预报。隧洞为长大隧洞，区域跨度较大，地质情况复杂，为一级高风险隧洞，隧洞主要不良地质体为岩溶、断层破碎带，施工中可能发生大规模的涌水、涌泥情况，尤其是硝洞1号正断层带附近，可能顺断层带沿可溶岩一侧发育溶洞。

（2）中长距离预报。根据设计文件及宏观预报结论，为确定该断层的具体桩号和评估该断层对隧洞开挖的影响程度，预报项目部分别在D3K100+699掌子面和D3K100+765开展了两次TSP预报及在D3K100+657掌子面瞬变电磁预报。

1）TSP预报结论：在D3K100+770～+834段围岩的纵波波速、密度较低；泊松比σ较高，解释为硝洞1号正断层及断层影响带，岩溶发育、岩体溶蚀破碎，含水量较丰富。图6.1-2为D3K100+765掌子面TSP岩石物理力学参数显示结果及成果分析图。

2）瞬变电磁预报结论：D3K100+765～+817段存在一低阻异常体，解释为硝洞1号断层的及断层影响带，其中D3K100+767～+792段低阻异常明显，该段存在涌水涌泥的可能性。图6.1-3是D3K100+667掌子面瞬变电磁预报成果。

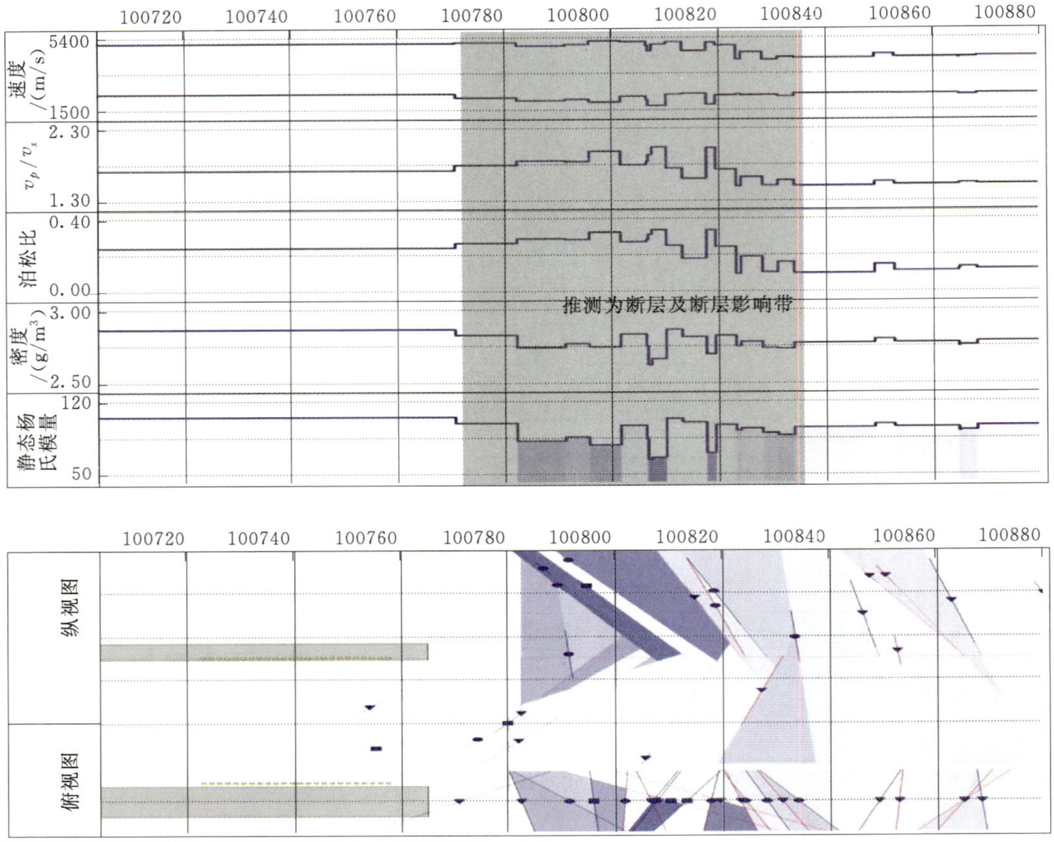

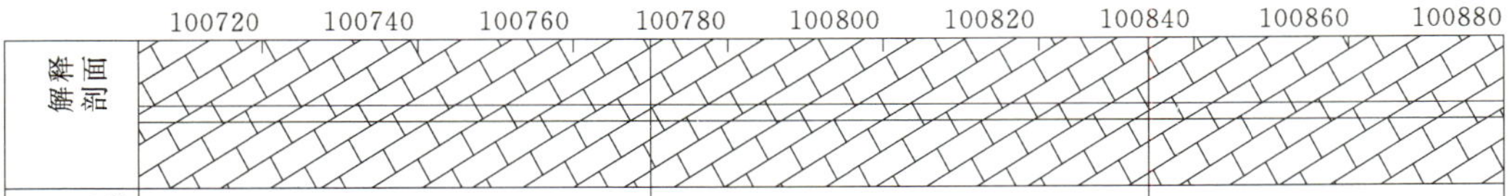

纵波波速/(m/s)		4330～5400	4400～4630
密度/(g/m³)		2.63～2.88	2.74～2.80
泊松比		0.1～0.34	0.10～0.16
描述	炮孔布置洞段	硝洞 1 号正断层及断层影响带，岩体溶蚀破碎，其中DK100＋782～＋801、DK100＋806～＋810、DK100＋817～＋819 段发育岩溶的可能性较大	岩体较破碎，含水量降低、岩溶不发育

图 6.1－2　D3K100＋765 掌子面 TSP 岩石物理力学参数显示结果及成果分析图

(3) 短距离预报。

1) 地质雷达：为了进一步探明掌子面前方硝洞 1 号正断层的不良地质体情况，预报项目部在 D3K100＋765 掌子面上布置了 5 条雷达测线进行探测（图 6.1－4），探测结果如

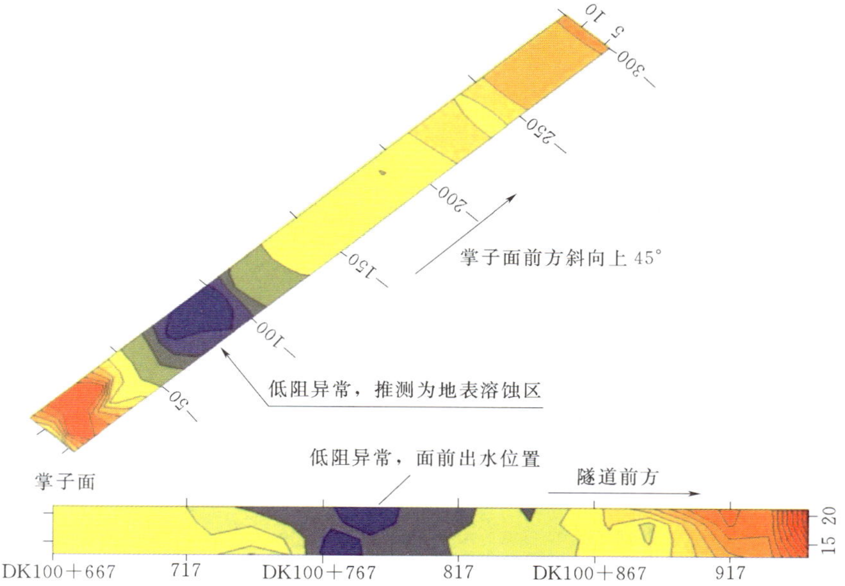

图 6.1－3　D3K100＋657 掌子面瞬变电磁预报成果图

图 6.1－5～图 6.1－10 所示。从雷达色谱图可知：掌子面前方雷达信号同相轴不连续，反射能量分布不均匀且局部，说明掌子面前方岩体均匀性差，在强反射区域发育岩溶空腔并富水的可能性较大。

2）红外探水：2011 年 4 月 1 日，为探明掌子面前方的富水情况，在掌子面上布置 4 条测线（图 3.6－1）（每条测线上均匀布置 5 个测点，从左至右、从上到下）进行红外线测试，探测结果如下：

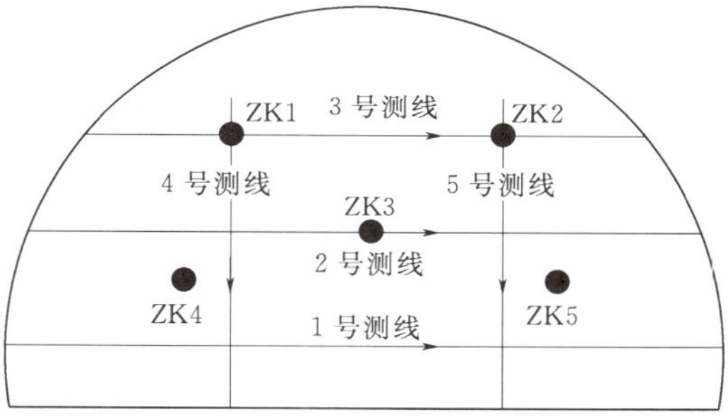

图 6.1－4　D3K100＋765 掌子面雷达测线布置图

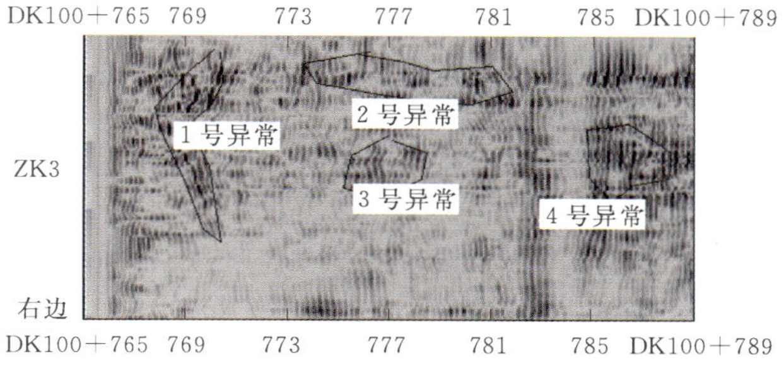

图 6.1－5　1 号雷达测线成果图

A. 由掌子面上 20 个测点的红外辐射场强数值（表 6.1－1），可知其最小值为 330W/cm^2，最大值为 345μW/cm^2，差值为 15μW/cm^2，大于允许的最小安全值 10μW/cm^2。

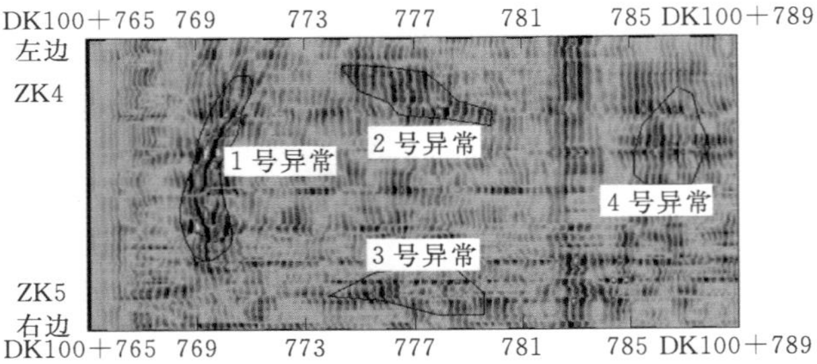

图 6.1-6　2 号雷达测线成果图

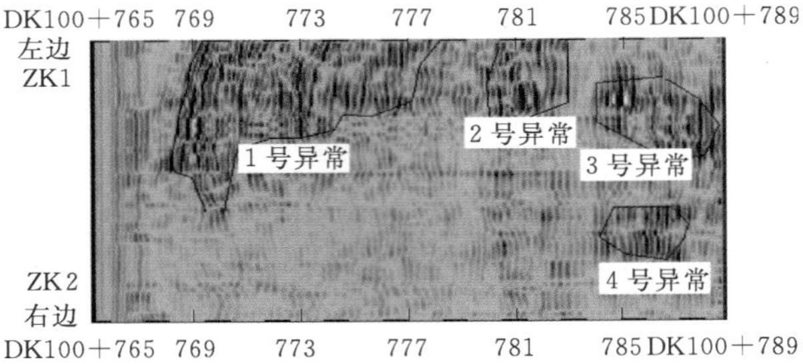

图 6.1-7　3 号雷达测线成果图

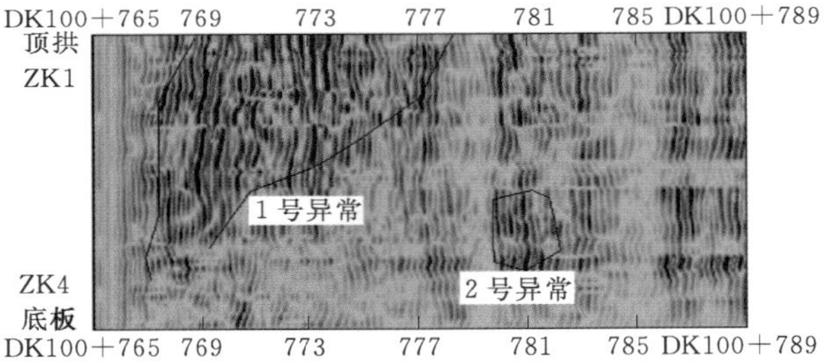

图 6.1-8　4 号雷达测线成果图

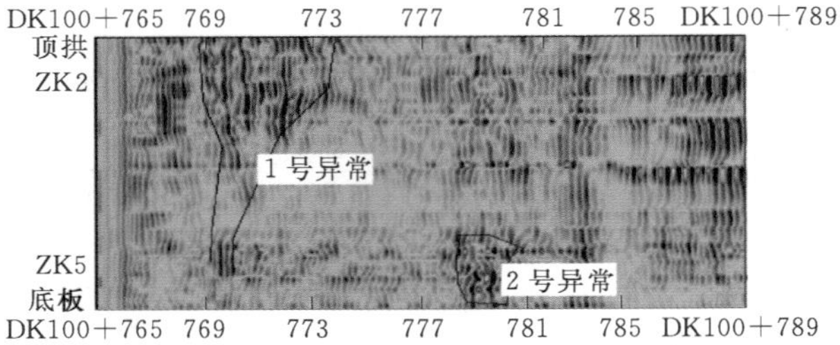

图 6.1-9　5 号雷达测线成果图

B. 根据现场所测左边墙脚、左边墙、拱顶、右边墙、右边墙脚的辐射场强值（从掌子面往已开挖段每隔 5m 布置一个测点），绘制曲线如图 3.6-2 所示，可以看出：往掌子面方向，靠近掌子面附近红外辐射场强值曲线呈上升趋势。

图 6.1-10 地表坍塌情况

根据上述 A、B 两种判别方法，结合已开挖揭示的围岩情况及地质雷达预报结果，可以判定 DK100+765～+789 段存在一定规模的含水体。

表 6.1-1 **掌子面红外探测记录表**

测线＼测点	1	2	3	4	5
1	336	336	335	338	335
2	338	339	336	337	336
3	340	338	340	341	342
4	344	343	345	342	341

3）特殊方法预报。本次特殊方法预报主要采取的方法为加深炮孔和超前水平钻探。2011 年 3 月 30 日，施工单位在 D3K100+765 掌子面施作加深炮孔过程中出现承压水流出，水质呈黄色泥浆水，水流持续时间长，且未有减弱的趋势。为了进一步探明掌子面前方地质情况及形态，确保施工安全，随后在掌子面上布置了 7 个超前水平钻孔，钻孔布置如图 6.1-11 所示。5 个超前水平钻孔都出现了不同程度的涌水，超前水平钻孔成果详见表 6.1-2。

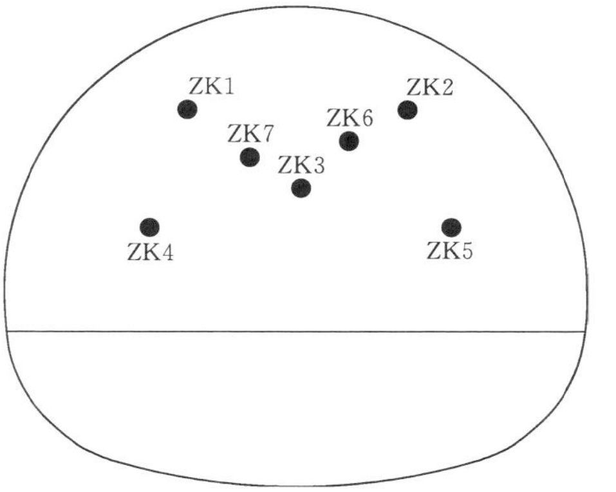

图 6.1-11 D3K100+765 掌子面超前水平钻孔布置图

6.1.4.2 预报结论

综合上述各类预报成果，可以得出如下预报结论：

(1) 预报洞段岩性为灰黑色中至厚层白云质灰岩，其中在 DK100+768～+795 段为硝洞 1 号断层及断层影响带（该影响带将继续向前延伸），发育有管道型溶洞及溶蚀破碎带，以黏土充填为主，夹少量碎石，岩溶水较发育。隧洞开挖过程中，该管道（破碎带）在水平方向上将在隧洞右边墙先揭露、垂直方向将在隧洞顶板先揭露。隧洞横向岩溶管道（破碎带）贯穿于整个隧洞，纵向推测大于 6m，岩溶分布平剖、横断面图如图 6.1-12 所示。

表 6.1-2　　D3K100+765～+795 段超前水平钻孔成果表

<table>
<tr><th rowspan="2">钻孔编号</th><th rowspan="2">终孔深度/m</th><th rowspan="2">钻孔位置</th><th colspan="3">钻进成果</th></tr>
<tr><th>深度/m</th><th>地层岩性</th><th>成果</th></tr>
<tr><td rowspan="3">ZK1</td><td rowspan="3">30</td><td rowspan="3">距左边墙2m，距拱顶2m</td><td>0～3.5</td><td rowspan="3">灰黑色中至厚层白云质灰岩</td><td>岩体较完整，无明显异常，钻进速度较平稳</td></tr>
<tr><td>3.5～22</td><td>钻进速度缓慢，孔口返水明显增大，水质略浑浊呈浅黄色。钻进至 4.5m 时水量变化较大，返水量达 10～15L/s，水质呈黄色伴随泥沙。进尺至 8m 时有卡钻现象，溶蚀裂隙发育</td></tr>
<tr><td>22～28</td><td>有溶蚀成宽缝或溶洞，未听见冲击器声响，速度较快，钻杆不时突进前方溶腔，非正常钻进，钻杆全部取出时水呈自流状态</td></tr>
<tr><td rowspan="3">ZK2</td><td rowspan="3">30</td><td rowspan="3">距右边墙2m，距拱顶 2m</td><td>0～2.5</td><td rowspan="3">灰黑色中至厚层白云质灰岩</td><td>岩体相对完整，钻进中无异常，钻进速度较平稳</td></tr>
<tr><td>2.5～11</td><td>2.5m 左右遇含水层，孔口返水突然增大，水质呈灰黄色含泥沙，水量 10L/s 左右，钻进速度缓慢，该孔出水后，先钻的 ZK1 号孔出水量有明显减小</td></tr>
<tr><td>11～30</td><td>返出半流体状泥浆，初步分析该洞段发育一定规模溶洞，终孔后当钻杆全部取出时，水量呈自流状态，水量约 20L/s</td></tr>
<tr><td rowspan="2">ZK3</td><td rowspan="2">30</td><td rowspan="2">掌子面正中部</td><td>0～4.5</td><td rowspan="2">灰黑色中至厚层白云质灰岩</td><td>岩体较完整，无明显异常，钻进速度较平稳</td></tr>
<tr><td>4.5～30</td><td>钻进至 4.5m 时遇岩溶水，从钻杆周边喷出，水质呈黄色伴随泥浆及泥沙。水量 20L/s 左右，钻进速度缓慢，钻进中忽快忽慢，推测此段溶蚀严重，局部溶蚀成宽缝。此外先钻的 ZK2 号孔水量明显减小</td></tr>
<tr><td rowspan="2">ZK4</td><td rowspan="2">30</td><td rowspan="2">距左边墙2m 隧洞底部 2m</td><td>0～11</td><td rowspan="2">灰黑色中至厚层白云质灰岩</td><td>岩体较完整，无明显异常，钻进速度较平稳</td></tr>
<tr><td>11～13</td><td>钻杆进尺突然变快，推测为间隙性空腔。钻进至 20m 左右返出半流体状泥浆，进尺缓慢，有卡钻现象。ZK4 号孔经隔日观察出水水质浑浊度略有减轻，水量无变化</td></tr>
<tr><td rowspan="2">ZK5</td><td rowspan="2">30</td><td rowspan="2">距右边墙2m，距隧洞底部2.0m</td><td>0～8</td><td rowspan="2">灰黑色中至厚层白云质灰岩</td><td>岩体较完整，无明显异常，钻进速度较平稳</td></tr>
<tr><td>8～30</td><td>8～30 段为灰黑色中至厚层白云质灰岩。其中当钻进至 15m 后左右遇岩溶水，孔口返水突然增大，水量 18L/s 左右，水质呈灰黄色含泥沙。进尺缓慢，破碎带内富水</td></tr>
</table>

(2) 沿断层影响带发育的管道型溶洞及溶蚀破碎带对隧洞施工安全有一定影响，建议根据预报成果进行必要的处理后方能进行隧洞开挖掘进。

6.1.4.3　开挖情况

通过打设管棚、注浆处理后，开挖至预报的不良地质洞段是，溶蚀破碎带也基本被注浆填实，从浆液充填情况看，实际的溶蚀管道与隧洞超前预报结论吻合。

6.1.5　D3K100+040 掌子面预报实例

本预报实例为裂缝涌水预报实例。

6.1.5.1　预报成果

(1) 宏观预报。隧洞为长大隧洞，区域跨度较大，地质情况复杂，为一级高风险隧洞，隧洞主要不良地质体为岩溶、断层破碎带，施工中可能发生大规模的涌水、涌泥情

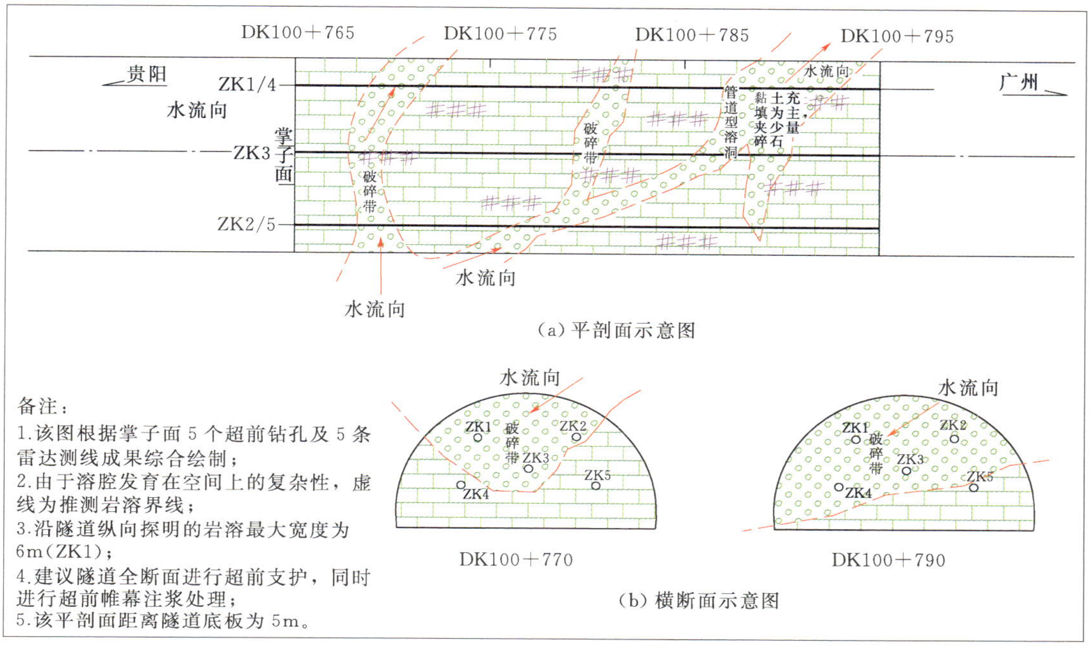

图 6.1-12 D3K100+768～+795 段岩溶分布平剖、横断面图

况，D3K100+040 掌子面近地表附近无明显不良地质体。

(2) 中长距离预报。图 6.1-13 为 D3K99+962 掌子面 TSP 预报岩石物理力学参数显示结果及成果解释图，通过分析该成果图，可以得出如下结论：

1) D3K99+962～D3K100+026 段：纵横波波速比 v_p/v_s、泊松比 σ、密度 ρ、静态杨氏模量 E 局部较高，推测此段岩体与目前隧洞开挖掌子面岩体质量无明显差异，即岩体完整，局部裂隙发育，沿裂隙面偶有渗、滴水；

2) D3K100+026～+082 段：纵横波波速比 v_p/v_s、泊松比 σ 相对较高，密度 ρ、静态杨氏模量 E 相对较低，推测此段岩体强度相对较低，裂隙发育，含裂隙水，局部呈线状或股状。

(3) 短距离预报。图 6.1-14 是 DK100+025 掌子面雷达成果图，从成果图分析：DK100+025～+049 段雷达信号同相轴连续、反射能量分布均匀，解释此段无明显不良地质缺陷，岩体较完整。

但该隧洞开挖至 DK100+040 掌子面，在进行炮孔钻进过程中，右侧拱顶发生突水现象，现场只有一个突水点，位于掌子面右上角，如图 6.1-15 所示。现场作业人员介绍：当炮孔钻进至 2.5m 时揭穿含水层，水沿 $\phi40$ 炮孔喷射而出，射程 7～8m。现场目测，突水压力约 1.0MPa，突水量约为 180m^3/h。

为进一步确认掌子面前方含水情况，预报项目部对 DK100+040 掌子面及 DK100+016～+040 左右边墙进行了地质雷达探测，图 6.1-16 是掌子面雷达测试成果图，图 6.1-17 是掌子面雷达测试成果解释图。通过分析成果及解释图，可得出如下预报结论：

1) DK100+043～+048 段发育一溶蚀裂隙，富水，该破碎带与隧洞轴线大约呈 60°

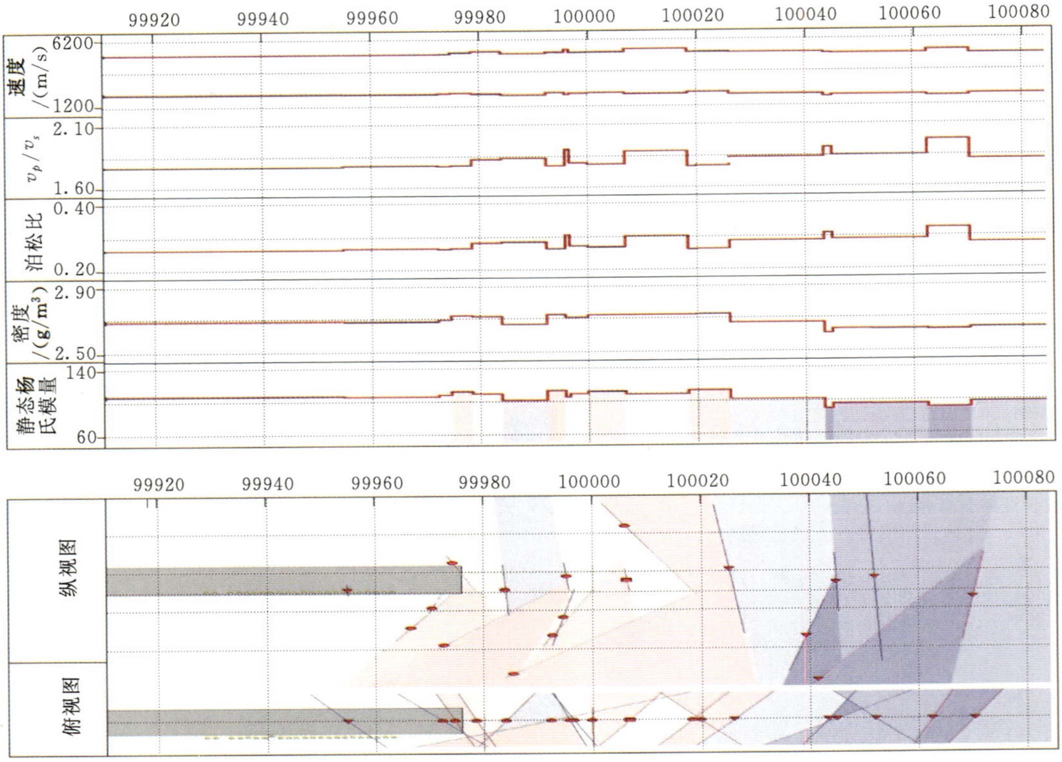

	99920　99940	99960　99980　100000	100020　100040　100060　100080
解释剖面			
纵波波速/(m/s)		5120～5530	5075～5325
密度/(g/m³)		2.68～2.73	**2.61～2.64**
泊松比		0.27～0.31	0.28～0.32
描述	炮孔布置洞段	岩体完整，局部裂隙发育含裂隙水	裂隙发育，含裂隙水

图 6.1-13　D3K99+962 掌子面 TSP 预报岩石物理力学参数显示结果及成果解释图

夹角，由右侧向左侧延伸至隧洞中部；DK100+048～+056 段岩体相对完整；DK100+056～+064 段裂隙发育，岩体溶蚀较破碎至破碎，含水。

2）右边墙 DK100+016～+040 段 3～16m 深度范围内发育两条裂隙并富水。其中 3～6m 深度范围发育的溶蚀裂隙走向与隧洞轴线夹角较小，延伸后大约在前方 20m 左右与隧洞相交，同时该裂缝在前方 DK100+043 桩号与掌子面前方的裂隙（与隧洞交角为 60°左右的裂隙）存在相交，掌子面前方的涌水主要来自该裂隙；此外 10～16m 深度范围内还发育一条规模较小的溶蚀裂隙，该裂隙逐渐远离隧洞。

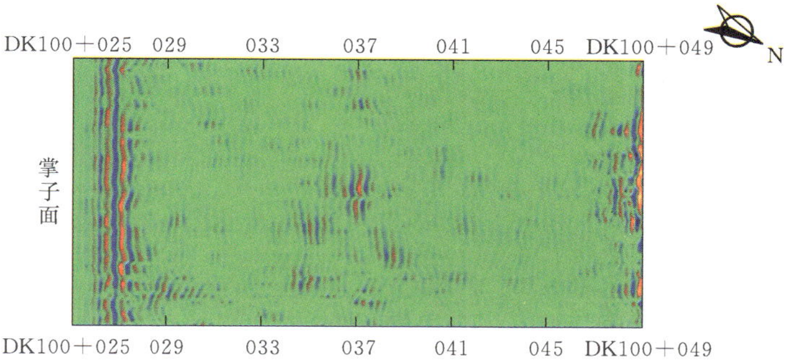

图 6.1-14 DK100+025 掌子面雷达成果图

3）左边墙 DK100+016～+040 段 0～24m 深度范围内无明显不良地质缺陷，岩体较完整。

（4）特殊方法预报。从地质雷达成果分析，掌子面前方的涌水主要是右边墙的裂缝水，其涌水不大，对隧洞施工安全影响不大，但为了防止地质雷达漏报，误报，预报项目部建议打超前钻孔，以便进一步确认掌子面前方岩层的富水程度，随后，施工单位在掌子面布置了 3 个超前钻孔，超前钻孔成果显示，掌子面前方 40m 并无大规模的含水体。钻孔布置图如图

图 6.1-15 DK100+040 掌子面炮孔涌水情况

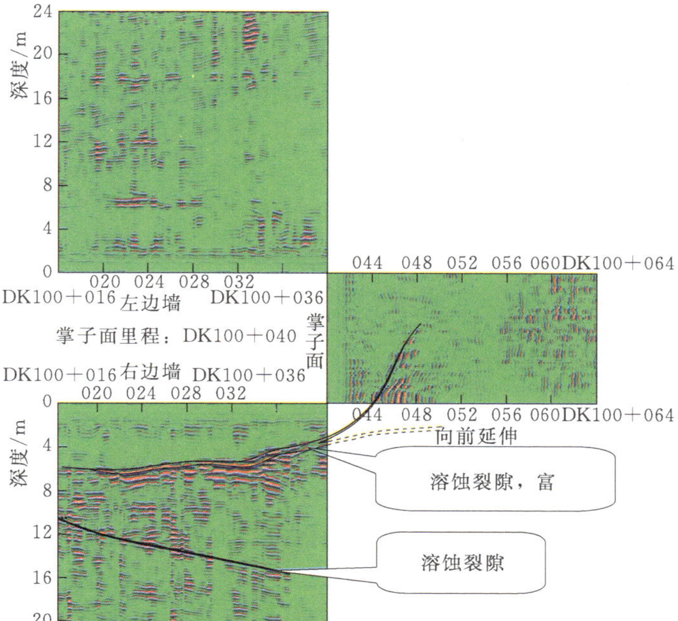

图 6.1-16 DK100+040 掌子面雷达测试成果图

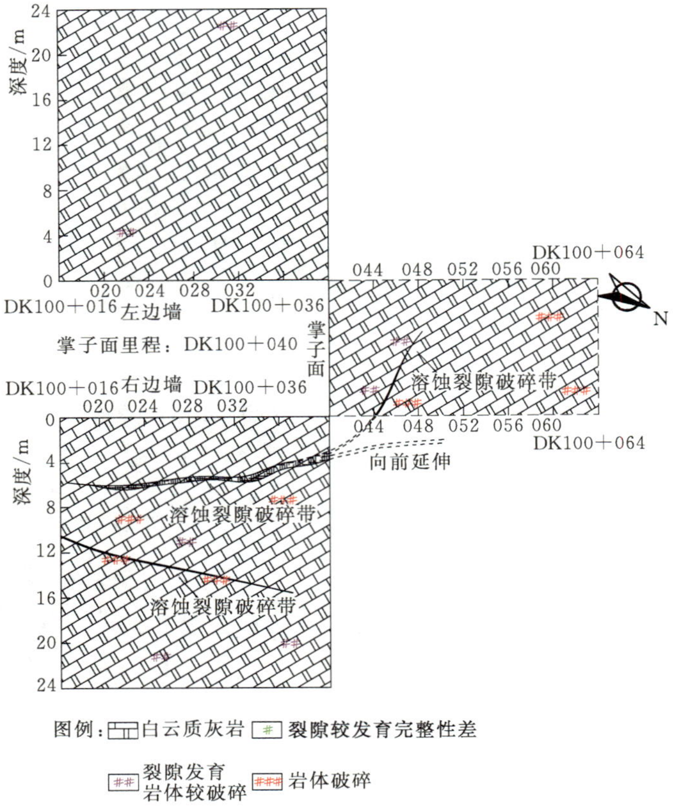

图 6.1-17 DK100+040 掌子面雷达测试成果解释图

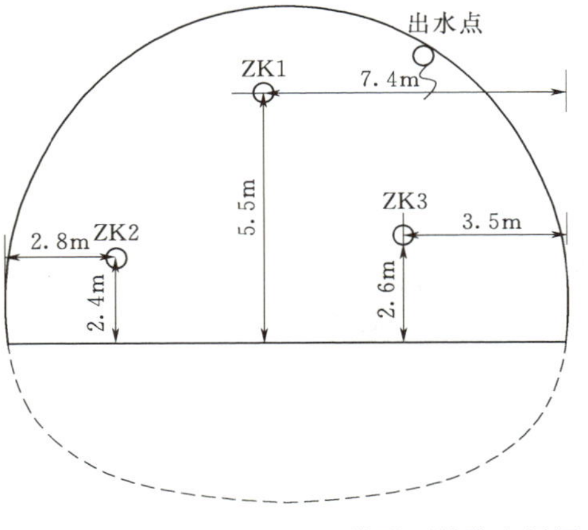

图 6.1-18 D3K100+040 掌子面钻孔布置图

6.1-18 所示，超前钻孔成果见表 6.1-3。

6.1.5.2 预报结论

综合上述各类预报成果，可以得出如下预报结论：

掌子面前方 0～40m（DK100+040～+080）洞段岩性为灰黑色中至厚层状白云质灰岩，微风化，岩体较完整，其中 DK100+058～+070 裂隙相对发育，有溶蚀现象，局部溶蚀成宽缝、溶孔或小溶洞，岩体完整性差至较破碎，为中等富水带，存在小规模涌水情况，涌水主要来自有边墙深度在 3～6m 的裂缝，对施工安全影响不大。

6.1.5.3 开挖揭露

后经开挖证实，DK100+040～+080 段无明显不良地质缺陷，岩体局部裂隙发育，右边墙在 DK100+067 桩号揭露一规模相对较大的溶蚀裂隙，走向：N43°W∠NE68°，宽 3～5cm，无充填，富水，无压力，水量 10～15L/s。

表 6.1-3　　D3K100＋040～＋080 段超前水平钻孔成果表

钻孔编号	终孔深度/m	钻孔位置	钻进成果		
			深度/m	地层岩性	成果
ZK1	36	距右边墙7.4m，距底板5.5m	0～18.5	灰黑色中至厚层白云质灰岩	无明显异常，返灰黑色水
			18.5～36		溶蚀裂隙发育，局部溶蚀成宽缝。钻孔进尺至18.5m时接穿含水裂隙，孔口返水明显增大，出水量2L/s左右，水质略浑浊呈浅黄色。钻进至30m时水量变化较大，返水量达6～8L/s，水质呈灰黄色。终孔深度为36m，钻杆全部取出时水呈股状射出，射程4.3m，停止钻进后水质变清澈
ZK2	44	距左边墙2.8m，距底板2.4m	0～44	灰黑色中至厚层白云质灰岩	该孔进尺中无异常反映，进尺匀速，返灰黑色水，整个钻进过程中孔口返水量无明显变化，未揭穿含水层带，总体来说该孔揭示围岩较破碎
ZK3	40	距右边墙3.5m，距底板2.6m	0～17	灰黑色中至厚层白云质灰岩	岩体相对完整，钻进中无异常反映
			4.5～30		钻进到17m左右遇含水裂隙，孔口返水突然增大，水质呈灰黄色。当该孔出水时，先钻进的ZK1号孔出水量有明显减小现象，终孔后当钻杆全部起出时，ZK1号孔水量迅速减小，水质变清澈，15分钟后，ZK1号孔没有水流出。推断该含水层与ZK1号孔揭露含水层为同一含水层带。此外，该孔孔深36～38m段钻进速度相对较快，钻进中返水灰黑色，分析该洞段裂隙发育，有溶蚀现象，岩体完整性差至较破碎

6.2　实例二

6.2.1　工程概况

某水电站辅助洞全长17.5km，一般埋深1500～2000m，最大埋深2375m。由两条平行、中心距35m，净宽5.5m和6m，净高4.5m和5m的单车道A、B隧洞组成。方位为S121°56′E，纵断面为“人”字坡形，最大纵坡2.5%，最小为0.2%。隧洞西端进口位于某电站闸址上游约1km，高程1657.1m；东端出口位于二级电站厂房以南约4km，高程1566m。

6.2.2　地质概况

（1）地层岩性：工程区内出露的地层为前泥盆系—侏罗系的一套浅海—滨海相、海陆交替相地层。区内三叠系地层广布，构成河弯内的雄伟山体。中、下统地层为变质程度不同的巨厚—厚层状碳酸盐岩地层以及绿片岩和变质火山岩地层，上统为碎屑岩地层。三叠系地层为辅助洞的主要围岩。

（2）地质构造：工程区从展布的地质构造形迹看，本区处于近东西向（NWW—SEE）应力场控制之下，形成一系列近南北向展布的紧密复式褶皱和高倾角的压性或压扭性走向断裂，并伴有NWW向张性或张扭性断层。东部的褶皱大多向西倾倒；而西部地区扭曲、揉皱现象表现得比较明显。

（3）工程地质问题：隧洞处于高山峡谷的岩溶地区，穿越的地层岩性主要为三叠系变质大理岩、砂板岩、绿泥石片岩。区内主要受 NWW—SEE 向应力场控制，形成一系列近 SN 向紧密复式褶皱和高倾角的压性断层，并伴有 NWW 向张性、张扭性结构面发育，地质条件复杂，具有埋深大、洞线长的特点。主要工程地质问题有高地应力、岩爆、涌水、高地温、有害气体、围岩稳定及隧洞所穿越的断层破碎带等。

6.2.3　预报体系

根据该隧洞的工程地质和水文地质条件，本隧洞地质复杂等级为很复杂，相应的预报等级为重点预报，以地质分析为主线，根据预报目的及内容，采取多种预报方法和手段查明隧洞开挖掌子面前方的不良地质问题。具体预报流程如下：

（1）宏观预报：查阅大量的勘察资料，设计图纸，对工程区的地质情况进行较全面的了解，通过对前期资料的分析，并结合已挖洞段的预报和开挖实际对比总结，总体上把握不同洞段可能存在的不良地质缺陷。

（2）中长距离预报：主要采用 TSP 超前预报系统，初步判断掌子面前方 0～150m 范围内可能存在的较大异常情况及岩体的完整状况。

（3）短期预报：主要以地质雷达预报为主，BEAM 等其他预报方法为辅，每次预报掌子面前方 0～25m 范围内的地质情况，在宏观预报和中长距离预报基础上，针对重点部位，加强预报频度和洞内地质素描。

（4）特殊方法预报：当发现较大含水层带或通道时通过孔内雷达测试查明其形态、规模及发育方向，在掌子面打超前探孔进行钻孔雷达预报时，所打超前孔深度一般不大于 50m，孔径大于 56mm，采用一孔或多孔布置，探测半径为 15m，一般情况只作一孔探测，如发现较大含水构造，另增加 2～3 孔，以对目标体进行精确定位。

预报体系流程如图 6.2-1 所示。

6.2.4　BK5+072 掌子面预报实例

6.2.4.1　预报成果

（1）中长距离预报。中长距离预报主要采用 TSP203 预报，图 6.2-2 是辅助洞 BK5+019 掌子面采用 TSP 预报岩石物理力学参数及二维平面（2D）成果图，通过分析成果图得出如下结论：

1）BK5+026～+032 段岩体横波波速 v_s 相对较低，纵横波波速比 v_p/v_s，泊松比 σ 相对较高；密度 ρ，静态杨氏模量相对较低，解译该段岩体破碎并富水。

2）BK5+062～+072 段体横波波速 v_s 相对较低，纵横波波速比 v_p/v_s，泊松 σ 比相对较高；密度 ρ，静态杨氏模量相对较低，解译该段裂隙发育并富水。

（2）短距离预报。为进一步探测 BK5+026～+032 和 BK5+062～+072 段的地质情况，在隧洞掘进中，加强了 BK5+026～+072 段的地质雷达和 BEAM 预报频率和掌子面的雷达测线，图 6.2-3 为 BK5+065 掌子面雷达测线布置图。

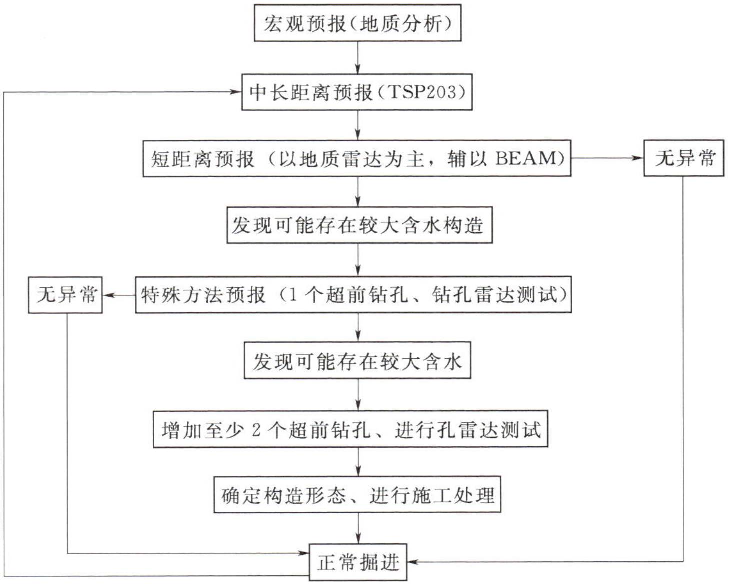

图 6.2-1　预报体系

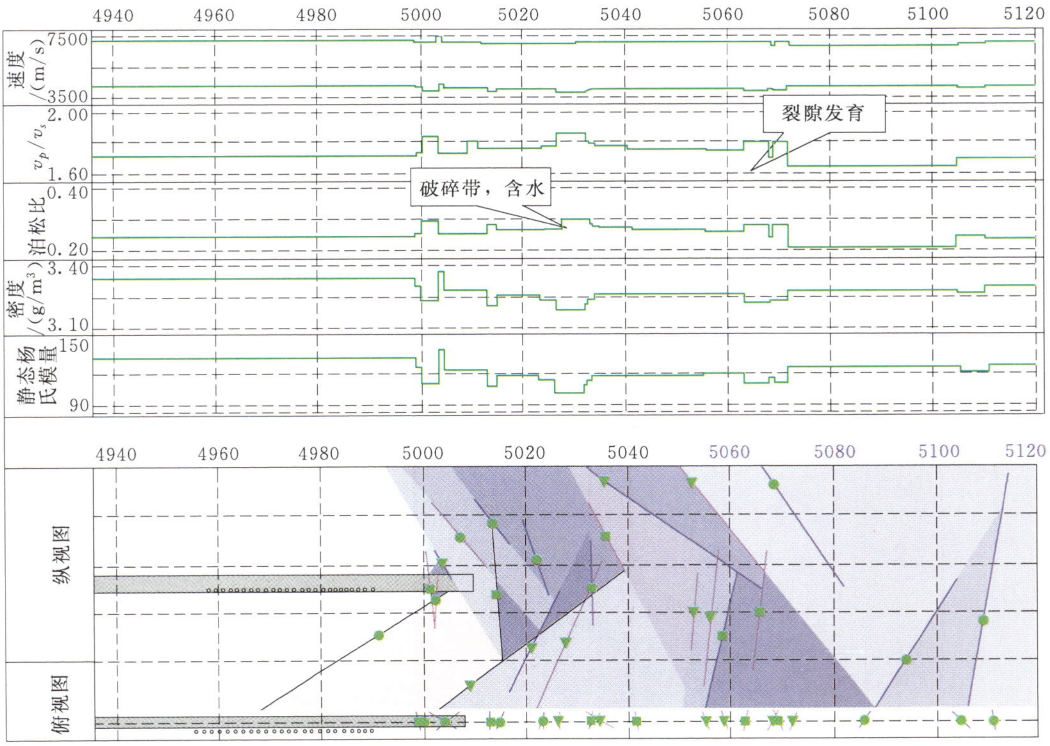

图 6.2-2　辅助洞 BK5+019 掌子面 TSP 岩石物理力学参数及二维平面（2D）显示结果

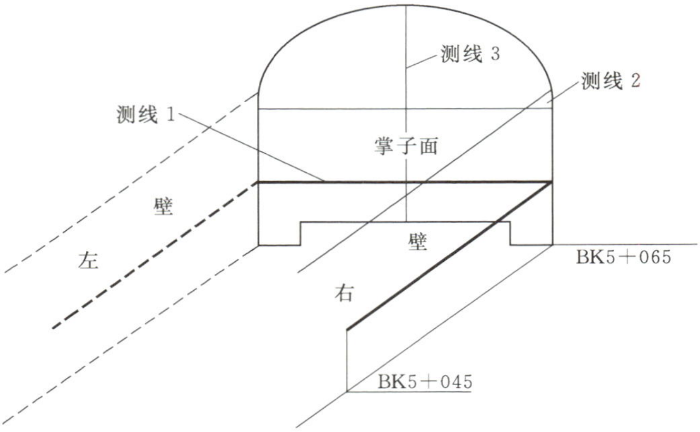

图 6.2-3 BK5+065 掌子面雷达测线布置

1）地质雷达预报：图 6.2-4 是 BK5+038～+058 段左右壁底部及 BK5+058 掌子面底部雷达测试成果色谱图，图 6.2-5 是地质雷达是 BK5+045～+065 段左右壁底部及 BK5+

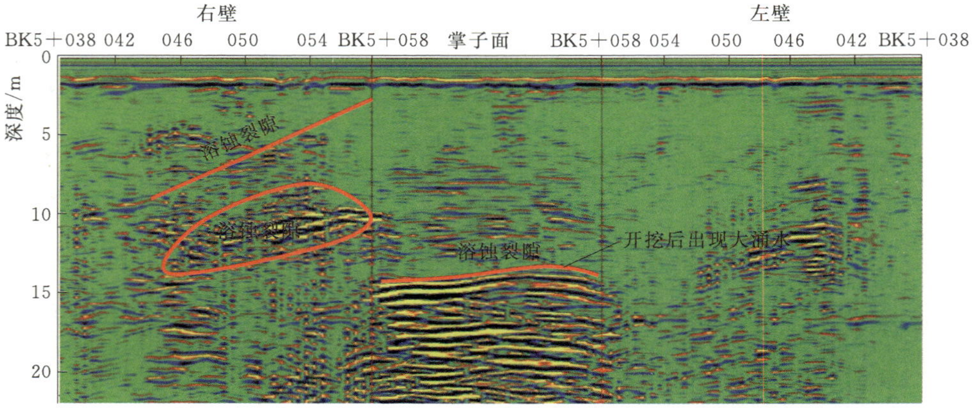

图 6.2-4 BK5+038～+058 段左右壁底部及
BK5+058 掌子面底部雷达测试成果色谱图

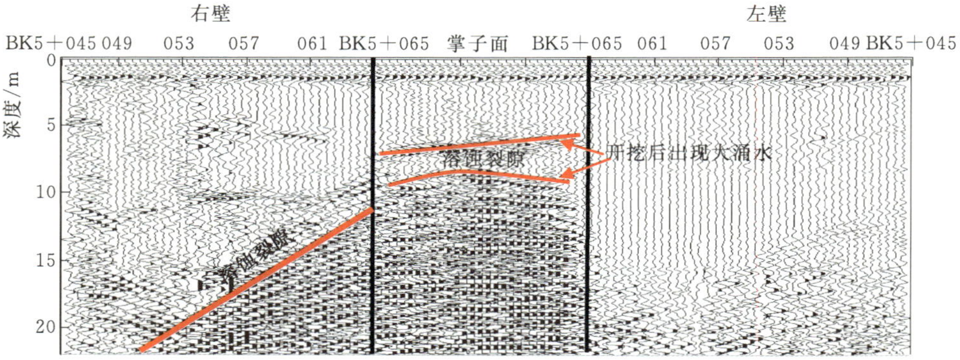

图 6.2-5 BK5+045～+065 段左右壁底部及
BK5+065 掌子面底部雷达测线成果波形图

065掌子面底部雷达测试成果波形图。图6.2-6是地质雷达在BK5+065掌子面中部水平测线成果波形图，图6.2-7是地质雷达BK5+065掌子面中部垂直测线成果波形图，从雷达成果图可知：掌子面前方从BK5+072开始，雷达反射能量明显增强，同相轴不连续，波形杂乱。

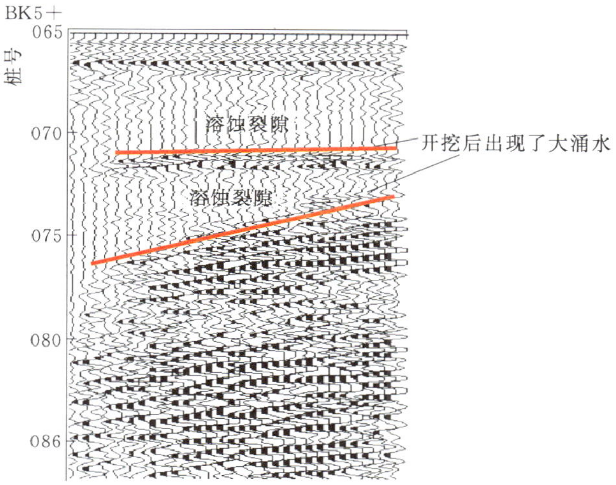

图6.2-6 掌子面中部水平测线成果图

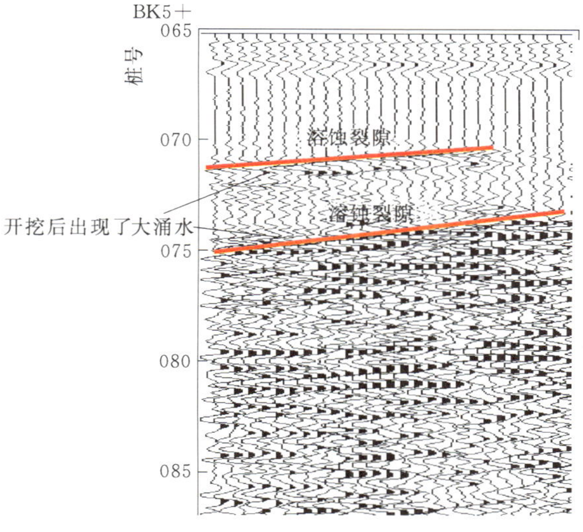

图6.2-7 掌子面中部垂直测线成果图

2）BEAM预报：图6.2-8为BEAM在BK5+060～+090段的成果图。从BEAM成果图可知：从BK5+067开始，岩体的PFE值、视电阻率都明显的下降，且值在BK5+072处已经小于零，在BK5+074处达到最低，从BK5+074开始*PFE*值、视电阻率又逐渐缓慢上升，并在BK5+079处值大于零。

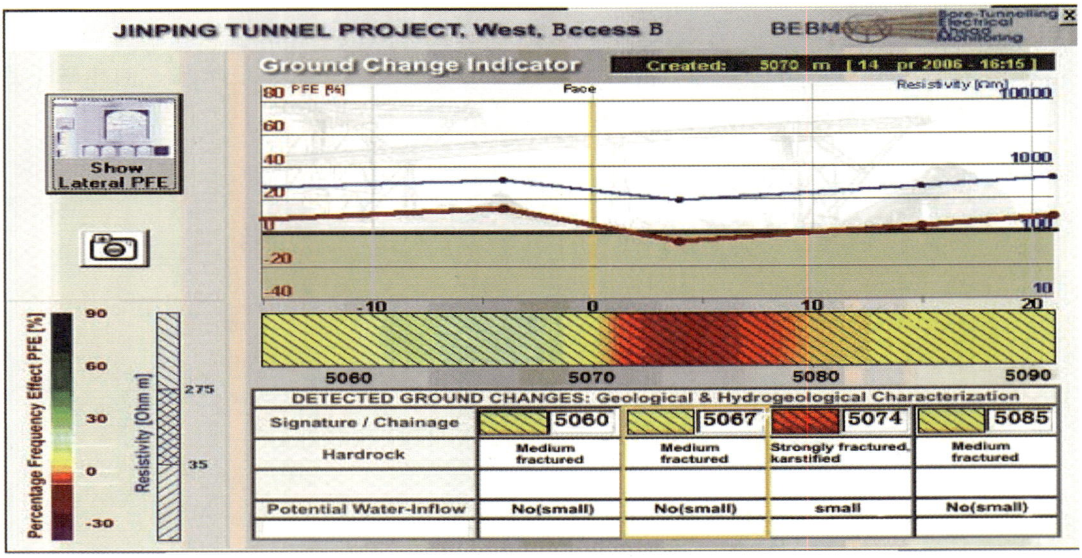

图 6.2-8　辅助洞 BK5+060～+090 段 BEAM 预报成果图

3）综合地质雷达及 BEAM 成果并结合地质分析，得出如下结论：①在 BK5+072 左右发育一条溶蚀裂隙，并富水，不排除是断层发育；BK5+074～+087 段为受构造影响的岩体破碎带，且含水丰富；②在 BK5+049～+065 段右壁还发育另一条溶蚀裂隙，并含水，延伸后将在 BK5+089 左右与隧洞相交。

（3）特殊方法预报：在隧洞开挖到 BK5+072 掌子面时，掌子面未发现明显不良地质缺陷，也未发现明显涌水，但在 BK5+072 掌子面钻孔过程中，掌子面底部一钻孔在钻进 1m 后出现了大涌水，涌水瞬间喷出约 30m，如图 6.2-9 所示，为进一步探明掌子面前方的富水情况，随后在掌子面上布置了两个超前钻孔，超前钻孔深 15m，钻孔布置如图 6.2-10 所示。超前钻孔钻进 1m 后出现涌水，但水压不大，随后预报项目部在超前钻孔中进

图 6.2-9　掌子面炮孔涌水照片

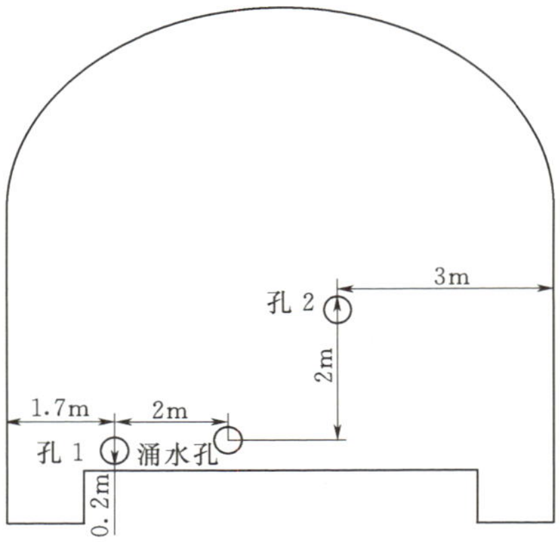

图 6.2-10　掌子面超前钻孔布置图

行了钻孔雷达测试，以便探明掌子面临近区域是否存在较大规模的含水构造，钻孔雷达成果如图 6.2－11 及图 6.2－12 所示。

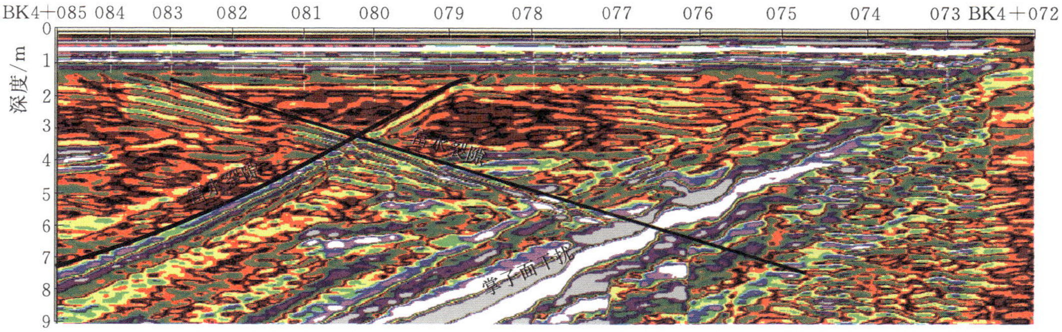

图 6.2－11　孔 1 钻孔雷达成果图

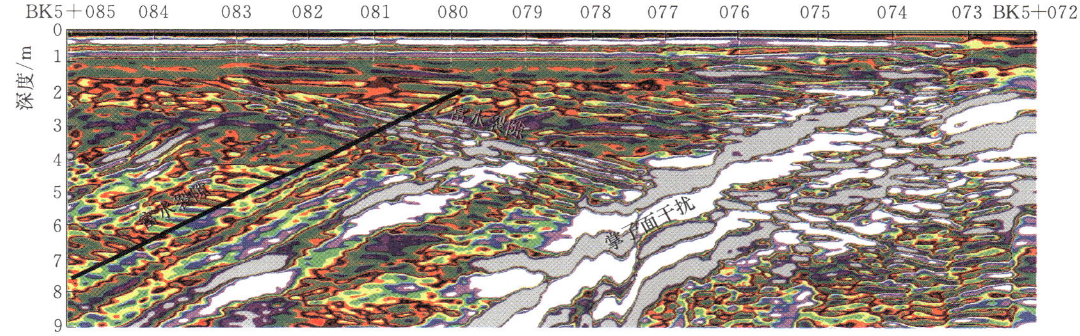

图 6.2－12　孔 3 钻孔雷达成果图

通过钻孔雷达测试得出如下结论：①掌子面前方 BK5＋072～＋085 段存在两个异常，解释为两条主要富水裂隙，其中一条裂隙宽 6～12cm，另一条宽 10～20cm；②隧洞临近区域探测范围内（BK5＋072～＋085）未发现大型溶洞。

6.2.4.2　预报结论

综合各种预报成果，得出如下结论：掌子面前方 BK5＋074～＋085 段隧洞周围无大型溶洞，仅发育两富水裂隙，其中一条裂隙宽 6～12cm，另一条宽 10～20cm，且裂隙的连通性较差。

6.2.4.3　开挖情况

超前预报确认掌子面前方 BK5＋074～＋085 段隧洞周围无大型溶洞后，施工单位采取短进尺掘进，顺利通过了该段。后经开挖证实：桩号 BK5＋073～＋075 段发育一小断层，产状：N60°～70°E/NW，∠80°，宽度 0.4～2.0m，为方解石及方解石胶结的角砾岩，断层面均附有钙化物，在该断层附近，裂隙极为发育，形成与该断层走向平行的裂隙密集带，裂隙带内出现 30～50L/s 的大涌水。

6.2.5　AK5+034 掌子面预报实例

6.2.5.1　预报成果

图 6.2-13 是某辅助洞 A 洞 AK5+034 掌子面底部及 AK5+014～+034 段左右壁底部雷达测试成果色谱图。从雷达测试的成果结合实际开挖揭露的地质情况：解译 AK5+039 左右和 AK5+054 为溶蚀裂隙，在 AK5+039 后裂隙较发育，富水。

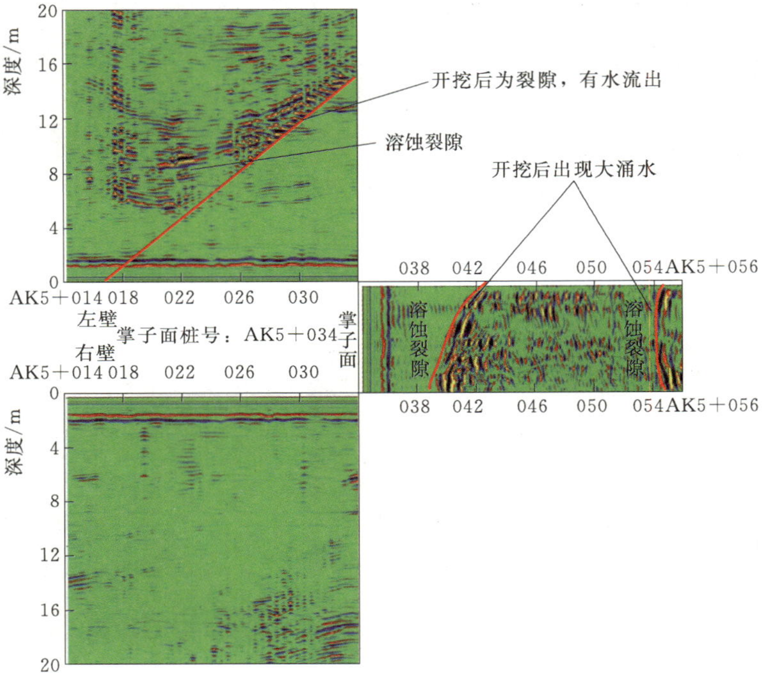

图 6.2-13　AK5+034 掌子面表面雷达测试成果图

6.2.5.2　开挖情况

后经开挖揭露：该段发育 N60°E/NW∠75°～80°及 N60°E/SE 两组相交裂隙，沿裂隙左边墙及顶拱出现涌水，水量达 50L/s，同时在桩号 AK5+053 边墙还发育一条走向为 N20°E/NW∠80°的大裂隙，裂隙宽 2～20cm，含裂隙水，水呈黄色。

6.2.6　AK4+473 掌子面预报实例

图 6.2-14 是 AK4+469 掌子面雷达测试成果图，该测线在掌子面底部，从测试成果波形图上看，在 AK4+473 左右雷达电磁波振幅较强，同相轴连续，根据开挖段揭露地质情况及地表调查资料，解译该段为岩性界面或溶蚀裂隙。

图 6.2-15 是对 AK4+452～+490 段进行 BEAM 超前预报的成果图，从岩石的 *PFE* 值、视电阻率值 *R* 与岩体类型、含水情况可视化图可以看出，在 AK4+469 处岩石的视电阻率变得很低，*PFE* 值也有所下降，推测在 AK4+470 左右地层开始发生改变，同时地层含水特征将由“没有”到“很小”。

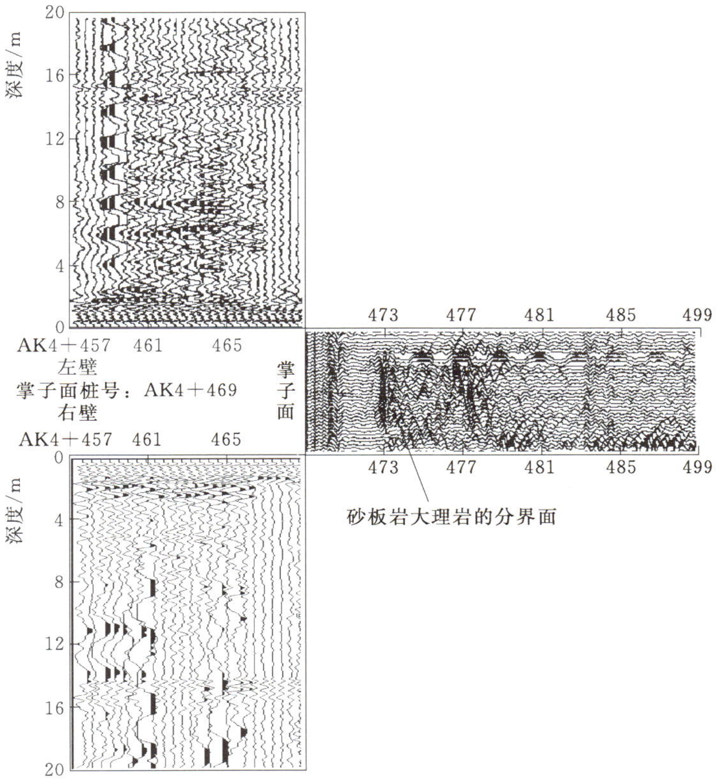

图 6.2-14 AK4+469 掌子面雷达测试成果波形图

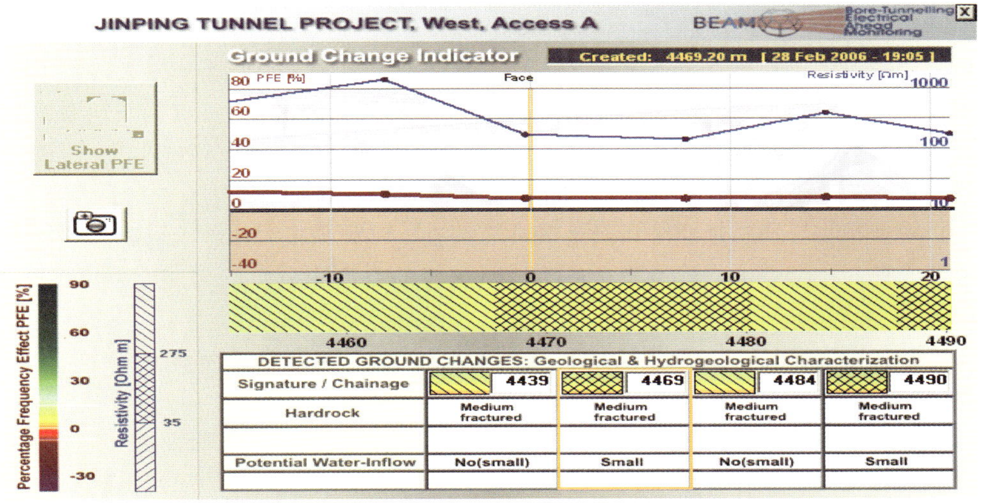

图 6.2-15 *PFE*、视电阻率值 *R* 与岩体类型、含水情况可视化

6.3　实例三

6.3.1　工程概况

杭州市某配水工程输水线路长约 112km，设计流量 38.8m^3/s，其中输水隧洞混凝土衬砌段长约 100.59km，在隧洞沿线基岩埋深不满足要求的洞段初拟采用钢衬处理。隧洞断面为平底圆，开挖半径 4m，二次衬砌后过水断面半径 3.35m。

整个输水线路施工期共划分为 16 个标段，其中第 1 施工标段包括从进水口至 8km 主洞和 1、2 号施工支洞。1 号施工支洞长 603m，交主洞于 K2＋095 桩号；2 号施工支洞长 708m，交主洞于 K5＋320 桩号。

6.3.2　地质概况

在整个长约 112km 的输水线路中，隧洞长约 101km，其中第 1 施工标段主洞长 7.1km，起止桩号为 K0＋000～K7＋100，隧洞埋深 80～380m。隧洞地表地形以中山、低山丘陵为主，山峰高程一般 200～700m，地形起伏较大，地表植被主要是高大乔木及松林，部分为灌木及草丛。隧洞主要穿越泥盆及石炭系地层，岩性主要为灰岩及石英砂岩。其中灰岩段约占洞长的 55%，通过地表调，灰岩以中至厚层为主，质较纯，地表岩溶发育，多见洼地、落水洞、溶沟及石芽等；砂岩主要是中至厚层石英砂岩夹薄层或极薄层泥质粉砂岩，在工程区，泥质粉砂岩常形成挤压破碎带。椐前期勘察资料，在第 1 施工标段内发育小断层较多，但无大的区域断层通过，岩层产状变化较大，多以缓倾角为主，走向常与隧洞轴线呈小角度相交。地表径流条件总体较好，地下水主要为孔隙水、裂隙水，灰岩段富集岩溶管道水。

6.3.3　预报体系

根据该隧洞的工程地质和水文地质条件，本隧洞地质复杂等级为很复杂，相应的预报等级为重点预报。即以地质分析为基础，物探方法为手段，宏观预报（区域地质调查和地表补充调查）、中长距离预报（TSP203）、短距离预报（地质雷达）、特殊方法预报（超前水平钻探）相结合的综合超前预报体系。

（1）宏观预报：通过地质分析及地表补充调查，宏观预报洞体施工可能遇到的不良地质类型、规模、位置和方向以及发生施工地质灾害的类型和发生的可能性，以指导中期、短期预报。

（2）中长距离预报：主要用 TSP203 进行预报，初步判断掌子面前方 150m 范围内可能存在的较大异常情况及岩体的完整状况。

（3）短期预报：主要用地质雷达预报进行预报，每次预报掌子面前方 25m 范围内的地质情况，在宏观预报和中长距离预报基础上，针对重点部位，可加强预报频度和洞内地质素描。

（4）特殊方法预报：当短距离预报发现前方可能存在较大含水层带或通道时，通过水平超前钻孔查明其形态、规模及发育方向，钻孔数量根据预报成果现场确认。

预报流程如图 6.3-1 所示。

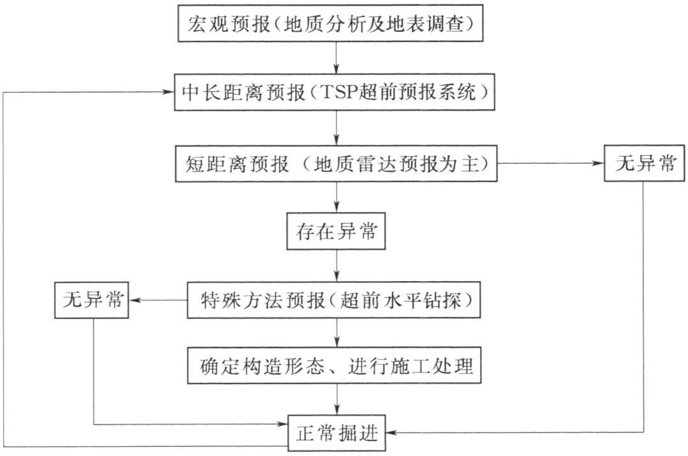

图 6.3-1　预报流程图

6.3.4　K1+938 掌子面预报实例

本预报实例为断层岩溶涌水预报实例。

6.3.4.1　预报成果

（1）中距离预报。中长距离预报主要采用 TSP203 预报，图 6.3-2 是施工 1 标输水隧洞 K1+980 掌子面 TSP 预报岩石物理力学参数及二维平面（2D）成果图，预报桩号 K1+980～+880，通过分析成果图得出如下结论：

1）K1+962～+952 段岩体纵波波速、横波波速 v_s、密度 ρ、静态杨氏模量相对较低；纵横波波速比 v_p/v_s，泊松比 σ 相对较高，解释该段裂隙发育，岩体溶蚀较破碎，含水的可能性较大；

2）K1+938～+910 段体纵波波速、横波波速 v_s、密度 ρ、静态杨氏模量、纵横波波速比 v_p/v_s，泊松比 σ 均较低，解释该段岩体溶蚀破碎，发育溶洞或管道的可能性较大。

（2）短距离预报。为进一步探测 K1+960～+950 和 K1+938～+915 段的地质情况，在隧洞掘进中，加强了 K1+960～+915 段的地质雷达和红外探测预报频率，图 6.3-3 为 K1+940 掌子面雷达测线布置图（从右壁至掌子面至左壁分别布置 1、2 条测线，其中第 1 条测往左右壁后方延长 20m，第 2 条测线往左右壁后方延长 5m，测线间距约 4m），图 6.3-4、图 6.3-5 为第 1、2 条测线雷达测试成果波形图。根据测试成果，结合 TSP 预报成果及掌子面开挖揭露地质情况综合分析，解释掌子面前方 K1+938～+910 段岩体溶蚀破碎，发育溶洞或溶蚀管道的可能性较大，富水，对隧洞施工安全会造成一定影响，隧洞开挖过程中，异常会先于底部揭露，并逐渐延伸至顶部，建议在掌子面打超前钻孔，进一步确定掌子面前方的异常形态和含水情况。

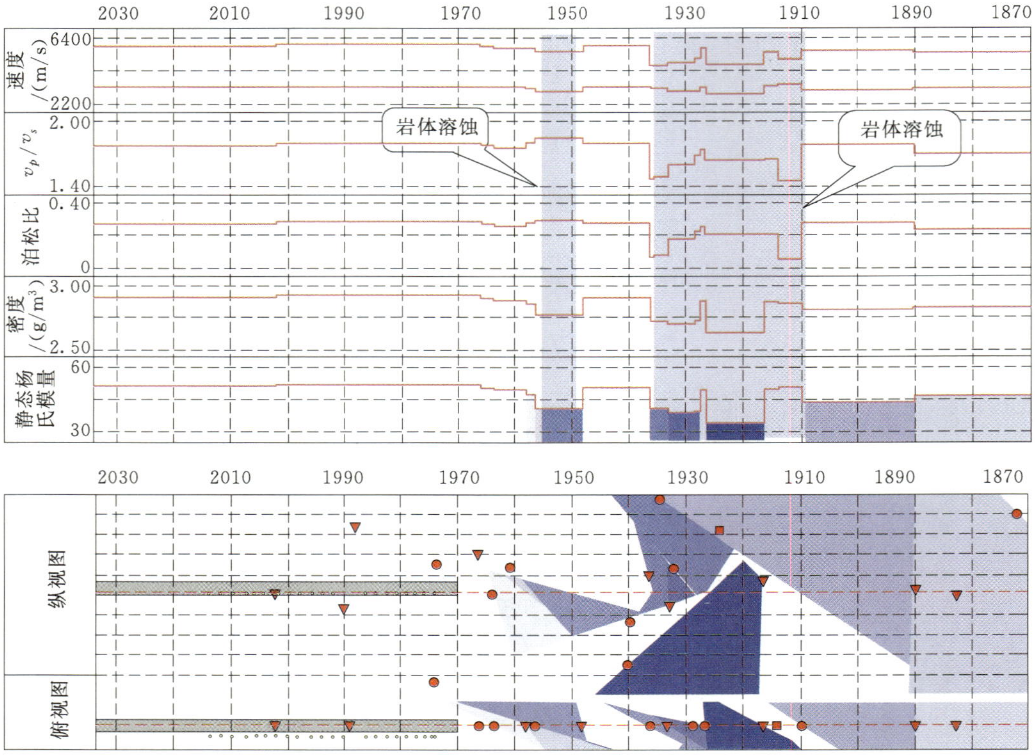

图 6.3-2 K1+980 掌子面采用 TSP 预报岩石物理力学参数及二维平面（2D）成果图

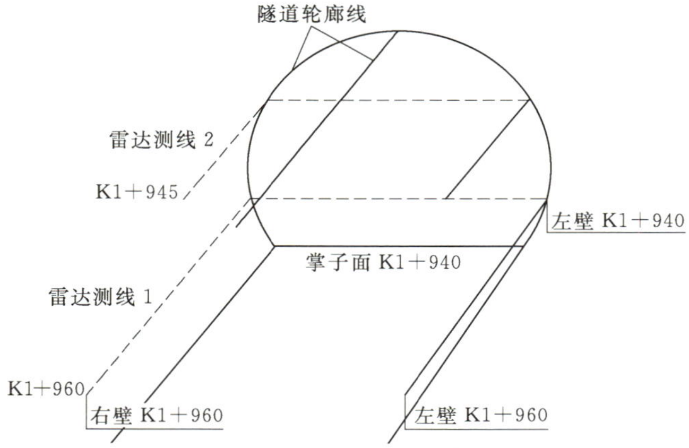

图 6.3-3 雷达测线布置图

（3）特殊方法预报。根据雷达预报成果，在掌子面轴线左侧打超前探孔，当第一个探孔打至深 2.9m 时出现涌水，压力约 0.8MPa。继续钻进至深 28m 时终孔。后采用装载机将木塞推进将第 1 个探孔封住孔口后，又在左侧另一位置打第 2 个超前孔，孔内同样出现涌水，孔深钻进至 30m 终孔，两孔揭露地质情况成果见表 6.3-1。

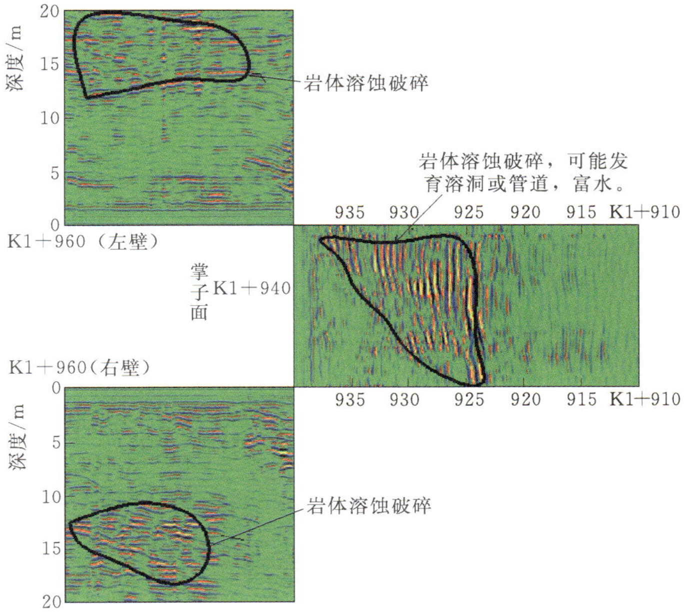

图 6.3-4　1 号测线地质雷达成果图

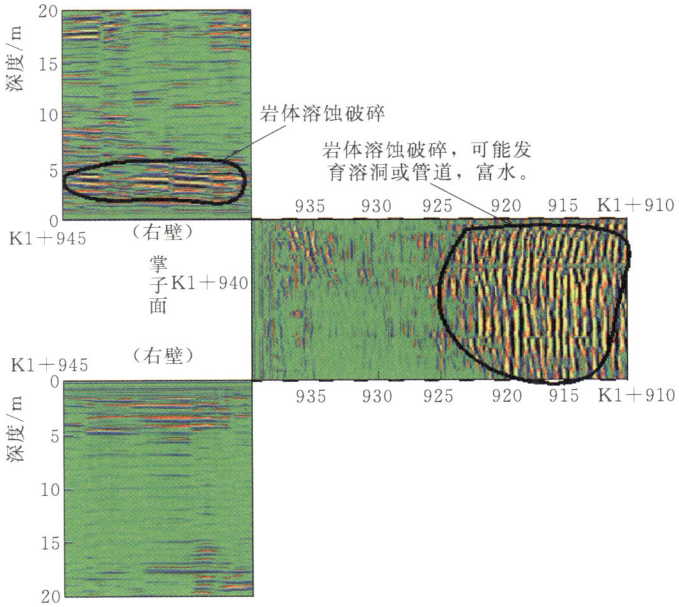

图 6.3-5　2 号测线地质雷达成果图

6.3.4.2　预报结论

根据 TSP203、地质雷达预报及超前探孔资料综合分析，得出如下预报结论：

掌子面前方 K1+938～+910 段存在较大异常，推侧为溶蚀破碎带，发育溶洞或岩溶管道，富水，对隧洞施工安全会造成一定影响，隧洞开挖过程中，异常会先于底部揭露，

表 6.3-1　　K1＋940～＋910 段超前钻孔成果

钻孔编号	终孔深度/m	钻孔位置	钻进成果		
			深度/m	地层岩性	情况描述
ZK1	28	距左边墙 1m，距底板 2m	0～2.5	深灰黑色中至厚层灰岩	岩体较完整，无明显异常，钻进速度较平稳
			2.5～7.8		钻至 2.9m 时孔口涌水，水质略黄色带泥沙。整段钻进速度快，主要是泥夹碎块石，推断为充填溶洞或强溶蚀破碎带，钻杆全部取出时水柱挑射 20 余 m，后通过测压，压力 0.8MPa
			7.8～17		钻进速度总体较快，但较前段慢，孔口返水情况与前段无异，钻进中偶有卡钻及时不时突进前方溶腔现象，非正常钻进，钻杆全部取出时水柱挑射仍有 20 余 m。总水量与前孔水量变化不明显
			17～28		总体岩体较完整，无明显异情况，钻进速度较平稳
	30	距左边墙 2m，距底板 5m	0～2.9		岩体较完整，无明显异常，钻进速度较平稳
			2.9～7.5		钻至 3.2m 时孔口涌水，水质略黄色带泥沙。孔口返水情况与前孔无异，整段钻进速度快，主要是泥夹碎块石，推断为充填溶洞或强溶蚀破碎带
			7.5～18		钻进速度总体较快，但较前段慢，孔口返水情况与前段无异，钻进中偶有卡钻及时不时突进前方溶腔现象，推断为溶蚀破碎带，局部发育小溶洞
			18～22		钻进中偶有卡钻，走速有时较快，推断裂隙发育，局部溶蚀
			22～30		总体岩体较完整，无明显异常，钻进速度较平稳

并逐渐延伸至顶部。

根据综合预报成果，由于异常体距掌子面较近，预报等级定为“紧急警报”，同时建议暂停施工，待施工处理完成后在进行掘进。

6.3.4.3　开挖情况

根据预报资料，施工停止，并及时召开专题会，最后采取超前灌浆封堵处理后再开挖的方案。通过超前灌浆封堵处理后开挖验证，左壁 K1＋928～＋940 段为强溶蚀破碎带，其中 K1＋928～＋933 段隧洞起拱线下部为溶洞，充填泥夹碎块石，多处见水泥结石充填，胶结较好，局部还有少量水从壁缝中渗流，无压；K1＋924 处发育一断层，走向与洞轴线近垂直，破碎带宽 1～3m，带内有分散水（图 6.3-6）。预报结果与开挖实际吻合较好。开挖揭露情况如图 6.3-7 所示（图中黑色物为灌浆充填的水泥结石）。

6.3.5　K0＋407 掌子面预报实例

6.3.5.1　预报成果

图 6.3-8 为杭州市某配水工程施工 1 标某施工支洞掌子面 K0＋417 前方雷达测试成果图，预报里程为 K0＋417～＋387（掌子面前 30m）。

从雷达成果图分析，掌子面前方 K0＋407（左）～＋402（右）段存在一宽约 1～2m 的强能量反射带，根据地表调查及前期地质勘察资料分析，目前掌子面桩号正处于工程区灰岩地层与砂岩夹泥质粉砂岩地层交界附近，且场区泥质粉砂岩多为薄层或极薄层，含泥

图 6.3-6 K1+940 掌子面超前探孔涌水

图 6.3-7 K1+928～+933 左壁开挖揭露

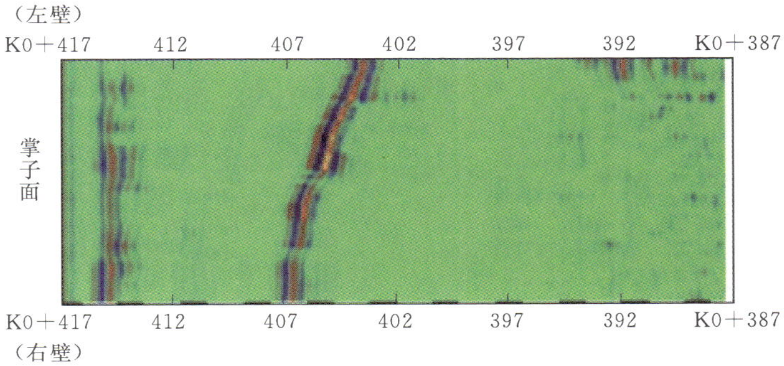

图 6.3-8 K0+417 掌子面雷达成果图

质较重，岩质软，常形成层间挤压破碎带。通过地层对比，结合掌子面素描情况及该洞段构造发育情况等综合分析后，解释 K0+407（左）～+402（右）段异常为泥质粉砂岩夹层，且从 K0+407 后岩性将由灰岩变为砂岩。

6.3.5.2 开挖情况

后经开挖验证，右边墙在 K0+406，左边墙在 K0+403 见紫红色薄层状泥质粉砂岩，整层厚约 2m，洞壁及顶部有分散渗滴水，预报结果与开挖实际完全吻合。开挖揭露情况如图 6.3-9 所示。

图 6.3-9 某支洞 K0+403～+406 开挖揭露的泥质粉砂岩

6.4 实例四

6.4.1 工程概况

贵广铁路 GGTJ—1 标某隧洞设计时速 250km/h，预留提速条件。隧洞起止里程为 D3K73+450～D3K74+800，全长 1350m，位于贵州省黔南州贵定县昌明镇。隧洞为单洞双线隧洞。

6.4.2 地质概况

(1) 地形地貌：隧洞穿越一山体，地形起伏较大，地面高程 1045～1339m，丘包多基岩出露，坡面植被发育，杂草，灌木，局部较茂密，自然坡度一般 25～40，局部陡峭。地表岩溶发育极其强烈，多见石芽。溶缝、溶孔、溶槽等，并有溶洞、落水洞、岩溶洼地发育。

(2) 地层岩性：该隧洞 D3K73+520～+820 及 D3K73+880～D3K74+800 两段计 1220m 洞身位于灰岩、白云质灰岩，偶夹白云岩地层。

(3) 水文地质：主要为第四系孔隙潜水、碳酸盐岩岩溶水及基岩裂隙水，地下水受打钱降雨补给，洞身位于岩溶季节水位变动带。

6.4.3 预报体系

根据本隧洞的工程地质和水文地质条件，本隧洞地质复杂等级为简单，相应的预报等级为常规预报。即以地质分析为基础，物探方法为手段，宏观预报（区域地质调查和地表补充调查）与短距离预报（地质雷达）相结合的综合超前预报体系（图 6.4-1）。

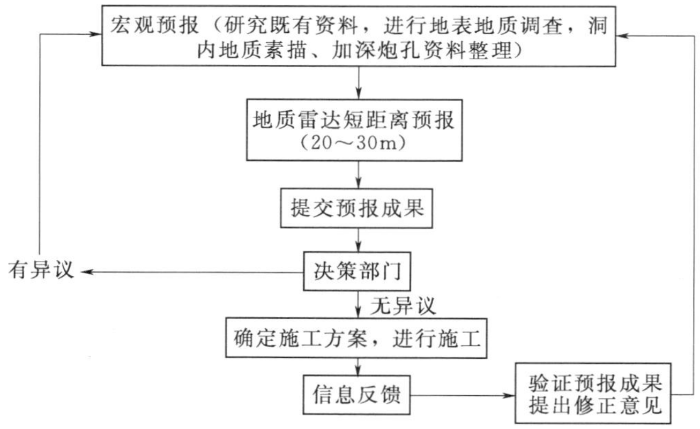

图 6.4-1 预报体系

(1) 宏观预报：通过地质分析及地表补充调查，宏观预报洞体施工可能遇到的不良地质类型、规模、位置和方向以及发生施工地质灾害的类型和发生的可能性，以指导中期、短期预报。

(2) 短期预报：主要用地质雷达预报进行预报，每次预报掌子面前方 0～25m 范围内的地质情况，在宏观预报和中长距离预报基础上，针对重点部位，可加强预报频度和洞内地质素描。

6.4.4 DK74+683 掌子面预报实例

6.4.4.1 预报情况

图 6.4-2 是上寨隧洞在 DK74+683 里程处的掌子面表面雷达探测成果图，根据图分析，得出如下结论：

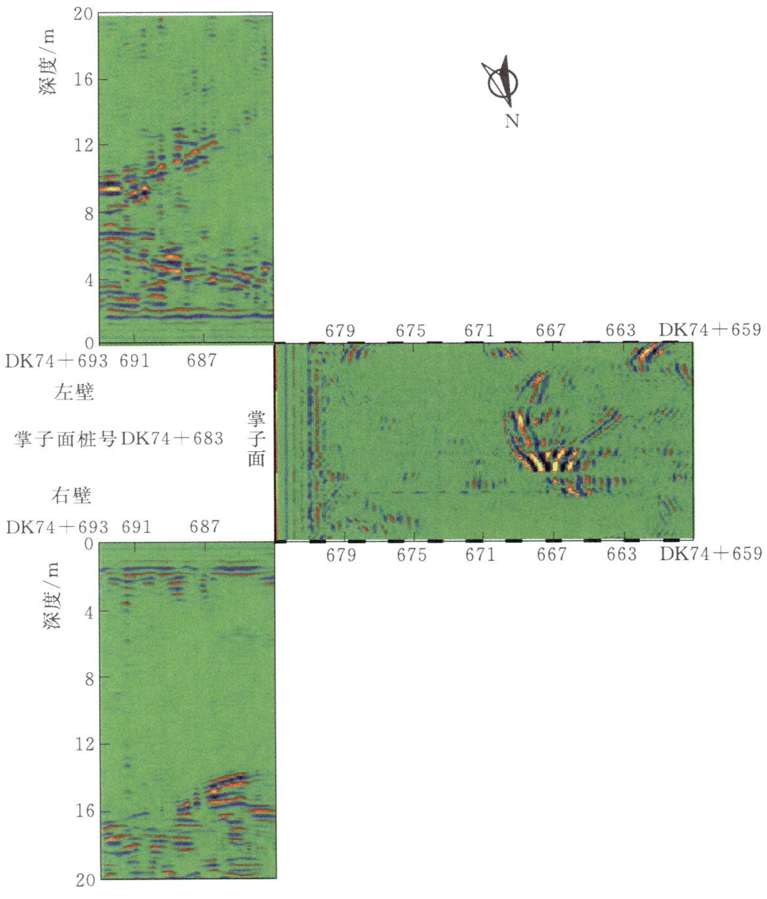

图 6.4-2 上寨隧洞 DK74+683 掌子面预报雷达成果图

(1) 掌子面前方探测范围 DK74+683～+659 段总体裂隙发育，其中 DK74+670～+664段雷达反射能量较强，同相轴不连续且存在明显的双曲线反射，解释该段发育溶洞，溶洞规模约 5（宽）×5m（长），局部充填黏土，溶洞周围岩体溶蚀破碎。

(2) 右壁 DK74+693～+683 段，深度为 17～13m 发育一组规模相对较大的走向为 N70°～80°W 的溶蚀裂隙，该裂隙延伸后将与隧洞相交。

(3) 左壁 DK74+693～+683 段，深度为 13～4m 发育两组溶蚀裂隙、走向为 N70°～80°

W，N45°～50°E；其中 N45°～50°E 组裂隙延伸后将在 DK74＋773 左右与隧洞相交。

6.4.4.2　开挖情况

开挖显示，DK74＋669～＋665 段发育一长条形溶洞，穿过洞左右壁，充填泥夹碎石，整段岩体均较破碎。

6.5　实例五

6.5.1　某工程岩爆特点

（1）当埋深达到一定深度，轻微岩爆一般发生在单轴抗压强度在 60～75MPa 之间的中细粒结构的变质砂岩和细晶结构的白云质大理岩中；强至极强岩爆都发生在岩体的单轴抗压强度 160～210MPa 的高强细晶结构的白云质大理岩中。

（2）在断层及软硬岩层分界面附近（含背、向斜轴部）相对完整的围岩内也容易发生岩爆，且岩爆的烈度均较大。

6.5.2　岩体单轴抗压强度与岩体纵波波速的关系

通过对该工程 TSP203 预报获得的岩体纵波波速与岩体单轴抗压强度的大量研究，可获得岩体纵波速度 v_p 与岩石单轴抗压强度 R 存在如下关系（图 6.5－1）：

$$v_p = 1054R^{0.3387} \tag{6.5-1}$$

考虑到岩体的纵波波速是在天然状态下测得，而岩体的抗压强度是在实验室测得，为了应用方便，将岩体纵波波速与抗压强度关系改为

$$R = \left(\frac{v_p}{1054}\right)^3 \tag{6.5-2}$$

由式（6.5－2）可知，岩石的单轴抗压强度与岩体的纵波波速的立方呈正比关系。

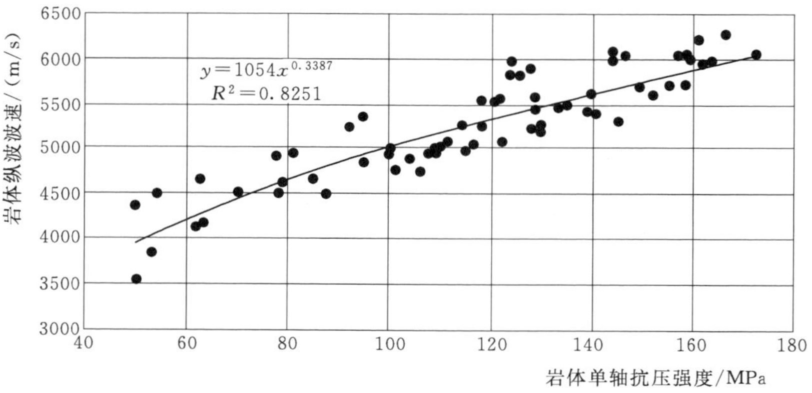

图 6.5－1　岩石纵波波速与抗压强度的关系图

6.5.3　TSP203 超前预报系统预测岩爆实例

图 6.5－2 是 BK5＋699 掌子面的 TSP203 预报成果，从 TSP203 预报成果的岩石物理

力学参数及二维平面图（2D）可知：掌子面前方 110m 范围内岩体纵波波速 v_p 为 5350～6230m/s，横波波速 v_s 为 3540～4460m/s，纵横波波速比 v_p/v_s 为 1.58～1.78，泊松比 μ 为 0.17～0.26，岩体为较完整至完整。

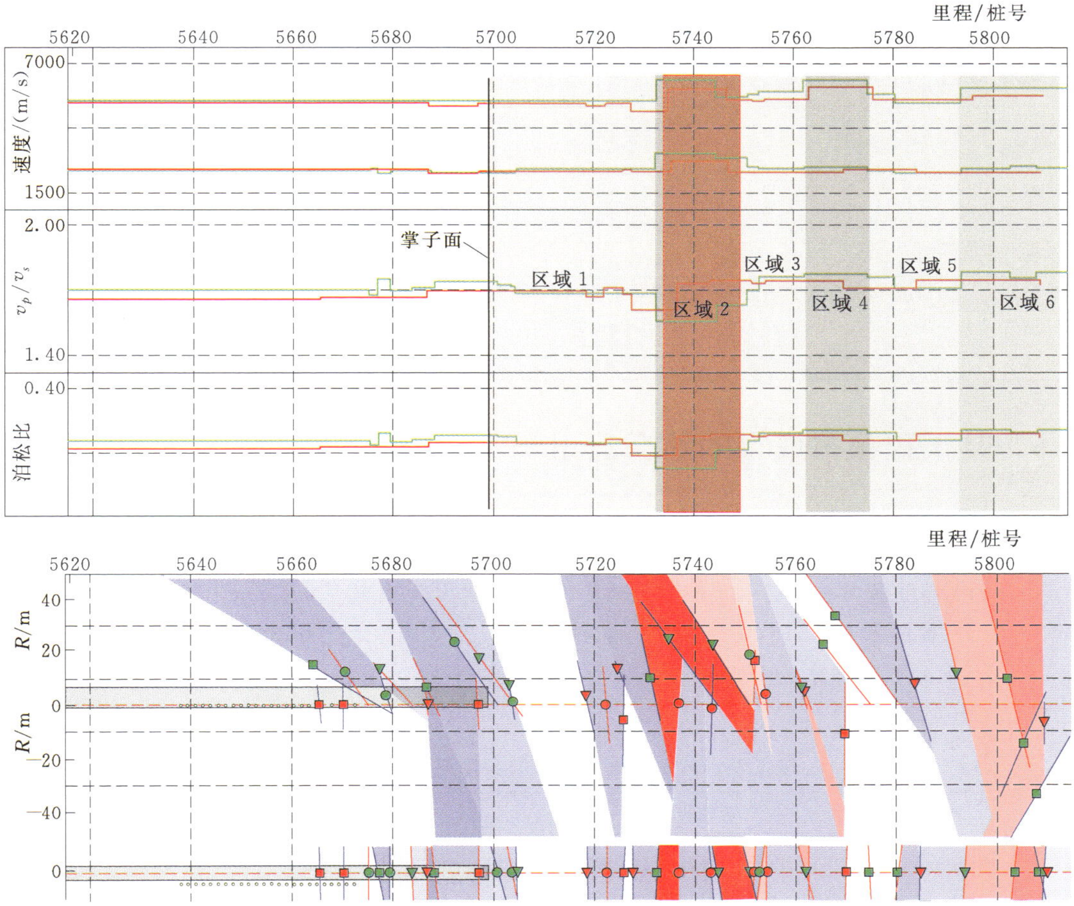

图 6.5-2 辅助洞 BK5+699 掌子面 TSP 岩石物理力学参数及二维平面（2D）显示结果图

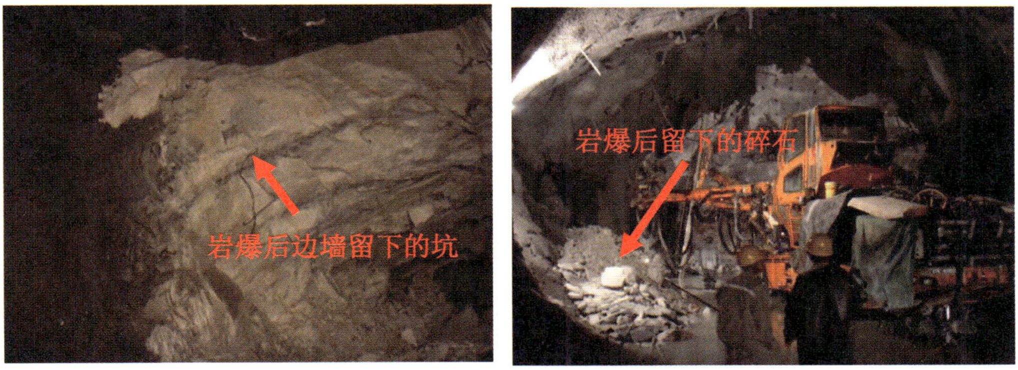

图 6.5-3 辅助洞 BK5+740～+745 段岩爆后现场照片

TSP203 预报成果表明掌子面前方 110m 范围内围岩为较完整至完整，为了预测掌子面前方岩爆发生的等级，根据纵波波速的变化情况，将掌子面前方分为 6 个不同的区域，并采用式（6.5-2）换算出岩体的单轴抗压强度并结合该辅助洞的岩爆特点，得出预报范围内发生岩爆可能的等级（表 6.5-1）。图 6.5-3 为辅助洞 BK5+740～+745 段岩爆后现场照片，与预报成果较吻合。

表 6.5-1　TSP 预报结果计算的岩体单轴抗压强度并推测的岩爆等级

编号	里程	纵波波速范围/(m/s)	单轴抗压强度范围/MPa	推测岩爆等级	备注
区域 1	BK5+699～+730	4850～5180	74.2～90.4	轻微—中等	
区域 2	BK5+730～+745	6050～6230	144.1～157.3	强	
区域 3	BK5+745～+762	4850～5080	74.2～85.3	轻微—中等	
区域 4	BK5+762～+774	5860～6130	130.9～149.9	中等—强	
区域 5	BK5+774～+793	4980～5180	80.3～90.4	中等	
区域 6	BK5+793～+808	5230～5700	93.1～120.5	中等	

6.6　某工程预报成果的综合运用

6.6.1　TSP 预报成果运用

某工程辅助洞共进行了 23 次 TSP203 预报，预报距离共计 2827m，其中 A 洞预报了 7 次 798m；B 洞预报了 16 次 2029m。总体而言，在 23 次 2827m 的预报成果中，预报准确率为 78%，不准确率为 22%。表 6.6-1 是辅助洞部分 TSP 超前预报成果与实际开挖观测对比一览表。

表 6.6-1　辅助洞部分 TSP 超前预报与实际开挖观测的对比

预报日期	预报点里程	超前预报结果	开挖观测结果	效果评价
2005 年 12 月 4 日	BK4+109～+280	1. BK4+171～+177 段岩体破碎，可能夹软弱层。 2. BK4+209～+252 段岩体破碎，部分段可能含水或岩性变化带，不排除有断层发育的可能	1. 异常在变砂岩中与千枚岩界面 BK4+159 相距 12m，围岩局部裂隙发育。 2. 异常内为千枚岩与变砂岩界面间的挤压带，并伴有 SE 向断层，围岩破碎，裂隙发育	预报较正确，但对软弱层界面判断误差较大
2005 年 12 月 16 日	BK4+198～+310	1. BK4+210～+248 段岩体破碎，有渗滴水。 2. BK4+248～+281 岩体存在岩爆可能性。 3. BK4+292～+310 岩体破碎，可能有裂隙水	1. 界面附近有渗滴水。 2. 此范围属千枚岩，无岩爆	预报正确，但对岩爆地层判断有误
2006 年 1 月 4 日	BK4+320～+445	1. BK4+334～+353 段岩体较完整，节理裂隙断续发育； 2. BK4+353～+414 岩体完整，局部节理裂隙较发育； 3. BK4+414～+440 岩体较完整，断续节理裂隙发育	揉皱小断层和裂隙相对发育区存在	预报对不良地质体判断不够确切，无重点

续表

预报日期	预报点里程	超前预报结果	开挖观测结果	效果评价
2006年1月18日	BK4+464～+540	1. BK4+460～+507段岩体破碎； 2. BK4+470～+476岩体裂隙发育，破碎含水	属T_3l与T_2b地层界面附近挤压破碎带，并伴有NE向小断层。但BK4+470～+476段无渗水，而于BK4+507～+516段大理岩近NE走向溶隙带涌水	预报正确
2006年2月22日	BK4+566～+720	1. BK4+588～+602段溶蚀裂隙较发育； 2. BK4+602～+615岩体溶蚀破碎，富水可能性大； 3. BK4+660～+720溶蚀裂隙较发育，可能含水	预测区内3异常均在T_2b厚层大理岩、云质大理岩层中，其间发育近EW走向张扭性含水溶隙带，宽0.5～2m，单点涌水1～10L/s	预报正确，但仍有遗漏含水带，如BK4+636～+642段
2006年3月12日	BK4+736～+888	1. BK4+736～+749段裂隙发育，局部富水； 2. BK4+757～+762岩体溶蚀破碎，富水可能性大； 3. BK4+794～+801存在裂隙，富水可能性较大； 4. BK4+825～+845溶蚀裂隙较发育； 5. BK4+794～+801溶蚀裂隙较发育，局部溶蚀带含水性较大	预测区内5异常仍在T_2b厚层云质大理岩层中，其间一直发育近EW走向多数倾向NNE，部分倾向SE或SSW的张扭性含水溶隙带，宽0.5～3m不等，单点涌水1～20L/s，含水介质为裂隙-溶隙水网络	预报正确，但有含水带遗漏，如BK4+809～+817段
2006年4月4日	BK4+833～+975	1. BK4+892～+907岩体较破碎； 2. BK4+907～+915岩体溶隙裂隙发育，含水可能性大； 3. BK4+915～+927岩体较破碎； 4. BK4+915～+927溶蚀裂隙较发育	1. BK4+909～+926为N60°～80°E走向含水裂隙带，水量约50L/s； 2. BK4+967见N46°E陡倾角含水裂隙； 3. BK4+953断层被遗漏	预报正确，但仍有遗漏

6.6.2 地质雷达预报成果运用

某工程辅助洞共进行了527次地质雷达预报，预报距离贯穿整个开挖洞室，测试测线长达23127m，其中：A洞预报259次、测试长度11347m；B洞预报了268次、测试长度11780m。在527次预报中，预报成果与开挖完全吻合的为454次，占整个预报频次的86%，预报成果与开挖情况基本吻合的为49次，占整个预报频次的9%，预报成果与开挖不吻合的为24次，占整个预报频次的5%。表6.6-2是部分地质雷达预报成果与实际开挖对比。

表 6.6-2 部分地质雷达预报成果与实际开挖对比表

洞号	预报洞段	测试里程	异常洞段	异常解释	开挖后地质情况	备注
A洞	AK4+687～+715	AK4+670～+687	掌子面前方 5～28m 范围存在异常	推断为溶蚀裂隙密集带，含水，施工时需注意涌水	AK4+693～+703 段出涌水，流量约 70L/s	吻合
			桩号 AK4+670～+687 段右壁 15～7m 深度范围存在异常	解释为溶蚀裂隙，局部溶蚀破碎，含水，延伸后将在 AK4+702 左右与隧洞右壁相交，在 AK4+711 左右穿出左壁		
			桩号 AK4+670～+687 段左壁 10～20m、16～26m 深度范围存在异常	推断为溶蚀裂隙，少量含水，此裂隙逐渐远离隧洞		
	AK4+914～+938	AK4+898～+914	AK4+917.5～+926 段右侧存在异常、AK4+931～+932.5 段存在异常	推断为破碎带和含水裂隙	AK4+915～+917 右壁出现水流，AK4+920 左壁出现小溶洞。AK4+931～+934 右壁出现较大裂隙	吻合
			AK4+894～+910 段右壁 19～9m 深度范围内	含水裂隙，延伸后将在 AK4+920 左右与隧洞右壁相交，在 AK4+926 左右与隧洞左壁相交		
			AK4+894～+906 段左壁 16～22m 深度范围内	裂隙带		
	AK5+034～+056	AK5+014～+034	AK5+038 存在异常带	推断为溶蚀裂隙，富水	AK5+038 有裂隙，右侧渗水，左侧涌水。AK5+056 有裂隙，左侧渗水	吻合
			AK5+054 存在异常带	推断为溶蚀裂隙，富水		
	AK5+135～+157	AK5+113～+135	AK5+140 左右范围内存在异常	推断为溶蚀裂隙，富水	AK5+139.5 左右为溶蚀裂隙，涌水	吻合
	AK5+134～+176	AK5+134～+154	AK5+158 开始存在异常	推断为溶蚀裂隙密集带，富水	AK5+163 位置开始裂隙发育，涌大水	吻合
	AK6+159～+183	AK6+139～+159	掌子面前方 AK6+163～+183 段范围内存在异常	推断为溶蚀裂隙发育、岩体溶蚀破碎，局部溶蚀成宽缝或小溶洞，含水	AK6+160～+172 段左侧出现集中流水，水量 30～40L/s	吻合
			桩号 AK6+139～+159 段左壁 7～24m 探测深度范围内存在异常	推断为溶蚀裂隙发育带，含水		
	AK6+186～+210	AK6+166～+186	掌子面前方 AK6+163～+183 段范围内存在异常	推断为溶蚀裂隙发育、岩体溶蚀破碎，局部溶蚀成宽缝或小溶洞，含水	AK6+195 处右侧与顶拱处发育一 50cm×50cm 的溶洞，AK6+194～+200段右侧溶蚀破碎，顶拱流水	吻合
			桩号 AK6+139～+159 段左壁 7～24m 探测深度范围内存在异常	推断为溶蚀裂隙发育带，含水		

续表

洞号	预报洞段	测试里程	异常洞段	异常解释	开挖后地质情况	备注
B洞	BK4+480～+500	BK4+470～+480	BK4+481.5～+482范围可能存在岩性变化		BK4+483为板岩与大理岩的分界面	吻合
			BK4+482～+495存在局部异常	推断为裂隙发育，岩体较破碎		
	BK4+750～+778	BK4+730～+750	掌子面前方7～28m范围右侧存在异常	推断为溶蚀裂隙破碎带，存在突、涌水施工时需注意	BK4+750～+765段整个洞都含水，其中BK4+765处出现较大涌水，水量150L/s	吻合
			桩号BK4+730～+750段右侧28～2m深度范围内存在异常	推断为溶蚀裂隙破碎带，含水，其中一裂隙延伸后将在BK4+756左右与隧洞右壁相交，在BK4+766左右交于左壁，施工时需注意		
	BK4+899～+921	BK4+880～+899	掌子面前方BK4+905～+921段存在异常	推断为溶蚀破碎，富水	BK4+905～+911段出现涌水	吻合
			BK4+880～+889右侧段9～3m深度范围内存在异常	推断为溶蚀裂隙，富水，延伸后将在BK4+911左右与隧洞右壁相交		
			左侧BK4+880～+896段14～22m、BK4+884～+899段12～20m深度范围内	推断为溶蚀裂隙，含水，这两条裂隙将逐渐远离隧洞		
	BK5+343～+365	BK5+313～+343	BK5+348～+355存在异常	推断为溶蚀破碎，富水，不排除有小溶洞发育	BK5+347～+348有一溶洞，洞径65cm×65cm，（宽×高）	吻合
	BK5+809～+841	BK5+789～+809	掌子面前方BK5+809～+841存在异常	推测为裂隙密集带，裂隙含水。推断为溶蚀破碎带、左侧及顶部较严重，局部溶蚀成溶缝或小溶洞，富水，水量可能在4～8L/s	BK5+811～+815段右侧存在流水，流量约4L/s，其中BK6+815处最大，BK5+811～+820段普遍渗水	吻合
			桩号BK5+792～+809左壁段12.5～5m、BK5+789～+809左壁段17～19.5m范围内	推测为溶蚀裂隙，含水		
	BK6+292～+316	BK6+272～+292	掌子面前方探测范围（BK6+292～+316）段存在异常	推断为岩体溶蚀破碎，富水	BK6+292～+308段岩体破碎，普遍出水，总水量50L/s左右，多呈线状，局部成柱状，其中BK6+293处顶拱一集中出水，水量约10L/s。目前掌子面（桩号BK6+308）左上角出现集中涌水，水量200L/s左右	吻合
			右壁桩号BK6+272～+292段存在异常	推断为溶蚀破碎，含水		
			左壁桩号BK6+279～+292段6～16m深度范围存在异常	推断为溶蚀破碎，含水		

续表

洞号	预报洞段	测试里程	异常洞段	异常解释	开挖后地质情况	备注
B 洞	BK6+628～+652	BK6+608～+628	掌子面前方探测深度范围内受走向为 NWW 的断层影响	裂隙发育，局部岩体溶蚀破碎，含水，水量 3～5L/s	BK6+628～+648 受走向为 NWW 的断层影响，岩体溶蚀破碎，普遍出水，水量 3～4L/s	吻合
			桩号 BK6+616～+628 段右 3～10m 深度范围内存在异常	推断为溶蚀破碎，含水；推断为 NW 走向的发育较裂		
A 洞	AK6+999～AK7+023	AK6+979～+999	AK6+999～AK7+023 段范围内存在异常	推断为溶蚀裂隙较发育，形成具有一定规模的溶缝或溶洞，并有一定程度的涌水	AK6+999～AK7+023 段溶蚀裂隙发育，岩体局部破碎，含水，水量 4～6L/s	吻合
			左侧桩号 AK6+987～+999段存在异常	推断为溶蚀破碎，富水		
			右侧桩号 AK6+987～+991段深度为 10～16m 范围内存在异常	推测为一溶洞，洞径为 4m×6m，该溶洞富水		
	AK7+107～+131	AK7+087～+107	AK7+107～+131 段内存在异常	推断为裂隙、溶蚀裂隙较发育，岩体完整性较差，局部破碎，可能出现小规模塌方，同时存在渗滴水	AK7+107～+121 段裂隙较发育，岩体较破碎，局部出现小规模塌方，此洞段干燥	吻合
			右壁桩号 AK7+087～+096段 8～20m 深度范围内存在异常	推断为溶蚀裂隙较发育，岩体局部破碎		
	AK8+002～+026	AK7+982～AK8+802	AK8+024～+026 段存在异常	推断为溶蚀裂隙或岩体破碎含裂隙水，估计水量 1L/s 左右	AK8+018 处发育一条 NW 走向的溶蚀裂隙，其余洞段岩体较好	吻合
			右壁 AK7+982～AK8+002 段探测深度范围内存在异常	推断为 NW 走向组裂隙较发育		

6.6.3 BEAM 预报成果应用

该方法在某辅助洞进行了为期三个月的试验性工作，现场共进行了 92 次测试，其中 A 洞进行了 87 次测试，B 洞进行了 5 次测试，提交成果报告 12 期，预报总长度为 506m，在 12 期的预报成果中，预报准确率为 38%，基本准确率为 46%，不准确率为 16%。表 6.6-3 是 BEAM 预报成果与实际开挖成果对比表。

部分典型洞段地质雷达预报成果与开挖对比图如附图 1、附图 2 所示。

6.6.4 预报效果总体评价

（1）该工程超前预报所采用的 TSP 预报、地质雷达预报、钻孔雷达预报、BEAM 预报相结合超前预报体系，基本能够满足该工程超前预报的需要。在整个预报过程中，对影响隧洞安全施工的不良地质缺陷，尤其是大于 100L/s 流量的涌水做到了不漏报。对于一

表 6.6-3　　BEAM 预报成果与实际开挖成果对比表

洞号	BEAM 报洞段	BEAM 预报成果	实际开挖情况	效果评价
B 洞	BK4＋540～＋560	BK4＋540～＋547 段局部含水，BK4＋547～＋553 段岩体完整性相对较好，BK4＋553～＋560 段裂隙较发育	BK4＋551～＋556 段右壁出现渗、滴水	基本准确
A 洞	AK4＋439～＋490	AK4＋439～＋469 段岩体中等破碎且不含水，AK4＋469～＋477 段含水情况是由没有到少有，其中 AK4＋469 处岩性发生改变，AK4＋484 左右不含水，在 AK4＋490 可能含少量水	AK4＋433～＋480 段岩体较破碎，其中 AK4＋469～＋471 段为岩性分界面，AK4＋470～＋485 段局部渗、滴水	预报准确
	AK4＋484～＋520	AK4＋484～＋596 段岩体由中等破碎到较为完整过渡，地层由不含水向含水过渡，AK4＋496～＋502 段岩体较完整，地层由含水向不含水过渡；AK4＋502～＋520 段岩体较完整，且不含水	AK4＋495～＋499 段少量渗、滴水；AK4＋516～＋520 段存在水流	基本准确
	AK4＋520～＋560	AK4＋520～＋538 段岩体由较完整向中等破碎过渡，地层由不含水向可能含水过渡，AK4＋538～＋547 段岩体由中等破碎向较完整过渡，地层由可能含水向不含水过渡，AK4＋547～＋560 由较完整向中等破碎过渡，地层由不含水向可能含水过渡	AK4＋520～＋522 段岩体较完整，含水，AK4＋522～＋560 段不含水	基本准确
	AK4＋637～＋648	AK4＋637～＋648 段岩体中等破碎，地层由少量含水向不含水过渡或极少量含水	AK4＋638～＋648 段右壁少量渗水	基本准确
	AK4＋673～＋701	AK4＋650～＋662 段岩体中等破碎，地层由不含水或含极少量水向少量含水过渡。AK4＋662～＋673 岩体中等破碎向完整过渡，地层由少量含水到不含水过渡。AK4＋673～＋687 段岩体较完整，地层不含水 AK4＋687～＋694 段岩体中等破碎，地层由不含水向少量含水过渡或地层不含水。AK4＋694～＋701 段岩石由中等破碎向完整过渡，地层由少量含水向不含水过渡	AK4＋648～＋664 段存在渗、滴水。AK4＋694～＋703 段出现涌水，流量约 70L/s	预报准确
	AK4＋770～＋803	AK4＋770～＋786 岩体由较完整向中等破碎过渡，地层由不含水向少量含水过渡或地层不含水，AK4＋786～＋803岩体裂隙中等发育，地层少量含水或地层不含水	AK4＋782～＋789 右侧含水	预报准确

续表

洞号	BEAM 报洞段	BEAM 预报成果	实际开挖情况	效果评价
A 洞	AK4+810～+846	AK4＋810～＋815 岩体中等破碎，地层少量含水或地层不含水；AK4＋815～＋832 岩体中等破碎，地层少量含水向含水过渡，AK4＋832～＋846 段岩体中等破碎，地层由少量含水或含水过渡	AK4＋828～＋831 段岩体完整，不含水，AK4＋838～＋841 段右侧少量含水	基本准确
	AK4+846～+854	AK4+846～+854 段岩体中等破碎，地层由少量含水向含水过渡 AK4+846～＋854 段裂隙极发育，岩体破碎，富水	AK4+846～+854 段左侧裂隙发育，无水	预报不准确
	AK4+860～+885	AK4+860～＋870 段岩体由破碎向中等破碎过渡，地层由少量含水向不含水过渡；AK4＋870～＋885 段，解释为岩体中等破碎，地层不含水	AK4+860～＋885 段无明显不良地质缺陷	预报不准确
	AK4+890～+927	桩号 AK4＋890～＋903 段岩体中等破碎，地层少量含水；桩号 AK4＋903～＋916 段岩体裂隙较发育，地层由少量含水向含水过渡；解释为岩体裂隙较发育	AK4+890～＋927 段岩体裂隙较发育，少量含水	预报准确
	AK4+927～+960	岩体由中等破碎向较完整过渡，地层由少量含水向不含水过渡；桩号 AK4＋935～＋950 段岩体较完整，地层不含水；桩号 AK4+950～＋960 段岩体裂隙较发育，地层不含水	AK4+930～＋960 段岩体裂隙较发育，少量含水	预报准确
	AK4+960～+994	桩号 AK4+960～＋976 段岩体较完整，地层不含水；桩号 AK4＋976～＋987 段，为岩体较完整，地层由不含水向少量含水过渡；AK4＋987～＋994 岩体完整性较好，地层由少量含水向不含水过渡	AK4+960～+994 岩体裂隙较发育，少量含水	基本准确

些没能够准确预报的洞段，主要是一些局部的，零星的不良地质缺陷出现了错报，漏报。

（2）以地质分析为基础、物探方法为手段，并根据隧洞的地质条件的复杂程度，将预报分为宏观预报、中长距离预报、短期预报、特殊方法预报相结合的综合预报体系在高水头、大流量地下水、超深埋、高地应力岩爆的地质特征下进行超前地质预报，其预报结果与实际开挖基本吻合，预报体系合理，基本满足施工要求，为施工决策和修正设计文件提供了可靠的依据，保证了隧洞的安全施工和正常掘进，避免了灾害性事故的发生，实现了合同进度目标。

参 考 文 献

[1] 赵永贵．国内外隧洞超前预报技术评析与推介［J］．地球物理学进展，2007，22（4）：1344－1352．

[2] 谭天元，张伟，叶勇．隧洞工程超前地质预报中的综合物探技术［J］．贵州水力发电，2006，20（6）：13－18．

[3] 李天斌，孟陆波，朱劲，等．隧道超前地质预报综合分析方法［J］．岩石力学与工程学报，2009，28（12）：2429－2436．

[4] 陈建峰．隧洞施工地质超前预报技术比较［J］．地下空间，2003，23（1）：5－8．

[5] 王良奎．多种超前地质预报方法在隧洞施工中的应用［J］．金属矿山，2001（11）：45－47．

[6] 白哲．地质雷达在隧洞超前预报中的应用［D］．武汉理工大学，2006．

[7] 谭天元，张伟．TSP203plus在隧道超前地质预报中的应用［J］．贵州水力发电，2006，20（05）：24－27．

[8] 叶勇．隧道超前地质预报地质综合分析技术［J］．工程勘察，2010（S1）：607－613．

[9] 范承余，程飞，陈松．TSP在隧洞超前预报中的应用效果分析［J］．工程地球物理学报，2013，10（4）：455－459．

[10] 何刚．TSP203系统在隧洞超前地质预报中的应用研究［D］．中南大学，2005．

[11] 刘志刚，刘秀峰．TSP（隧道地震勘探）在隧洞超前预报中的应用与发展［J］．岩石力学与工程学报，2003，22（8）：1399－1402．

[12] 戴前伟，何刚，冯德山．TSP－203在隧洞超前预报中的应用［J］．地球物理学进展，2005，20（2）：460－464．

[13] 肖书安，吴世林．复杂地质条件下的隧洞地质超前探测技术［J］．工程地球物理学报，2004，1（2）：159－165．

[14] 叶勇，杨震中，尹学林．砂板岩地层隧道超前地质预报探测技术研究［J］．华东科技，2016（8）：4－4．

[15] 谢国权，曾新华．短期预报新技术在特长隧洞施工中的应用研究［J］．人民长江，2006，37（11）：100－102．

[16] 王梦恕．对岩溶地区隧洞施工水文超前地质预报的意见［J］．铁道勘察，2004，30（1）：7－9．

[17] 欧阳孝忠．岩溶地质［M］．北京：中国水利水电出版社，2013．

[18] 沈春勇．水利水电工程岩溶勘察与处理［M］．北京：中国水利水电出版社，2015．

[19] 刘国兴．电法勘探原理与方法［M］．北京：地质出版社，2005．

[20] 曾昭发，刘四新，等．探地雷达方法原理及应用［M］．北京：科学出版社，2006．

[21] 孙成禹，李振春．地震波动力学基础［M］．北京：石油工业出版社，2011．

[22] 赵鸿儒，郭铁栓，等．工作多波地震勘探［M］．北京：地震出版社，1996．

[23] 朱劲，李天斌，等．Beam超前地质预报技术在铜锣山隧洞中的应用［J］．工程地质学报，2007，15（02）：258－262．

[24] 薛国强，李貅．瞬变电磁隧洞超前预报成像技术［J］．地球物理学报，2008，51（3）：288－294．

[25] 刘志刚，赵勇．隧洞施工地质技术［M］．北京：中国铁道出版社，2001．

[26] 张志龙．越岭长大公路隧洞地质预报中的关键技术问题研究［D］．成都理工大学，2006．

[27] 荆志东．特长隧洞超前地质预报方法研究［J］．铁道勘察，2005，31（3）：46－48．

[28] 周小宏．TBM施工隧洞中超前地质预报研究［D］．武汉大学，2005．

[29] 何发亮，李苍松，陈成宗. 隧洞超前地质预报 [M]. 成都：西南交通大学出版社，2006.

[30] 何振起，李海，梁彦忠. 利用地震反射法进行隧洞施工超前地质预报 [J]. 铁道工程学报，2000，17 (4)：81-85.

[31] 曾宪强，沙椿. 工程物探论文集 [M]. 昆明：云南科技出版社，2006.

[32] 强建科，阮百尧，周俊杰. 三维坑道直流聚焦法超前探测的电极组合研究 [J]. 地球物理学报，2010，53 (3)：695-699.

[33] 李术才，李树忱，张庆松，等. 岩溶裂隙水与不良地质情况超前预报研究 [J]. 岩石力学与工程学报，2007，26 (2)：217-225.

[34] 宋杰. 隧洞施工不良地质三维地震波超前探测方法及其工程应用 [D]. 山东大学，2016.

[35] 闫高翔. 高分辨率直流电法探测在隧洞施工超前地质预报中的应用 [J]. 铁道勘察，2007，33 (1)：42-44.

[36] 朱超，许兆义，王晓. 三维地震波层析成像技术在隧洞超前地质预报中的应用 [J]. 北京交通大学学报，2010，34 (4)：31-35.